文|苑|百|花|论|丛

《道行般若经》注

张幼军 著

湖南师范大学出版社

·长沙·

图书在版编目（CIP）数据

《道行般若经》注 / 张幼军著.—长沙：湖南师范大学出版社，2016.5

ISBN 978 – 7 – 5648 – 2247 – 7

Ⅰ.①道… Ⅱ.①张… Ⅲ.①大乘—佛经②《道行般若经》—研究 Ⅳ.①B942.1

中国版本图书馆 CIP 数据核字（2015）第 210670 号

《道行般若经》注

DAOHENGBOREJING ZHU

张幼军 著

◇责任编辑：孙雪姣
◇责任校对：于 雷
◇出版发行：湖南师范大学出版社
　　　　　　地址/长沙市岳麓山　邮编/410081
　　　　　　电话/0731 – 88873071　88873070　传真/0731 – 88872636
◇经销：湖南省新华书店
◇印刷：天津画中画印刷有限公司

◇开本：710mm×1000mm　1/16 开
◇印张：17.5
◇字数：393 千字
◇版次：2016 年 5 月第 1 版　2024 年 8 月第 2 次印刷
◇书号：ISBN 978 – 7 – 5648 – 2247 – 7
◇定价：62.00 元

前　言

　　汉灵帝光和二年，支娄迦谶译出的《道行般若经》，是《般若经》首译，属于汉译佛经开创期的译作，其筚路蓝缕之功，不可小视。因距大乘学派的创立之际不远，由此可以窥知佛教大乘空宗思想原本的大体情形。研究我国佛教大乘空宗的开派和流衍时，《道行般若经》的基础地位不可动摇。

　　《道行般若经》共十卷三十品，内容丰富，思想复杂，其分卷分品梳理如下。

第一卷

　　道行品第一：道行，即般若波罗蜜。"道行"的译文，受当时颇为流行的道家学说的影响，以"道"译"般若（智慧）"，再以"行"译"波罗蜜（过渡到彼岸）"。（"道行般若"，是音意并译，但音译未全。）本品为本经的一个纲要，除序分外，主要内容有：1. 有字便著，由此否定菩萨、菩萨字、菩萨心、菩萨般若波罗蜜。2. 不受五蕴，不受萨芸若，不受般若波罗蜜。所谓"不受"，实质也就是否定。3. 三昧无有，法无所学，六衰五阴如幻。4. 法无所生，不增不减。5. 以空无释"摩诃萨"，释发大乘愿、登大乘车，并以释"谦苦"。总之是空无，全盘否定一切现实，否定一切法，否定一切修行。既是空无，则不生不灭，不增不减。

　　难问品第二：本品以解疑答难的形式，主要阐述住无所住的运动观，尽如幻的世界观，申言法无所学无所得，并宣称般若波罗蜜无有底无有尽时，不可得知。是对道行品第一的补充和扩展。

第二卷

功德品第三：本品主要讲般若波罗蜜的功用，和行般若波罗蜜所得的福德和果报。行般若波罗蜜，大而言之，可自致成佛，自致萨芸若；小而言之，把般若波罗蜜当作首选，可以加速成佛进程。行般若波罗蜜可得天人护佑，消灾祛难，逢凶化吉，鬼神不能中害。此外还有对般若波罗蜜的评赞等。

第三卷

沤和拘舍罗劝助品第四：随喜功德为极上；心无所求乃能有所得；欲无所求，无相，知尽无所有，法不生不灭；有相而无相，则必入沤和拘舍罗。贯穿全品的是有想无想之比，随喜与否之比。

泥犁品第五：赞誉般若极明极尊为菩萨母等；般若为空，般若无大无小无强无弱，般若与人俱。信者前世有缘，不信者有罪。止般若，为止萨芸若，为止佛，当入大泥犁中。般若少有信者是因其无著无缚无脱。

清净品第六：论清净，实即论无相无著；论离、著、持，心有所作即为著；行无相即空相，法无增减，即依空法，守空，与空斗，举空，随空教，护空。

第四卷

叹品第七：本品以赞誉般若为题，实是细说般若的各种性质。前一部分未计数，主要言一、般若与名相，不受亦不空，不缚亦不脱；般若与名相俱清净；二、般若与造作，无造无作，不可得见，不知其处；三、般若与法，法轮无可转，法无可说，无所得亦无有尽。计数部分共41条，主要讲空无：恍忽本空，无人无身，无所去无所至，无所持，无所生无所从生，无所持无所灭，无造无作，无著无得，梦、空无有我，无欲无想，无恚无恨，不观不见，不腐不败，不可入无所求，无可量不可计，无常无坏。此外，尚有诸法平等，不可尽，清净，自然等。

持品第八："持品"的"持"，意思是奉持，遵行。言奉持般若与否，皆有前世根源。先说般若与萨芸若的关系，般若照亮萨芸若，住于般若，则解萨芸若；再说奉持般若，于名相不住不随，不见名相增减，行无所行。奉行般若必将成佛。因有佛护之故，般若必将持续不断；最后说般若出经卷。本品与功德品相互发明。

觉品第九：品名"觉品"，谓警觉魔之所为。言在修炼过程中，不喜修行，种种杂念，心不专一，不学般若，而学余经，不学佛道，而学二辈，皆魔之所为。觉品中有比喻七个，狗从作务者索食一；观象观其脚二；欲见大海三；作日月宫殿四；反见小王五；不食百味之食六；以摩尼宝珠比水精七。

第五卷

照明品第十：照明，犹如说表现。照明品言如来在世间的表现为依般若自致成佛，般若在世间的表现为名相之无坏无想无愿，简言之，为本无。通过般若，知众人不可计心：爱欲心、瞋恚心、愚痴心、疾心乱心、广大心、无所不知心、不见心，因其本无。通过般若知众生活动。通过般若知本无。本无之相为六无一若如（无相、无愿、无生死、无所生、无所有、无所住，若如空住）。相无作者，法不可知。

不可计品第十一：本品言般若广大无边不可计量，盖由如来、自然法、萨芸若无可计量。言般若生萨芸若、须陀洹、斯陀含、阿那含、阿罗汉、辟支佛、佛。言信乐般若与否多有前世因缘。

譬喻品第十二：以溺水、补船、持瓶取水、老病为喻，当取深般若与沤和拘舍罗。正反两面为比。

分别品第十三：分别，谓量度、关注沤和拘舍罗，不中道取证。首先即提出"无所著"，无得乐阿罗汉 辟支佛道。言当以救世为目的，为护、自归、舍、度、台、导；次言当发宏愿度脱不可计人，诸法无缚。守般若即为守无所著。之所以如此，为念般若，心向萨芸若，心向空。

本无品第十四：如来本无，诸法本无，无三世，否定名色，否定须陀洹等阶位。倘不持本无，无沤和拘舍罗，会不得阿耨多罗三耶三菩，如鸟无翼。信乐诸法空，则得阿耨多罗三耶三菩。

第六卷

阿惟越致品第十五：言住于不退转地菩萨各种表现：住于本无，言语不轻，不观视他作。不嘲笑人，不祠天，持十戒，为人说经令分德住，心安无乱，安隐顾视，身心净洁。无蚤无虱，无虫寄生，无悭贪，善解经书。不为魔多种恫吓诱骗所动，是为阿惟越致。不参与国王的事，不参与城里集会的事，不介入盗贼军旅的事，不搞男女关系，不与外道祭祀鬼神吃吃喝喝，不做香烛绸缎布匹生意，不到海外谋利，不与忘恩负义喜欢打斗的恶人搞到一起，心在般若，心在萨芸若。不预世俗之事，常随善知识，来生中国，在工谈语晓经书家生。魔来即觉，不听随。住阿惟越致地，心如钢铁。悉行中正，不可动摇。是为阿惟越致。

恒竭优婆夷品第十六：本品除流通分外，主要论空、论本无、论沤和拘舍罗。空和本无前已论及，此处较多讨论了沤和拘舍罗。第一，所识与有著统一。所说所教皆空，即指"所识"，所识如此，而能得阿耨多罗三耶三菩。得阿耨多罗三耶三菩者，即为"有著"，何以故？沤和拘舍罗之故，沤和拘舍罗不念增减（得与不得），持是功德回向阿耨多罗三耶三菩，便近佛座了。前想后想统一，以证所识有著统一。第二，以沤和拘舍罗解不去想。言本当求空，去相；而又说"求想"、"不去想"，求阿耨多罗三耶三菩，何以故？沤和拘舍罗之故，"求想尽者，设想灭者，即可灭也"。醒梦统一，以证去相求相统一。

由于空、本无、沤和拘舍罗，得五无所畏，无畏虎狼、疾疫、盗贼、无水、无食。

品名"恒竭优婆夷"，以此优婆夷闻所说法得受决。

第七卷

守空品第十七：行般若波罗蜜，当入空，守空三昧，观名色空，法亦空，于法中不作证，不取证，为慈爱人民群众之故。持是功德，得阿耨多罗三耶三菩。（此即沤和拘舍罗之义）当守空三昧，守无相三昧，守无愿三昧，向泥洹门，断常、乐、我、净之念。不能以守空三昧等解答人之疑问者，即非阿惟越致。

远离品第十八：本品言梦中八事得阿耨多罗三耶三菩；言自以为受决为非，自以为得远离法而轻他人为非，实皆说无沤和拘舍罗之害。远离，谓心净，远离尘嚣，远离凡俗之习，非谓远离人间也。

善知识品第十九：本品初言教人入般者为善知识，好朋友。全品阐述六般若为一整体，是度人之师，同时说四事取道（何等四事？一者，布施于人；二者，欢乐于人；三者，饶益于人；四者，等与。是为四），热爱广大人民群众。说到了沤和拘舍罗的义域。次言般若的相状，诸法各各虚空，不增不减。然而人欲无尽，这是因为欲得是致是的缘故，亦即是说，人欲无穷，当属自然。但不可取，行般若就当无所求，是为有德之人，世所尊举，于人民极大慈爱，开示道径，即使是狱中囚徒，亦应度脱。昼夜入般若中，不动不摇，如失宝渴望复得。如是行，不增不减，不恐不怖，是为行般若。最后说如何行般若，不见法，也不见行般若，以此当受决，当得阿耨多罗三耶三菩。彻底论说行般若，行沤和拘舍罗，论说空，论说对人民极大慈爱。

第八卷

释提桓因品第二十：本品借释提桓因言，闻、书、持、学般若者功德殊胜。前一部分讲过人之处，后一部分讲功德：疾近萨芸若；离佛座不远；是为学佛；四天王来问讯；余天王来问讯；四部弟子作阿耨多罗三耶三菩；了无有怨，不为勤苦之事等。

贡高品第二十一：本品言魔所坏者皆有自因。自贡高为其甚者，可堕地狱。起恶意相争，有不可改悔者，其悔面诚恳者，允其悔改，仍得尊之如佛。

学品第二十二：学五事得种种功德；学五事当心有八不。心存高标。学般若得福甚多，不学阿罗汉法，不持心得萨芸若。所谓五事：无常、无所生、去离淫、灭、本无。为学萨芸若，亦为学般若，学如来，学力，学无所畏，学诸佛法。所谓八不：不持瞋恚意向人，不求他人短，心无悭贪，心不毁诫，心不怀恨，心不懈，心不迷乱，心不愚痴。

守行品第二十三：守行，谓守空行，坚持空的学说。第一，言发意行佛道为难得；第二，言随喜功德无尽；第三，言皆如幻，不可得，不得而有得。一切皆自然，非刻意而为。比喻一，化人；比喻二，影现于水；比喻三，如来化作人；比喻四，巧匠刻人；比喻五，造船；比喻五，地生物；比喻六，摩尼宝；比喻七，日照；比喻八，水无不至；比喻九，风无不至；比喻十，山以天为饰；比喻十一，海出宝。皆出于自然，非刻意为之。

强弱品第二十四：本品主要言物无自性，离人本无人，离色本无色，离痛痒思想生死识本无识，离诸经法本无诸经法；言"无"与"空"。"无"与"空"，即行般若，为众所敬，魔不能得便，佛所赞叹，疾近阿惟越致。进而申述空无之说：法本无，无有法作佛，无有法说经，不见般若，不见行般若者，不见佛，不见萨芸若，不见得萨芸若者，不见如来，不见得如来者，不见十力，不见四无所畏等。品名"强弱"，参异译，指开头所说高行与无高行。高行，言行般若且度人，为勤苦之难；非高行，言其皆无皆空。

第九卷

累教品第二十五：实为嘱累品，对后人的嘱托。内容有三：一、嘱托背景：随般若教者皆有来头，诸佛护视，前世曾供养若干佛，将有所成。二、嘱托内容：嘱托 1. 般若不可亡失，当谛学、悉具足受、悉念持，书字无令缺减。因经与佛身无异。2. 恭敬于佛，慈孝于佛，报恩于佛，不当远离于般若，当日日教人，持般若为说。度十方天下人，使见阿閦佛而后不复见。三、嘱托前景：般若波罗蜜不增不减，不可计，不可尽。

不可尽品第二十六：一、基于般若不可尽，如虚空不可尽，名相不可尽，十二因缘不可尽。法无作者，生灭皆有因缘。不见名相。二、行般若之功：菩萨欲魔不得其便者，当学当守般若、沤和拘舍罗。诸佛、经法皆从般若生，行般若为住阿惟越致地，会当成佛。

随品第二十七：随，谓随从，遵循，说般若当遵循的原则原理，实际上是对般若内容的概括。共 37 条。最后两条是说行为，去离谀谄等八去和弃身无所追慕，其余 35 条都是讲思想认识，讲得最多的无形有字，不可尽极，无所从生。实即一个空字。

萨陀波伦品第二十八：本品叙说长啼菩萨至心求法，从初发意起，经卖身得助，到闻法有悟，其所悟 48 个三昧，盖亦佛理之至要。

第十卷

昙无竭品第二十九：本品主要说昙无竭讲经。讲经内容有二：一讲诸经法悉等共 14 条，皆围绕"空"字立说，及于听者得明 26 个三昧；二讲成佛之路，谓乃因缘合成，举箜篌成声等八例。

此前说讲经的准备，为宣讲佛经作铺垫，其间透露出对师的敬爱。此后讲宣说的成效，类似通常所说的流通分。

嘱累品第三十：本品主要是嘱咐。阿难郑重书写传播讲说是经，是经出各经，是经出佛。前已有累教品，此与之有相重处，或者第二十六、第二十七两品亦为嘱累的内容，第二十八品及其以后为成经后所加，所以显出不相联属的痕迹。

《道行般若经》思想特别丰富，林林总总，现择其要者概括为下面4点。

第一，空，或者空无。

第一品《道行品》，开宗明义，提出了一个空无的纲要。这个纲要除序分外，主要内容有：

1. 有字便著，由此否定菩萨、菩萨字、菩萨心、菩萨般若波罗蜜。菩萨和菩萨行是大乘着重的内容之一。"菩萨"当然是个名字，可经说，"有字便著"，便是执著，那就错了。凡物质之物，精神之物，都是物，有其物必有其名。这个"有字便著"是一句很厉害的话，那是否定一切事物，包括精神的物质的。虽说重在不承认菩萨及其相关事物，实在是不承认万有，万有皆空。

2. 不受五阴，不受萨芸若，不受般若波罗蜜。所谓"不受"，即不接受，实质就是否定，认定其为空无；五阴，即色、受、想、行、识，是精神与物质的总体，本就是说的一切存在，经说"不受"，通不过；萨芸若，这个在佛门说来，是智慧的总体，连同般若波罗蜜也不受，不接受，通不过。经是说，一切存在空无，佛所建立的信仰世界同样空无。

3. 三昧无有，法无所学，六衰五阴如幻。三昧，即正定，修行中一种入定状态，也是修行成果的一种表现形式。说三昧无有，即全盘否定佛徒的修行实践。法，这里指佛门的一切教义、一切法规、一切原则原理。无法可学，就是全盘否定修行的理论。六衰，即眼、耳、鼻、舌、身、意所具有六种情识，实指感觉器官所能感受到的情感和知识，说它如幻，也就是否定人们认识能力和认识结果的真实性。

4. 以空无释"摩诃萨"，释发大乘愿（摩诃僧那僧涅）、登大乘车（摩诃三衍拔致）。对于发愿入佛门度不可计人，这样决定人生趋向、人生道路、人生归宿、人生终极目的的大事，经也说："譬如空，无著无缚无脱，无所生，无著无缚无脱，是故摩诃萨摩诃僧那僧涅"。除"道行品"外，后文还提到无人、无身、无我。这空无不但是指人我之外的东西，就连人我这个主体，也同样是虚无。

总之是空如幻，全盘否定一切存在，否定一切法，否定一切修行，否定绝大部分教义，否定人的认识能力，否定一切知识的真实性，否定一切的主体和客体。

《道行品》还说，法无所生，不增不减。既然是空无所有，当然就无所谓起源，无所谓数量的增减。这是从空无中引申出来的必然结论。这类引申，在下面有关各品的论述中，包括：无欲无想，无恚无恨，不观不见（不见般若，不见行般若者，不见佛，不见萨芸若，不见得萨芸若者，不见如来，不见得如来者，不见十力，不见四无所畏），不腐不败，不可入，无所求，不可量不可计，广大无边，无有底，无有尽时。无常无坏，无大无小，无强无弱，无相无著，无缚无脱。无造无作，无来无至。不生不灭，住无所住，行无所行等。这些包含了后来中道的一些观点。中道以八不为代表，它们是：不生亦不灭，不常亦不断，不一亦不异，不来亦不出。中道的核心是实体皆空，假名为有。说有吧，实体却空，说空吧，而假有是存在的，这就是中道。在《道行般若经》产生的时代，还不可能有完整的中道思想，只不过有此萌芽，字句上有些雷同而已。

这就是般若波罗蜜所呈现出来的空无大观。为什么会空无呢？是因为物无自性。《强弱品》说：离人本无人，离色本无色，离痛痒思想生死识本无识，离诸经法本无诸经法。

信仰空无学说，行般若波罗蜜所得福德和果报，在《功德品》中有所描述。大而言之，可自致成佛，自致萨芸若；小而言之，把般若波罗蜜当做首选，可以加速成道进程，可得天人护佑，消灾祛难，逢凶化吉，鬼神不能中害。

第二，本无。

经有《照明品》。照明，犹如说表现。照明品言如来在世间的表现为依般若自致成佛，般若在世间的表现为名相之无坏无想无愿，简言之，为本无。通过般若，知众人不可计心：爱欲心、瞋恚心、愚痴心、疾心乱心、广大心、无所不知心、不见心，因其本无。通过般若知众生活动。通过般若知本无。本无之相为六无一若如（无相、无愿、无生死、无所生、无所有、无所住；若如空住）。相无作者，法不可知。

又有《本无品》，中言：如来本无，诸法本无，无三世，否定名色，否定须陀洹等阶位。倘不持本无，无沤和拘舍罗，会不得阿耨多罗三耶三菩。如鸟无翼从高处堕地。信乐诸法空，则得阿耨多罗三耶三菩。

"本无"说其源头，"空无"说其相状，二者本来相通。真如也是本无，后来"本无"演变为真如的别名，说的是同一回事。在本经中已见其端倪。

第三，沤惒拘舍罗。

这个词汉译为方便善巧，善权方便。我们的词典释为："诱导众生入于正道而设的智谋、变通的法门和临机的措施。"这自然是根据传统的解释。究竟沤惒拘舍罗包含了哪些意思，本经给出了回答。

1. 随喜。经有"沤惒拘舍罗劝助品"，在随喜之上加一个"沤惒拘舍罗"，说明它的性质如此。随喜是见人积聚了功德而喜不自胜，其功德超过了其他功德，"为极是上"。他人福德本与己无关，却处于最高位置，可知是为了鼓励众生积德而设的法门，确实具有沤惒拘舍罗的性质。

2. 一切皆自然。换句话说，心无所求乃能有所得。《守行品》中连设 11 个比喻，极言自然而然的情状。现举其中 3 例：

> 譬如曠野之地，萬物百穀草木皆生其中，地亦不作是念言："我當生也、不生也。"般若波羅蜜生諸經法，亦不念言："從中生與不生。"何以故？般若波羅蜜本無形故。譬如摩尼珠悉出其寶，般若波羅蜜悉出其經法分別教授，雖爾，般若波羅蜜亦無念。譬如日照於四天下，其明亦不念言："我當悉照。"般若波羅蜜悉照諸經法，雖爾，般若波羅蜜亦無念。（大正藏第 8 卷 466 页下栏）

3. 大众情怀，不中道取证。

《守空品》说：

> 菩薩行般若波羅蜜，爲漚惒拘舍羅所護，自於其地不中道取證，墮阿羅漢、辟支佛地，持是功德逮得阿耨多羅三耶三菩，功德盛滿便得佛。爲菩薩於經本中觀，不中道取證。（大正藏第 8 卷 458 页下栏）

这个道理就是不急于得到阿耨多罗三耶三菩，功到自然成。这是本于释家的大众情怀，很值得肯定和点赞。《分别品》说度阿僧祇人，要为世间护、世间度、世间台、世间自归、世间导。《善知识品》说要"四事取道"，所谓四事，即布施于人、欢乐于人、饶益于人、等与。为了度人，为了有益于人，不中道取证，不急于想得到什么。

4. 解释"求想"这一类的佛理。

言本当求空，去相，而又说"求想"，"不去想"，求阿耨多罗三耶三菩，何以故？沤惒拘舍罗之故，"求想尽者，设想灭者，即可灭也"。下言醒时与梦境统一，以证去相求相统一。此说见于《恒竭优婆夷品》。

5. 不沤惒拘舍罗之害。

《远离品》言梦中八事得阿耨多罗三耶三菩，衬托自以为受决为非，自以为得远离法而轻他人为非，实皆说无沤惒拘舍罗之害。远离，谓心净，远离尘嚣，远离凡俗之习，非谓远离人间。

但言空无，为早期般若。本经兼言沤惒拘舍罗，是对般若学说的发展。后世言般若但言空无，而不及沤惒拘舍罗，可说是后退。至于沤惒拘舍罗的内容，到后来有了区别，例如到了《维摩诘经》那个时代，身居闹市，过着十足的贵族生活，上交王公大臣，下游赌场淫舍，也叫做沤惒拘舍罗，只怕是和原来的沤惒拘舍罗已经大不一样了。

第四，劝教。

是说劝人入教，谨持教诫，求法、护法、传法。《觉品》劝诫众生去除杂念，一心修行，趋向大乘，不学余经。《释提桓因品》借释提桓因之口，言闻、书、持、学般若波罗蜜功德殊胜。《阿惟越致品》大部分内容类似于戒律，如不嘲笑人、不祠天、持十戒、心安无乱、安隐顾视、身心净洁，无蚤无虱、无虫寄生、无悭贪、善解经书，不为魔多种恫吓诱骗所动。又如，不参与国王的事，不参与城里集会的事，不介入盗贼军旅的事，不搞男女关系，不与外道祭祀鬼神吃吃喝喝，不做香烛绸缎布匹生意，不到海外谋利，不与忘恩负义喜欢打斗的恶人搞到一起等。《学品》号召学习、实行五项根本原理原则：无常、无所生、去离淫、灭、本无。倡导"八不"：不持瞋恚意向人、不求他人短、心无悭贪、心不毁诚、心不怀恨、心不懈、心不迷乱、心不愚痴。这"八不"也与戒律类同。《累教品》与《嘱累品》殷勤嘱托，反复叮咛，传播是经，弘扬佛法。《萨陀波伦品》树立一个虔心求法的典型，意思是要众生向长啼菩萨学习，而在长啼的背后，隐藏着对财富珍宝的享有，以及对美女倾心的向往，这是不可取的。

此外，本经不废因缘之说。《不可尽品》说："法无作者，生灭皆有因缘。"《昙无竭菩萨品》连举 8 例，以明事皆因缘合成。这里举其中首例：

> 譬如箜篌不以一事成，有木、有柱、有絃、有人搖手鼓之，其音調好自在，欲作何等曲。賢者欲知佛音聲亦如是。菩薩有本初發意，世世行作功德，世世教授，世世問佛事，合會是事乃目佛身，佛音聲亦如是。其法皆從因緣起，亦從菩薩行得，亦不可離菩薩行得，亦不可從佛身得，亦不可離佛身得。賢者欲知佛身音聲，共合會是事乃得佛耳。（大正藏第 8 卷 476 頁中栏）

《道行般若经》思想丰富，后汉距今久远，支娄迦谶汉语不够地道，读来特别费劲。为方便大众阅读，笔者特对这部经书进行逐词逐句的解释，是为《〈道行般若经〉注》。

凡　例

　　一、《道行般若经》原文以日本大正新修大藏经为底本。《道行般若经》载于大正藏第八册。大正藏以丽藏为底本，载有校勘记。中华大藏经以金藏为底本，每卷后也载有校勘记。本注中的校勘主要依据这两个底本。

　　二、注中常用到异译。文中提到吴译，指三国吴支谦《大明度经》；秦译，指苻秦昙摩蜱、竺佛念《摩诃般若钞经》；罗什译，指姚秦鸠摩罗什《小品般若波罗蜜经》；唐一，指玄奘《大般若波罗蜜多经》第四会；唐二，指玄奘《大般若波罗蜜多经》第五会；宋译，指宋施护《佛母出生三法藏般若波罗蜜多经》。在引这些异译和大正藏其他经卷的时候，后面括弧里有 T 和 p 等字样。T 表示大正藏册数，p 表示页码，abc 分别表示上、中、下栏。其后再有数字，则表示行数。

　　三、《道行般若经》梵本最为人熟知的是《八千颂般若》，该梵本有 Edward Conze 的英语译文。本注引此英译时前加"孔兹英译"，或"孔译"，或"英译"。考虑到梵文少有读者能够了解，除名词术语的解释不得已用梵文（罗马字转写）对应外，一般不引梵文。

　　四、日本创价大学辛岛静志教授以英文作《道行般若经校注》（2011），本注称引时名之为"辛校"。此前辛岛教授作《道行般若经词典》（2010），本注称引时简称为"词典"。

序①

釋道安②撰

大哉智度③！ 萬聖資通④，咸宗以成⑤也。地合日照⑥，無法

---

① 丽本无序，大正藏"以元、明本对校宋本"加载。中华藏亦载此序，云"以清藏本补入，校以资、普、南、径"。

② 道安：东晋时代杰出的佛教学者。永嘉六年（312 年）出生于常山扶柳县（今河北省冀县境）的一个读书人家。18 岁出家。大约 24 岁时，在石赵的邺都（今河南省临漳县境）师事佛图澄。佛图澄死后，石赵内部变乱，道安离开河南到山西的濩泽（今临汾县境），之后至飞龙山（今河北省涿鹿县境），继续与人研究佛理，有所进益。时值乱世，道安率众行道，辗转各地，精进不懈。东晋哀帝兴宁三年（365）来到东晋襄阳，在那里住了 15 年，得到充分发展事业的机会。他整理、注释已译经典，创制了《综理众经目录》。东晋太元四年（379），为前秦苻坚延致长安。在长安期间，他除主持几千人的大道场，经常讲说之外，最重要的是组织和参与译经。他在《摩诃钵罗蜜经抄序》中指出，翻译有"五失本"、"三不易"。为后来译经者指出了译作的道路。为了不失本，一要把倒装句改成汉文所习惯的形式，二要把佛经的质朴改为具备文采，三要删除重复，四要去掉总结的多余的话，五要精简复述前文的话。三不易是说谨慎地对待翻译中的三大难处：适应时势难、适应中土读者理解力难、离佛久远理解和表述其意难。道安的著作，现存的有《人本欲生经注》一卷，《出三藏记集》所收录的经论序共 41 篇，《鼻那耶经》卷首的《序》一篇，元康《肇论疏》中所收《性空论》一篇。苻坚建元二十一年（东晋孝武帝太元十年）二月，道安圆寂于长安五重寺。道安俗姓卫，出家人以释为姓，自道安始。

③ 智度：即智慧到彼岸，到彼岸的智慧。

④ 万圣资通：所有圣人都依靠它获得通达。资，凭借，依靠。

⑤ 咸宗以成：都尊奉它才能成就。

⑥ 地合日照：像日光普照大地。

不周①，不恃不處②，累彼有名③。既外有名④，亦病无形⑤。两忘⑥玄莫⑦，隤然⑧无主⑨。此智之紀⑩也。夫永⑪壽莫美乎上乾⑫，而齊之殤子⑬；神偉⑭莫美於凌虚⑮，而同之倡滯⑯；至德⑰莫大乎真人⑱，而比之朽種⑲。高妙莫大乎世雄⑳，而喻之夢幻。由此論之，亮㉑爲眾聖宗矣。何者？執道御有㉒，卑高有差㉓，此有爲之

---

① 无法不周：是说所有的法都在"智度"的指导之下。

② 不恃不处：语本《老子》："是以圣人爲而不恃，功成而不居。"谓不依功炫耀，不居功自傲。

③ 累彼有名：谓以有名字便为牵累。参本经第一品"有字便著"。

④ 外有名：以有名为外，意思是名字不是分内的事。

⑤ 病无形：以无形为病，意思是又担忧以有形为无形。

⑥ 两忘：语本《庄子·大宗师》："而其誉尧而非桀也，不如两忘而化其道。"其"两忘"指忘是与非，本文"两忘"指忘"外其名"与"病无形"。"两忘玄莫"，谓既不在意有名，也不担忧无形，而归于寂静无为。

⑦ 玄莫：同于玄漠，恬静，寂静。晋葛洪《抱朴子·至理》："識變通於常事之外，運清鑒於玄漠之域。"

⑧ 隤然：大正藏校：元、明本"隤"作"隤"。作"隤"是。隤（tuí）然，柔顺貌。

⑨ 无主：无所专主，无可无不可。

⑩ 纪：纲纪，纲要。

⑪ 永：长。

⑫ 上乾：天。《易·说卦》："乾，天也。"

⑬ 齐之殇子：把他看得与早死的人相同。殇子，未成年而死者，短命的人。《庄子·齐物论》："莫壽於殤子，而彭祖爲夭。"

⑭ 神伟：神通广大。

⑮ 凌虚：在空中飞行。

⑯ 倡滞：停滞不进。倡，字书不收，应为从人从肙。肙，音 yuān，寒（元）部字，疑为"渊"的同源字。"渊"，《管子·度地》有"出于地而不流者命曰渊水"，《玉篇·水部》有"渊，水停"。

⑰ 至德：最高的道德。《论语·泰伯》："泰伯其可謂至德也已矣。"

⑱ 真人：古谓存养本性修真得道的人。《庄子·大宗师》："古之真人，不知説生，不知恶死，其出不訢，其入不距；翛然而往，翛然而來而已矣。"

⑲ 朽种：腐朽的事物。

⑳ 世雄：人世的雄杰。

㉑ 亮：诚，确实。汉王符《潜夫论·慎微》："亮哉斯言！可無思乎？"

㉒ 执道御有：秉持圣道，驾驭有形的事物。

㉓ 卑高有差：有高有低，参差不齐。

域①耳；非據真如②、遊法性③、冥然④無名也。據真如、遊法性、冥然無名者，智度之奧室⑤也。名教遠想者⑥，智度之蘧廬也⑦。然在乎證者⑧，莫不矉⑨其生無而惶眩⑩；存乎邇者⑪，莫不忿⑫其蕩冥⑬而誕誹⑭。道動必反⑮，優劣致殊⑯，眩、誹⑰不其宜乎⑱！不其宜乎！要⑲斯法也，與進度⑳齊軫㉑，逍遙㉒俱遊，千行萬定㉓莫不以成。眾行得字㉔而智進全名㉕。諸法參相㉖成者，求之此列㉗

---

① 有为之域：形而上的范围。

② 真如：梵文 Tathatā 的意译，谓永恒存在的实体，宇宙万有的本来面目。

③ 游法性：流行于法性之中，谓习于法性，依法性而行。

④ 冥然：沉默不语的样子。晋殷仲堪《天圣论》："天者爲萬物之根本，冥然而不言，百姓生而不用其功，萬物成而不疲其勞。"

⑤ 奥室：内室，深宅。比喻深微奥妙之处。

⑥ 名教远想者：对于人世教化作长远思考的人。

⑦ 智度之蘧庐也：那是到彼岸的智慧暂居之处。蘧（qú）庐，古代驿传中供人休息的房子。

⑧ 然在乎证者：但在求证（欲得）智度的人那里。

⑨ 矉：他本作"矉"，当作"矉"。矉，即颦，皱眉忧叹。

⑩ 惶眩：当从他本作"惶眩"，意思是迷惑。

⑪ 存乎迩者：短视者，只想到近处的人。

⑫ 忿：不满。

⑬ 荡冥：放荡不羁，昏暗不明。

⑭ 诞诽：大加诽谤。

⑮ 道动必反：某种道理，某种想法一旦实施，就必然有反应。

⑯ 致殊：极不相同。致，通"至"。

⑰ 眩、诽：或眩或诽，有的迷惑，有的诽谤。

⑱ 不其宜乎：岂不是理所应当吗？

⑲ 要：概括其大要，总而言之。

⑳ 进度：指到彼岸的进程。

㉑ 齐轸：等于说同步。

㉒ 逍遥：优游自得。这里指修行的历程。

㉓ 千行万定：千万种行止，谓各种各样的举动。

㉔ 众行得字：各种行为获得了相应的名称。字，即名。

㉕ 智进全名：进入到彼岸的智慧才能使名字得以完美。经谓"有字便著"，那么，所谓完美，即指无名。

㉖ 参相：互相。

㉗ 列：犹如说"类"。

也。具①其經也，進咨第一義以爲語端②，退述權便以爲談首③；行無細而不歷④，數⑤無微而不極⑥；言以⑦煩而各有宗，義似重⑧而各有主。璅見⑨者慶其邇教而悅寤⑩，宏哲⑪者望其遠標［而］⑫絕目⑬。陟者彌高而不能階⑭，陟⑮者彌高⑯而不能測，謀者慮不能規⑰，尋者度⑱不能盡。既窈冥⑲矣！真可謂大業⑳淵藪㉑，妙矣者哉！

　　然凡諭之㉒者，考文㉓以微㉔其理者，昏其趣㉕者也；察句㉖以

---

① 具：等于说细说。
② 进咨第一义以为语端：往前议论真如，把它作为讨论的头绪。
③ 退述权便以为谈首：往后叙述方便善巧把它作为讨论的重要内容。
④ 历：经过。
⑤ 数：术数，方术。
⑥ 极：穷尽。
⑦ 以：中华藏作"似"，当作"似"。
⑧ 重：重复。
⑨ 璅见：所见琐细。璅，"琐"的异体。
⑩ 庆其迩教而悦寤：庆幸那浅近之教而高兴领悟。
⑪ 宏哲：高明智慧。
⑫ 当据中华藏加"而"字。
⑬ 绝目：目标极远大，直至看不见。
⑭ 阶：攀登。
⑮ 陟：当从中华大藏经作"涉"。
⑯ 高：当从中华大藏经作"深"。
⑰ 规：规划，谋划。
⑱ 度：度量。
⑲ 窈冥：深远无际。
⑳ 大业：盛大的功德。
㉑ 渊薮：水草丛集之处，比喻功业的源泉。
㉒ 谕之：理解它，接受它。之，指代智度学说。
㉓ 考文：考察文辞。
㉔ 微：当从他本作"徵"，即"征"。征求，求取。
㉕ 昏其趣：使其旨趣昏然不晓。
㉖ 察句：考察章句。

驗①其義者，迷其旨②者也。何則③？考文則异同每爲辭④，尋句則觸類每爲旨⑤；爲辭⑥則喪其卒成之致⑦，爲旨⑧則忽其始擬⑨之義矣。若率初以要其終⑩，或忘文以全其質⑪者，則大智⑫玄通⑬，居⑭可知也。從始發意⑮逮一切智⑯，曲成⑰決著⑱，八地⑲無染⑳，謂之智也，故曰遠離也。三脫照空㉑，四非明有㉒，統鑑㉓諸法，

---

① 验：检验，考查。
② 迷其旨：使其旨趣迷糊莫明。
③ 何则：为什么。
④ 异同每为辞：常常着眼于文辞的异同。
⑤ 触类每为旨：常常以联想为经的主旨。触类，触类而及，即产生联想。
⑥ 为辞：这两字承上"考文则异同每年为辞"而来，不单是这两字的意思。
⑦ 卒成之致：最后完成全篇的意图。致，心志。
⑧ 为旨：承前文"寻句则触类每为旨"而言。
⑨ 始拟：谓当初构思。
⑩ 率初以要其终：依照篇章开头的用意，归纳至篇末的要点。意思是抓住全文从头到尾的意义。语本《易·系辞下》："《易》之爲书也，原始要終以爲質也。"
⑪ 忘文以全其质：不看重文辞，而保全其精神实质。
⑫ 大智：指至彼岸的智慧。
⑬ 玄通：通达幽妙。语本《老子》："古之善爲士者微妙玄通。"
⑭ 居：犹如说"显然"。《易·系辞下》："噫，亦要存亡吉凶，居可知矣。"
⑮ 始发意：开始起心学佛。
⑯ 逮一切智：到获得一切智。逮，到。一切智，佛智，知了一切法。
⑰ 曲成：想方设法做到。
⑱ 决著：与执著决裂，意思是不再执著。
⑲ 八地：鸠摩罗什译《大智度论》说："若菩薩摩訶薩從初發意行六波羅蜜時，以智觀過八地。何等八地？乾慧地、性地、八人地、見地、薄地、離欲地、已辦地、辟支佛地。"（大正藏二十五册 659 页下栏）"乾慧地"，一作"净观地"。"性地"，一作"种性地"。"八人地"，一作"第八地"。"辟支佛地"，一作"独觉地"。见玄奘译《大般若波罗蜜多经》，大正藏六册 905 页上栏。
⑳ 无染：超越一切烦恼、执著，保持心性清净。染，染污、不净。
㉑ 三脱照空：三解脱门阐明了空的道理。三脱门，谓空解脱门、无相解脱门、无愿解脱门。
㉒ 四非：四无常，即无常、苦、空、无我。明有：阐明空的道理。
㉓ 统鉴：全部审辨、照察。

因後成用①，藥病雙亡②，謂之觀③也。明此二行④，於三十萬言，其如視諸掌⑤乎。顛沛草次⑥，無起無此⑦也。

　　佛泥曰⑧後，外國高士抄九十章，爲《道行品》，桓靈之世⑨，朔⑩佛齎詣京師⑪，譯爲漢文，因本順旨⑫，轉音如⑬已，敬順聖⑭言，了不⑮加飾也。然經既抄撮⑯，合成音投⑰，音殊俗異，譯人口傳，自非⑱三達⑲，胡⑳能一一得本緣故㉑乎？由是《道行》頗有首尾隱㉒者。古賢論之，往往有滯㉓。仕行㉔恥此，尋求其本，

---

① 因后成用：于是此后得以实行。
② 药病双亡：既无病，故无需药。
③ 观：观察、思考而得真谛。
④ 二行：一曰远离之智；二曰观想通达。
⑤ 视诸掌：比喻轻易可得。语出《论语·八佾》："'知其说者之於天下也，其如示諸斯乎！'指其掌。"
⑥ 颠沛草次：中华藏作"颠沛造次"，本于《论语·里仁》："君子無終食之間違仁，造次必於是，顛沛必於是。"言君子之人在任何困顿挫折的情况下都不离开仁爱。这里主要取"必于是"的意义，即永远坚持经中所说佛理。
⑦ 无起无此：没有开头，也没有终结。此，当理解为"止"。
⑧ 泥曰：梵 nirvāna 的音译，又译泥洹、涅槃等；意译灭、寂灭、灭度。
⑨ 桓灵之世：汉桓帝、灵帝在位的时候，公元147至188年。
⑩ 朔佛：竺朔佛，印度僧人。
⑪ 赍诣京师：带至京城洛阳。赍，携带。京师，京城。
⑫ 因本顺旨：依据梵本，遵照原意。
⑬ 转音如已：译音如其原音。
⑭ 敬顺圣言：恭敬地顺从佛的语言、意旨。
⑮ 了不：完全不，一点也不。了，表全部的范围副词。
⑯ 抄撮：抄录，举要。
⑰ 音投：音读。
⑱ 自非：如果不是。
⑲ 三达：知过去，知未来，知现在烦恼的根源而尽除之。
⑳ 胡：何，如何。
㉑ 本缘故：根本，根源。
㉒ 隐：晦涩不明。
㉓ 有滞：说不通。
㉔ 仕行：人名，姓朱，"仕行"，一作"士行"。东汉僧人，西行求法第一人。年80，病故于西域。

到于闐①乃得，送詣倉垣②，出③爲《放光品》。斥④重省刪，務令婉便⑤，若其悉文⑥，將過三倍。善出無生⑦，論空持巧⑧，傳譯如是，難爲繼矣⑨。二家⑩所出，足令大智煥爾⑪闡幽⑫。支讖⑬全本，其亦應然⑭。何者？抄經⑮刪削，所害必多。委本從聖⑯，乃佛之至戒⑰也。安不量末學，庶幾斯心⑱，載詠載玩⑲，未墜于地⑳，檢其所出，事本終始㉑，猶令㉒折傷玷缺㉓，瘢然㉔無際㉕。假㉖無《放光》，何由解斯經乎？永謝先哲㉗，所蒙㉘多矣。今集

---

① 于闐：古西域国名，今新疆和阗地区。
② 仓垣：地名，今河南开封。
③ 出：译出。
④ 斥重：除去重复的。
⑤ 务令婉便：力求使它顺畅、便于阅读理解。
⑥ 悉文：全部翻译过来。
⑦ 善出无生：善于翻译不生不灭之理。
⑧ 论空持巧：以机巧的手法讨论空的学说。
⑨ 难为继矣：难以继续进行了。是称赞《放光品》译得好，恐无后继者。
⑩ 二家：一家，竺朔佛译本；一家，朱仕行所得本的译本《放光品》。
⑪ 焕尔：犹焕然，光彩明亮的样子。
⑫ 阐幽：阐述幽深的佛理。
⑬ 支谶：支娄迦谶，梵 lokasema，月支人，本经译者。
⑭ 其亦应然：那也应当如此。
⑮ 抄经：一作钞经，抄录佛经。抄录中多有删节。
⑯ 委本从圣：全本都依从佛所言说。
⑰ 至诚：最为紧要的告诫。
⑱ 庶几斯心：近于这样的想法。
⑲ 载咏载玩：一边吟咏，一边反复体会。
⑳ 未坠于地：心有所得。语出《论语·子张》："文武之道，未墜於地，在人。"
㉑ 事本终始：事理的本原、开头和结尾。
㉒ 犹令：等于说仍然有。
㉓ 折（shé）伤玷缺：遗漏缺损，含有杂质。
㉔ 瘢然：他本作戢然，内聚的样子。
㉕ 无际：含有杂质和缺损的部分与经文其他部分之间无缝隙可寻。
㉖ 假：假如。
㉗ 永谢先哲：多谢前代贤圣之人，指竺朔佛、朱仕行等先行者。
㉘ 所蒙：所承受的恩惠。

所見，爲解句下。始況現首，終隱現尾①；出經見异②，銓③其得否，舉本證抄④，敢增損⑤也？幸我同好飾⑥其瑕謫⑦也。

---

① 始况现首，终隐现尾：此承前文"道行颇有首尾隐者"而言，谓经过重译和注解，前一部分用比况说明的办法使之无隐，后一部分原本隐晦之处也得以呈现出来。

② 出经见异：见到所译出的经文与先前的译文有不同之处。

③ 铨：权衡。

④ 举本证抄：拿译本和抄本互证。

⑤ 敢增损也：岂敢对经文擅自增减？言不敢随便增删。

⑥ 饰：同"饬"，整饬，指出和纠正。

⑦ 瑕谪：毛病、过错。

目　录

道行①般若②③經卷第一

後漢月支④國三藏⑤支婁迦讖⑥譯

摩訶般若波羅蜜道行⑦經　道行品⑧第一

佛⑨在羅閱祇⑩耆闍崛山⑪中，摩訶比丘僧不可計⑫，諸弟子

---

①　道行：属于佛道的行为。道，指佛道。

②　般若：梵 prajña，中文音 bōrě，是相传的梵文汉读，意思是智慧。此智慧是佛的智慧，到彼岸的智慧。译家以为译成"智慧"恐与普通的智慧相混，所以音译，表示与通常所说的智慧有别。

③　道行般若：道行与般若同位，属于佛道的行为，这里就是指到彼岸的智慧，到彼岸的智慧，便是佛道的行为。

④　月支：汉时西域国名，在今新疆伊犁河流域及其以西。史书多作"月氏"。

⑤　三藏：佛教经典分为三个部分，即经藏、律藏和论藏。把"三藏"加在僧人头上，作为敬称，是说他通晓经、律、论，富有学问。

⑥　支娄迦谶（147～?）：梵 Lokasema。汉代译经僧，又称支谶。国籍月支，随汉俗有名有姓，加国别"支"字于名娄迦谶之前，以为姓。后汉桓帝末年至洛阳，从事译经。译出经书二十余部，所译诸经中，以《道行般若经》最为重要，是般若经系经典中现在能见到的最早的译本。还有《般舟三昧经》，以西方阿弥陀佛为论述对象，为我国佛教史初期弥陀净土信仰者念佛结社之主要依用经典。其所译《首楞严经》则带动了四、五世纪间中国佛教的大乘化。

⑦　摩诃般若波罗蜜：实际上是经名重出，可与经名不完全一致，这是可以互相补充的。题名"般若"，而实际意思是摩诃般若波罗蜜，梵 mahaprajñāpāramitā，大的到彼岸的智慧。这里虽是书名的重现，却没有出现"道行"和"经"字样，实际上包含有"道行"和"经"的意思。本经有三十品，出现品的题名的时候，前面都加经名，可所加不完全一致，那是译者或传抄者做得不完善的地方，不必在这些地方深究。

⑧　道行品：品，犹如我们现在说"章"。章名与经名部分重合。道行，也可解释为求佛道者的行为表现。

⑨　佛：梵 budda，又译佛陀、浮屠等，意译觉、觉者、觉知真理者。佛教中指自觉、觉他、觉行圆满的最高果位。这里特指佛祖释迦牟尼。

⑩　罗阅祇：梵 Rājagrha，意译王舍城。旧址位于恒河中游巴特那市（Patna）南侧比哈尔（Behar）地方之拉查基尔（Rajgir）。为佛陀传教中心地之一。

⑪　耆阇崛：梵 Grdhrakūta，意译灵鹫。王舍城东北侧一个小国地名。

⑫　摩诃比丘僧不可计：当作"不可计摩诃比丘僧"，是说无数的大比丘僧（与佛在一起）。比丘：梵 bhiksu 音译，指出家得度，受具足戒的男子。

舍利弗、須菩提等①；摩訶薩菩薩無央數②，彌勒菩薩③、文殊師利菩薩④等。月十五日説戒⑤時，佛告須菩提："今日菩薩大會，因諸菩薩故，説般若波羅蜜，菩薩當是學成⑥。"

　　舍利弗心念言："今使須菩提爲諸菩薩説般若波羅蜜，自用力説耶？持佛威神⑦説乎？"須菩提知舍利弗心所念，便語舍利弗言⑧："敢⑨佛弟子所説法、所成法，皆持佛威神。何以故？佛所説法，法中所學，皆有證、皆隨法，⑩展轉相教，展轉相成，法中終不共諍⑪。何以故？時⑫而説法，莫不喜樂者。自恣善男子、善

---

①　诸弟子舍利弗、须菩提等：意思是这些大比丘僧中包括舍利弗、须菩提等众多的佛的学生。舍利弗，梵 Sāriputra，佛十大弟子之一。须菩提：梵 Subhūti，佛十大弟子之一，佛在讲空的学说时，往往在场。

②　摩诃萨菩萨无央数：数不尽的大众菩萨（也在）。摩诃萨菩萨，是摩诃萨埵（梵 mahāsattva 的音译，意思是大众生、大有情，常用来称呼菩萨大士）菩提萨埵（梵 Bodhisattva 的音译，意思是觉众生，使众生觉悟）两个词的合音的简略表示。"摩诃萨"与"菩萨"合用，仍是表示菩萨的意义。但特指大乘菩萨，菩萨地以上的菩萨。吴支谦译《大明度经》译为"大众菩萨"（T08p0478b24）。辛校（2 页）据异译校"摩诃萨"为"摩诃"，删一"萨"字。无央，等于说无尽，无数。

③　弥勒菩萨：弥勒，梵 Maitreya，意译慈氏。释迦牟尼佛座下大弟子之一。据说他将接替其师做此世的佛。

④　文殊菩萨：梵 Mañjuśrī，全音译为文殊师利，又译曼殊师利，意译妙吉祥。或谓他是过去世的佛，或说实有其人，与普贤菩萨并为释迦佛的左右胁侍，司智慧。相传我国山西五台山为其道场（说法布道的场所）。

⑤　月十五日说戒：佛家有每月十五日讲说戒律的规矩。

⑥　菩萨当是学成：菩萨应当学成这个（般若波罗蜜）。此句语法格式为主语·评断词·宾语·述语·结果补语。此格式似属首见之列。

⑦　持佛威神：凭借佛力。威神，指威严的气势和神明的智慧所形成的力量。

⑧　语……言：约当于现在的"对……说"。

⑨　敢：凡。见朱庆之《"敢"有"凡"义及其原因》（《古汉语研究》1989 年版）。

⑩　佛所说法，法中所学，皆有证，皆随法：于佛说法中有所学，其人能证得诸法自性，他再去说法，就都能依法无违。此数句宋译作："佛所说法，若於是中能修學者，彼能證得諸法自性。以證法故，有所言說皆與諸法無所違背。"辛校（3 页）标点为："佛所說法法中，所學皆有證。皆隨法……"恐非是。

⑪　终不共诤：始终不互相矛盾。

⑫　时：适时。

女人而學。①"

　　須菩提白佛言②："佛使我爲諸菩薩説般若波羅蜜，菩薩當從中學成。佛使我説菩薩③，菩薩有字便著④。菩薩有字無字？何而法中字菩薩⑤？了不見有法菩薩⑥，菩薩法字了無⑦，亦不見菩薩，亦不見其處，何而有菩薩⑧當教般若波羅蜜，作是⑨説般若波羅蜜？菩薩聞是，心不懈怠，不恐，不怯，不難⑩，不畏。菩薩當念作是學，當念作是住⑪。當念作是學，入中，心不當念'是菩薩'。何以故？有心無心⑫。"

　　舍利弗謂須菩提："云何⑬有心無心？"

　　須菩提言："心亦不有，亦不無⑭，亦不能得，亦不能知處。"

　　舍利弗謂須菩提："何而心亦不有亦不無，亦不能得，亦不能

---

　　①　自恣善男子善女人而学：善男子善女人随顺经意而学法。自恣，谓随顺经意。句中做状语。吴译相应处作"如经意"（T08p0478c06）。宋译作"顺诸法性"（T08p0587a27）。孔兹英译作"as the nature of dharma"。善男子善女人，犹如中土常说的"善男信女"。经文开始到此，是所谓的序分、缘起分。以下开始为正宗分，经的主体，相当于正文部分。

　　②　白佛言：向佛说。白，告白。

　　③　说菩萨：向菩萨说。

　　④　有字便著：有名字便执著犯错。字，这里指名。《周礼·春官·外史》："掌達書名于四方。"郑玄注："或曰：古曰名，今曰字。"汉时学者有认为文字，古时叫做"名"，现在叫做"字"的。而支娄迦谶却反过来，把"字"当作"名"来用。著，《法相辞典》引《瑜珈》云："著者，謂即於彼、無所顧惜故。"佛经中说"著"，多为执著义。其所执著，或本无，或错误。英语此词多译为"cling"，附着，黏着，依恋。

　　⑤　何而法中字菩萨：什么法为菩萨释名了？何而，意思只是何。"何而法"，只是"何法"。本经译者汉语欠纯熟，此等处用错虚字。字菩萨，为菩萨释名。"字"，为动用法。

　　⑥　了不见有法菩萨：全不见有为菩萨释名之法。了，表示全面否定的范围副词。法菩萨，即菩萨法，为菩萨释名之法。

　　⑦　菩萨法字了无：为菩萨释名之法完全不存在。

　　⑧　何而有菩萨：哪里有菩萨。

　　⑨　作是：本经中"作是+动词"，其中"作是"与"这样"相当。"作是说"，这样说。"作是学"，这样学。"作是住"，这样住。

　　⑩　不难：不以为难。难，形容词意动用法。

　　⑪　住：佛经中的"住"，意思多是驻留，多不是居住。

　　⑫　有心无心：有心，同时又无心。心，心思。

　　⑬　云何：疑问代词。这里约当于"何谓"。

　　⑭　不有，不无：非有，非无。不，用同于"非"。

知處者？如是亦不有，亦不無，亦不有有心，亦不無無心①？"

須菩提言："亦不有有心，亦不無無心。"

舍利弗言："善哉，須菩提，爲佛學［舉］②！佛而學［舉］者，不説空身慧③，空身慧而説④，最第一⑤。菩薩從是中，已得阿惟越致⑥。學［舉］字⑦，終不復失般若波羅蜜。如是菩薩以⑧在般若波羅蜜中住，欲學阿羅漢法，當聞般若波羅蜜，當學、當持、當守⑨；欲學辟支佛法，當聞般若波羅蜜，當學、當持、當守；欲學菩薩法，當聞般若波羅蜜，當學、當持、當守。何以故？般若波羅蜜法甚深，菩薩如學⑩。"

---

① 不有有心，不无无心：即无有心，有无心。

② 学：当是"舉"字。凡所校正，于误字后作［］，［］中字，为正字。秦译相应处作："舍利弗言：'善哉，善哉，须菩提，爲佛所舉！作所舉者，不妄空身。'"（T08p0508c23）据以校"学"为"举"。其后两"学"字，仿此。辛校（5 页）已校"学"为"举"，云大阪金刚寺古写本（以下多称此本为钞本）正作"舉"，所校是。支谦相应处译作："秋露子曰：'善哉，善哉！佛称贤者説山澤行實爲第一。'"（T08p0479a03）知"举"为称举，即推举、举荐。《史记·万石张叔列传》："直不疑，南陽人也，爲郎。……文帝稱舉，稍遷至大中大夫。"称、举连用。《礼记·儒行》："儒有内稱不辟親，外舉不辟怨。"疏："稱，舉也。"反过来，也可以说：举，称也。

③ 不说空身慧：言不妄说空身慧。辛校（6 页）欲删"不"字，恐非。空身慧：空慧，认为一切存在皆无实体（身），皆无自体（身）。如此观察世界，叫观空慧，亦即空身慧。

④ 空身慧而说：如果说空身慧。而，表示假设。前文"佛而举者"的"而"，也表假设，言佛若举者。辛校（6 页）欲校"而"为"所"，又校"佛"为"作"，恐非是。

⑤ 最第一：最为第一。最，最高级程度副词。

⑥ 阿惟越致：梵 avi-vartika 的音译，后多译作阿鞞跋致，意为不退转，不从向佛行进之路退转，是菩萨阶位之名。经一大阿僧祇劫之修行，可至此位。

⑦ 举字：（为佛所）称名（者）。此二字，南藏、龙藏作"学空"。于意得通，但恐非支谶原本。

⑧ 以：已。

⑨ 学、持、守：修学，奉持，持之不失。

⑩ 菩萨如学：（为）菩萨所当学。如，作用与"所"同，下文"如入"、"如住"、"如止"中的"如"，作用也同于"所"。中土传统文献中似无这种用法。别的佛经中有没有，尚待进一步核查，但这里的"如"确实用与"所"同。此经"何以故？般若波罗蜜法甚深，菩萨如學"，秦译作"所以者何？般若波羅蜜法甚廣大故，菩薩摩訶薩所學"（T08p0509a01）；罗什译作"所以者何？般若波羅蜜中，廣説菩薩所應學法"；（T08p0537b25）唐一作"所以者何？於此般若波羅蜜多甚深經中，廣説一切諸菩薩摩訶薩所應學法"（T07p0764a11），唐二作"所以者何？於此般若波羅蜜多甚深教中，廣説一切所應學法"（T07p0866a26）。所举诸异译在本经用"如"字的地方，相应处都用"所"字。

　　須菩提白佛言："我熟念菩薩心不可得，亦不可知處，亦不可見。何所①是菩薩般若波羅蜜，亦不能及説②；亦不能逮説菩薩字③。菩薩無有處處④，了不可得。亦無而［如］出⑤，亦無如入，亦無如住，亦無如止。何以故？菩薩字了不可得故，無如住、無如止。作是説般若波羅蜜，菩薩聞是心不懈倦，不難、不恐、不畏，以入阿惟越致中，悉了知，不可復退。菩薩行般若波羅蜜，

---

　　① 何所：佛经中"何所"，往往当"何"讲，此处"何所"，相当于现代汉语的"什么"。如本经"一切菩薩了無有處，了不可見，何所爲菩薩般若波羅蜜？如是説菩薩，都不可得見，亦不可知處處，了無所有，當從何所法中説般若波羅蜜？"（T08p0428a28）"何所为"，什么是。"何所法"，什么法。

　　② 不能及说：不会说，不能及，做不到。《韩非子·说难》："其心有高也，而實不能及，説者爲之舉其過而見其惡，而多其不行也。"做不到的是"说"，意思就是不会说。

　　③ 亦不能逮说菩萨字：也不会说菩萨这个假立的名称。逮，即及。《韩诗外传》卷六："君子者貌恭而行肆，身儉而施博，故不肖者不能逮也。"上一句"不能及説"，下一句"不能逮説"，上一句宾语在前，下一句宾语在后，行文错综。此处辛校（7 页）作："何所是菩薩，亦不能及説，亦不能逮説？菩薩字，（菩薩無有處……）"辛校（7页）译为："To which bodhisattvas should I neither speak of the Prajñāpāramitā nor mention it?"（我将既不向哪个菩萨说般若波罗蜜，也不提起它。）这个意思嵌入经文中，前后不相联属。"不及説"的"説"译为"speak"（说），"不逮説"的"説"译"mention"（提及），同词同句而前后异译，显出修辞色彩，而非训诂本行。我们对经文的理解，主要基于秦译。秦译此处说："須菩提白佛：'我熟念菩薩心不可得，亦不知處，亦不可見而可得，亦不能及説何所是菩薩摩訶薩般若波羅蜜，亦不能逮説菩薩字。（字處無有處如是。字處，無所止、無所住。）'"（T08p0509a02）

　　④ 处处：只是一个处字的意思。用两个处字，是为了把一句话的音节凑足双数。本经共用 5 个"處處"，其一是到处的意思，其余 4 处，在意义上只相当于一个"處"字。除这里一个，还有 3 个，见下所引："何如爲意？意無處處，意無形形，意本是形法。何等爲色？色不可得見，亦無有身，是中何所有色者？痛痒、思想、生死、識，識不可得見，菩薩亦不可得見，菩薩識了不知處處，亦不可見，一切菩薩了無有處，了不可見，何所爲菩薩般若波羅蜜？如是説菩薩，都不可得見，亦不可知處處，了無所有，當從何所法中説般若波羅蜜？"（T08p0428a24）辛校（7 页）将此"處處"拆分为二，一属上，一属下，作"菩薩无有處，處了不可得"。这样拆分，与上引作比较，则似不妥。

　　⑤ 而出：当依下文"如入""如住""如止"例，作"如出"。据大正藏校，只有丽藏此"如"字作"而"，余皆作"如"。这里 4 个"如"，其作用与"所"相当，见上页"菩薩如學"注。一说，此类"如"置于动宾之间，另无实义。

色不當於中住，痛痒、思想、生死、識①，不當於中住。何以故？住色中爲行識，住痛痒、思想、生死、識中爲行識。不當行識。設住其中者，爲不隨般若波羅蜜教。何以故？行識故。是爲不行般若波羅蜜；不行者，菩薩不得薩芸若②。"

舍利弗謂須菩提："菩薩當云何③行般若波羅蜜，得般若波羅蜜？"

須菩提言："菩薩行般若波羅蜜，色不受，痛痒、思想、生死、識④不受；不受色者爲無色，不受痛痒、思想、生死、識者爲無識。般若波羅蜜不受。何以故不受？如影，無所取、無所得，故不受。菩薩行般若波羅蜜，一切字法不受⑤，是故三昧⑥無有邊、無有正，諸阿羅漢⑦、辟支佛⑧所不能及⑨。

復次⑩，舍利弗！薩芸若不受。何以故？菩薩不當持想視薩芸

---

① 色、痛痒、思想、生死、识：异译相应处作色、受、想、行、识。详细注解见下。

② 萨芸若：梵 savajña 的音译，后译萨婆若，意译一切智，谓佛智，知晓一切世界、众生界、有为无为、因果缘起、过去未来。

③ 云何：如何，怎样，疑问代词，问方式方法。

④ 色、痛痒、思想、生死、识：这就是所谓"五蕴"。五蕴：梵 pañca-skandha，英 fiveskandhas。skandha 的意思是堆积，聚集。汉译为蕴，取其积聚、蓄藏之义。（《左传·昭公十年》："蕴利生孽。"）也曾译为阴，读为荫，去声，取其庇藏义。（《礼记·祭义》："骨肉斃于下，陰爲野土。"）所谓五蕴，言五类聚集，总括有为世界的物质与精神现象。色（梵 rūpa，英 form），指一切物质、物体，因一切物质皆有形色。受（梵 vedanā，英 feeling），感受。想（梵 sanjñā，英 perception），知觉，观念，显现于心中的印象。行（梵 samskāra，英 impulse），行事的冲动、意图、意愿、欲望。识（梵 vijñā，英 consciousness），认识，辨别，从而获得知识。除色之外，其余四蕴也统称为识，那就是一切精神现象。《道行经》译"受"为"痛痒"，因为痛痒也是一种感受。译"想"为"思想"，这也是可以接受的。而译"行"为"生死"，是因为生死是人一生中最大的行事。

⑤ 一切字法不受：一切安上名字的作法都不可接受。因为"有字便著"。

⑥ 三昧：梵 samādhi 的音译，意译正定，一种美德，一种修学的境界，一种行为的要求。正道而行，息虑凝心，止息一切思虑，凝结心念于一。

⑦ 阿罗汉：梵 arhat 音译，这里指小乘佛教的最高果位。

⑧ 辟支佛：梵 pratyeka-buddha 的梵意合译，指无师而自觉自悟的圣者。汉译作缘觉。辟，音 pì。

⑨ 这句谓，一切字法不受，三昧无有边，无有正（"正"，释为定，谓定量），这种境界，声闻、缘觉两乘者不能达到。

⑩ 复次：犹如说再者。于展开论述之后，复追加新的论述时用之。

若①。設想視者爲不了，爲如餘道人不信薩芸若②。何以故？反謂有身③。正使餘道人信佛④，信佛已，反持小道⑤入佛道中。入佛道中已，不受色，痛痒、思想、生死、識不受，不受已，亦未曉，尚未成⑥。亦不見慧⑦，亦不於内見慧，亦不於外見慧，亦不於餘處見慧；亦不於内痛痒痛生死識見慧，亦不於外痛痒思想生死識餘處見慧⑧。亦不於餘處脱，以學成就佛了知，從法中以脱去，謂法等一泥洹⑨。菩薩莫作是行：莫内外視法⑩，吁〔呼〕⑪ 與般若

---

① 菩萨不当持想视萨芸若：菩萨不当把一切智看成是"相"。持，约当于"以"。视，看待。想，事物的相状反映到思想里，叫做想。此处唐译作："是一切智智非取相修得"（T07p0764b19）。直接用"相"代"想"。

② 设，假设，如果意。了，懂得。如果把一切智看成是相，就是像别的修道者一样，不懂得一切智，不相信一切智。

③ 反谓有身：（本无相无我）却说有相有我。辛校（8页）以为，意思是"he will, on the contrary, presume (savajña) having self"（相反，菩萨认为萨芸若是有我）。近是。

④ 正使余道人信佛：如果外道的人信奉佛道。正使，如果。余道人，外道的人。

⑤ 小道：罗什译作"有量智"（T08p0537c16），唐译作"少分智"（T07p0764b23）。智当释为小智，不多的智。指外道入佛，本来只具有小智（相对于一切智而言）。

⑥ 不受已，亦未晓，尚未成：已不受五蕴，但也不懂一切智，未成就一切智。

⑦ 慧：此"慧"，与下文诸"慧"字，罗什译与唐译宋译都作"智"，指一切智。

⑧ 此数句的意思是：未在色、受、想、行、识之内见一切智，也未在色、受、想、行、识之外见一切智，也未在此外的什么地方见到一切智。

⑨ 亦不于余处脱，以学成就佛了知，从法中以脱去，谓法等一泥洹：罗什译与此相应的经文："先尼梵志信解薩婆若智，以得諸法實相，故得解脱。得解脱已，於諸法中無取無捨，乃至涅槃亦無取無捨。"由此我们可以将此处四句解释为：不在别的地方得到解脱，在哪里得到解脱呢？由于学佛，得以成就佛智，已从法那里得到解脱，所谓解脱，就是无舍无著。认为：于法无舍无著，同样于涅槃也无舍无著。亦，承前文几个"亦"而来，无实义。以，前"以"，凭借。后"以"，通"已"。佛了知，佛之了知，即佛智，即萨芸若，一切智。泥洹，梵 nirvāna 的音译，后世多译为涅槃，意思是灭、寂灭、灭度。谓烦恼之火灭尽，超越生死，而至于佛家的极境。

⑩ 莫内外视法：此承前文有关经文而来，是说不要企图在色、受、想、行、识之内见法，也不要企图在色、受、想、行、识之外见法，也不要企图在此外的什么地方见法。

⑪ 吁：各本皆作"呼"。丽藏、石经作"吁"。依文义，当作"呼"。"呼"的意义与"谓"同。本经有"反謂有身"（T08p0426b05）的句子，后面又有"反呼有身"（T080427a12）的说法，知"反呼有身"，就是"反谓有身"，"呼"就是"谓"。又如："乃至佛道亦復呼如幻？"（T08p0430a10）"菩薩摩訶薩不覺魔爲，反自呼得阿耨多羅三耶三菩。"（T08p0460c10）其中"呼"，也当释为"谓"。呼，谓也，是由它的呼叫义引申而来，看下例即明。例中"呼"，释为"叫"可以，释为"谓"也恰当。"何因呼菩薩爲摩訶僧那僧涅，摩訶衍三拔致？"（T08p0427b29）

波羅蜜等。一切無所受，無所從誰得，法無所持、無所收［放］，亦無所泥洹想。① 是故菩薩般若波羅蜜亦不受色，痛痒、思想、生死、識亦不受，亦不中道般泥洹②，悉具十種力③、四無所畏④、佛十八事⑤，是故菩薩般若波羅蜜⑥。菩薩已入般若波羅蜜中行，當作是視⑦：何所是般若波羅蜜？在何所⑧般若波羅蜜中法；了不

---

① 一切无所受，无所从谁得，法无所持、无所放，亦无所泥洹想：参唐译、孔兹梵译英，这几句的意思是：一切法无所受，无从得，无取无舍，无关于涅槃的思虑。或唐译："於一切法皆不取相，亦不思惟無相諸法。……於一切法不取、不捨、無得、無證。……乃至涅槃亦不取著。"（T07p0764c03）英译作 "he did not take hold of any dharma, nor apprehend any dharma, which he could have appropriated or released. He did not even care about Nirvana."。经中此"一切"，谓一切法。"无所从谁得"，没有什么人，能从他那里得到（法）。这样颇为纠结，实在就是无从得的意思。"收"，丽藏、资福藏、石经如此作，碛砂藏以及各本作"放"，英译作 released（释放），约当于汉译佛典中的"舍（捨）"。"无所泥洹想"，"所"字承上文诸"所"字掺入，理解其意义只是"无泥洹想"。

② 中道般泥洹：半路上涅槃。不具十力、四无畏及十八不共法，功夫未到，便取证涅槃。般泥洹，即是涅槃，"般"是梵 pari 音译，完全。

③ 十力：如来十种智力。(1)知觉处非处智力，即能知一切事物的道理和非道理的智力；(2)知三世业报智力，即能知一切众生三世因果业报的智力；(3)知诸禅解脱三昧智力，即能知各种禅定及解脱三昧等的智力；(4)知诸根胜劣智力，即能知众生根性的胜劣与得果大小的智力；(5)知种种解智力，即能知一切众生种种知解的智力；(6)知种种界智力，即能普知众生种种境界不同的智力；(7)知一切至所道智力，即能知一切众生行道因果的智力；(8)知天眼无碍智力，即能以天眼见众生生死及善恶业缘而无障碍的智力；(9)知宿命无漏智力，即知众生宿命及知无漏涅槃的智力；(10)知永断习气智力，于一切妄惑余气，永断不生，能如实知之的智力。见《杂阿含经》卷二六（T02p0186c16）。

④ 四无所畏：佛对众生说法时的四种无畏心理。（1）一切智无所畏，佛于大众中明言我为一切智人而无畏心；（2）漏尽无所畏，佛于大众中明言我断尽一切烦恼而无畏心；（3）说障道无所畏，佛于大众中说惑业等诸障法而无畏心；（4）说尽苦道无所畏，佛于大众中说戒、定、慧等诸尽苦之正道而无畏心。

⑤ 佛十八事：佛的十八种功德法，惟佛独有，不与三乘共有，故又说十八不共法。即身无失、口无失、念无失、无异想、无不定心、无不知已舍、欲无减、精进无减、念无减、慧无减、解脱无减、解脱知见无减、一切身业随智慧行、一切口业随智慧行、一切意业随智慧行、智慧知过去世无碍、智慧知未来世无碍、智慧知现在世无碍。

⑥ 是故般若波罗蜜：此句残缺。宋译相应处作："是故，世尊！菩萨摩诃萨应如是了知般若波罗蜜多。"（T08p0588a27）或者，应读作"是故为般若波罗蜜"。

⑦ 当作是视：应当这样看。

⑧ 何所：何处。般若波罗蜜中法在哪里。

能得，了不能知處。是故般若波羅蜜菩薩當作是念。聞是不懈、不却、不恐、不畏、不難，知是菩薩不離般若波羅蜜，菩薩當了知如是。"

舍利弗謂須菩提："菩薩何因曉①般若波羅蜜？色離本色，痛痒、思想、生死、識離本識，般若波羅蜜離本般若波羅蜜②。"

須菩提言："如是。"

舍利弗言："善哉，須菩提！菩薩設使出是中③，便自致薩芸若。"

須菩提言："如是。菩薩出是中，便自致薩芸若，何以故？薩芸若無所從生，無所從生［出］④。如是，菩薩疾近⑤作佛。菩薩行般若波羅蜜，於薩芸若中無所罣礙⑥。"

舍利弗言："善哉！菩薩精進⑦作是語：'設使行色爲行想⑧，設生色行⑨爲行想，設觀色行爲行想，設滅色行爲行想，設空色⑩

———————————

① 何因曉：因何曉，因为什么原因知晓。

② 此数句唐一相应处作："若色離色自性，受、想、行、識離受、想、行、識自性，般若波羅蜜多離般若波羅蜜多自性。"（T07p0764c20）由此知"本色"，谓色自性。"本識"，谓识自性。"本般若波羅蜜"，谓般若波罗蜜自性。

③ 菩薩设使出是中：唐一作"若菩薩摩訶薩於此中學"（T07p0765a04）。

④ 生：碛砂藏、南藏、龙藏作"出"。作"出"是，当据改。"無所從生，無所從出"，吴译作"其於無法無出無生"（T08p0479c08）。罗什译作"一切法無生無成就"（T08p0538a10）。孔兹译作"all dharmas are unborn, and do not go forth"。

⑤ 疾近：迅速接近。

⑥ 罣（guà）碍：障碍，羁绊。

⑦ 精进：坚持修善，毫不懈怠。

⑧ 设使行色为行想：如果认为色确实存在，就是取相，认为相为实有。这里"想"，连同后面11个"行想"的"想"，自罗什译以下，相应处均作"相"，孔兹相应处译作sign（相）。而支公首译作"想"，我们可以说，"相"反映到思想里，便是"想"。

⑨ 生色行：行生色，意思是认为色产生了。以下多个"╳行"，仿此，意即"行╳"，动词后置。

⑩ 空色：色即是空。

行爲行想，設識行立欲得爲行想①，痛痒、思想、生死、識行爲行想，生識行爲行想，觀識行爲行想，滅識行爲行想，空識行爲行想。'如是菩薩爲反行想②，作是守行者③，爲不守般若波羅蜜，爲不行般若波羅蜜。若想行者④，菩薩護行⑤，當莫隨其中⑥。"

舍利弗謂須菩提："菩薩當云何行般若波羅蜜?"

須菩提言："不行色，不生色行，不觀色行，不滅色行，不空色行；不痛痒思想生死識行，不生識行，不觀識行，不滅識行，不空

---

① 识行，立欲得：可资对勘的有 3 处。秦译"我行立欲得"（T08p0509b21），唐二"謂我能行，是行有所得"（T07p0867a18），孔兹译"or 'I course.' or 'I am a Bodhisattva.'"。辛校（12 页）据秦译校"識行，立欲得"为"我行立，欲得"。破"識"为"我"。他把"设我行立，欲得，为行相"理解为："If he stands in (the idea) that 'I practise' and wishes to attain (the Prajñāpāramitā), he is (then) practising (making) mental images."（如果他持"我行"和希望得到般若智慧这样的想法，那他就是行想。）他将"我行立欲得"变成"立'我行'与欲得"。如果破字已不好接受，又这样颠倒语序，就更觉不顺了。我们认为，支公这里表述"行×便是行相"，那个×没有离开五蕴，在"识行立欲得"之前，是行色、生色、观色、灭色、空色，在"识行立欲得"之后，是行痛痒思想生死识、生识、观识、灭识、空识。所谓"识行"，便是行识，也在五蕴之列。以此知这个"识"，不可破为"我"。"设识行，立欲得，为行想"，全句意思是：如果行识，想立即得到菩萨法，就是行相。"识行"（行识），与秦译"我行"，唐二"我能行"，孔兹"I course"相当，细想起来，它们之间也不是完全没有联系。识，用现在的话来说，是主观意识，这主观意识是"我"头脑中产生的，所以"行识"，也可以说是"行我"，倒其语序，便是"我行"了。各有所本，不必以彼证此。

② 如是菩萨为反行想：菩萨像这样（不行般若波罗蜜）反而行想。为，判断词，可不译出。反，副词，表示事与愿违。秦译相关处说："是菩薩摩訶薩爲反行想行，是守行般若波羅蜜，爲不行般若波羅蜜，反作想行，是菩薩摩訶薩無有護行。"（T08p0509b25）这是我们加进括弧里的话的根据。辛校（13 页）此处理解为"Such a bodhisattva is incorrectly practising (making) mental images."，把"反"释为不正确地，恐非。

③ 作是守行者：像这样坚持行（相）的。守，持之不失，也就是坚持。

④ 若想行者：如果行相。者，假设语气助词。辛校（13 页）以此句上属，理解为：(but rather) to practice (by means of) mental images. 不明白 but rather（相反）的语气是从哪里来的。也不明白他如何理解那个"若"字。

⑤ 护行：爱护、珍惜自己之所行，意思是在行相与行般波罗蜜之间进行慎重的选择。

⑥ 当莫随其中：应当不要随顺而落入行相者之中。其，代行相者。

識行①；不行色，不色想行，不色生行，不色觀行，不識滅行，不
識空行②；亦無見，亦無行，亦無見行、無行③，無見亦復無行④，
亦無止行⑤。如是爲無見。何以故？一切法無所從來，亦無所持。
菩薩摩訶薩一切字法不受字。是故三昧無有邊、無有正，諸阿羅
漢、辟支佛所不能及知⑥。菩薩摩訶薩隨⑦三昧者，疾得作佛。"

　　持佛威神，須菩提説是語："菩薩皆得阿惟越致⑧字，前過去
佛時得作佛。⑨ 隨三昧，亦不見三昧，亦無有三昧想，亦不作三
昧，亦不念識三昧，亦不想識坐三昧，亦不言我三昧已。⑩ 是法者

----

　　① 这里10个"不"，承上文11个"为行想"而来。前文说行色为行想，这里说
不行色。

　　② 前文说不生色行，这里说不色生行；……前文说不空识行，这里说不识空行。
那么"生色"和"色生"，"观色"和"色观"，"灭识"和"识灭"，"空识"和"识
空"就应当有所区别。盖"生色"谓"produce（producing）form"；而"色生"谓
"form produce（producing）"。一是动宾结构，一是主谓结构。其他仿此。

　　③ 亦无见行、无行：言行与无行皆不得见。

　　④ 无见亦复无行：言既无见又无行。与前文"亦无见"、"亦无行"各自单另说不同。

　　⑤ 无止行：与"无不行"略同。此数句辛校（14页）标点为："亦无见，亦无
行，亦无见行，无行无见，亦复无行，亦无止行。"恐有不确当处。

　　⑥ 前文已有经文"菩薩行般若波羅蜜，一切字法不受，是故三昧無有邊，無有
正，諸阿羅漢、辟支佛所不能及"。与此处对勘，知"菩萨摩诃萨"就是"行般若波罗
蜜"的"菩萨"。那里少一"字"字，无"知"字。

　　⑦ 随：随顺，遵行。

　　⑧ 阿惟越致：梵avi-vartika音译，又译阿鞞跋致，意思是不退转，坚持向证得阿
耨多罗三藐三菩提前进。

　　⑨ 这两句是说，如果做到了（随三昧……无有疑）所说，那他一定是已达到了不
退转这个阶位，在过去世佛时已得做佛。

　　⑩ 亦不作三昧：我也不做（充当）三昧。相应处孔兹译作"nor think 'I am col-
lected'"（也不认为"我是三昧"）。亦不念识三昧：也不认为我知三昧。秦译相应处作：
"我不言：'我知三昧'。"识，知也，常训。辛校（16页）校"识"为"我"，作"亦
不念'我三昧'"。恐非。亦不想识坐三昧：也不认为我知道（如何）安住于三昧。坐，
《说文》云："止也。"段注："引申謂凡止箸爲坐。""住"为止箸之一，故《庄子·天
运》"吾止之於有窮"，成疏："止，住也。"辛校（16页）此"识"亦校为"我"。从
"随三昧"到"我三昧已"，孔兹译作"But when he dwells in that concentration, he does
not review it, nor think 'I am collected.' 'I will enter into concentration.' I am entering into
concentration. 'I have entered into concentration.'"经文"亦不念识三昧"，相当于孔兹
的"（不认为）我将悟入三昧"；"亦不想识坐三昧"，相当于孔兹的"（不认）我正悟
入三昧"；"亦不言我三昧已"，相当于孔兹的"（不认为）我已悟入三昧"。仔细体会，
经文也包含了时态的意味。

無有疑。"

舍利弗謂須菩提："何所①三昧隨行菩薩，已得阿惟越致字，前過去佛時得作佛，可得見三昧處②不？"

須菩提言："不可得見也。舍利弗！善男子亦不知，亦不了③。"

舍利弗謂須菩提："何以故不知不了？"

須菩提言："亦不得三昧，亦無有三昧，亦不得字。"

佛言："善哉，須菩提！如我所説空身慧④！作是爲⑤諸菩薩，爲隨般若波羅蜜教。菩薩作是學，爲學般若波羅蜜也⑥？"

舍利弗白佛言："天中天⑦！菩薩學如是，爲學般若波羅蜜。"

舍利弗問佛言："如是爲學何法？"

佛言："如是菩薩爲學無所學法。何以故？法無所逮得⑧，莫痴⑨如小兒學。"

舍利弗言："誰能得是法？"

佛言："無所得，是故得無所得法。莫痴如小兒學者，謂有字

---

① 何所：那个，某个。我们拿本经两处译文相对勘，可得出"何所"当释为"那个"的结论："見是法不，何所法行般若波羅蜜？"（T08p0463a15）（你见过那个行般若波罗蜜的法吗？）摩尼珠德巍巍自在。持著何所著水中，水便隨作摩尼珠色。（T08p0436a11）（此"何所"代指"那个珠"，句意谓拿着那个宝珠放水中，水便呈现珠的颜色。）"何所"本身只能是代词，对勘释为"那个"，仍是代词，但它无所代，释为无指代词"某个"，最为合适。"何所三昧随行菩萨"，某个随三昧而行的菩萨。俗于"何所三昧随行"断句，用问号。"菩萨"下属。如此则全句不可通读。辛校（16页）也如是断句，但后不用问号。不知道他作何理解。

② 三昧处，亦即三昧，以事物所在代事物。

③ 不知、不了：不知道、不明了三昧。

④ 如我所说空身慧：此（乃）如我所说空身慧。主语"此"以对话省。空身慧，就是空慧，关于物体皆空之智慧。

⑤ 作是为：这样做的。

⑥ 也：表疑问语气助词。圣本、金刚寺钞本作"耶"。

⑦ 天中天：天中之天，对佛无上的敬称。

⑧ 逮得：犹如说求得。逮，也是得的意思。

⑨ 痴：愚痴，蠢笨。

不能得，欲學習入法中，適爲兩痴①耳。亦不知、亦不曉、亦不了法。何以故？學字是色②，欲得是致是③，故不了法，所念亦不逮④。如是不曉、不信故，不於法中住⑤，反呼有身⑥，是故痴如小兒學。"

舍利弗白佛言："菩薩作是學爲不學？"

佛言："作是學，爲不學佛；不作是學，爲學佛，得作佛。"

須菩提言："天中天！若有問者，是幻，爲學佛？得作佛？或作是問，當何以教之？"

佛言："我故自⑦問若，隨所報之⑧。於須菩提意云何？幻與色有異無⑨？幻與痛痒、思想、生死、識有異無？"

須菩提報佛言："爾⑩，天中天！幻與色無異也。色是幻，幻是色，幻與痛痒、思想、生死、識等無異。"

---

① 两痴：有名便有法，一痴；有法而不能得，欲学入法而得之，二痴。辛校（18页）据吴译相应处作"碍两际"，秦译作"適爲兩礙耳"，改"两痴"为"两碍"。支公就智慧言，谓愚痴无明；吴秦二译或就事理言，谓窒碍难通。支公就事论事，吴译的"两际"说则是加以推论。其推论过程恰如宋译："彼諸愚異生於無法中，以不了故，説爲無明，是故執著無明。以執著故，起分別心。由分別故，墮於二邊。"（T08 p0589a27）吴译说"两际"，罗什译以下说"二边"。

② 学字是色：据法之名而学法，就是执著名色。

③ 得是致是：得是法，使是法自来。省宾语"法"，法无自性，这里指这种无自性之法。俗以"欲得是致"为句，或非。

④ 所念亦不逮：其所思虑也不及于此法。

⑤ 不于法中住：不住无自性的法中。

⑥ 反呼有身：反谓名色有其自身。呼，称呼，称谓。

⑦ 故自：因而。"吾聞太子布施貧乏潤逮群生，故自遠涉乞吾所乏。"（吴支谦《六度集经》；T03 p0008a16）其中"故自"就是因而的意思。但本经中"故自"作"因而"讲，并不表示原因，只表示由上面的他人的问，引起了"我"的问。相当于"接着""随着"。

⑧ 随所报之：据你所知回答此问。"所"字后省"知""想"一类的动词。

⑨ 有异无：反复问句，是问："有异？无异？"末尾的"无"，先用于反复问，后用于非反复问，以至于虚化为语气词"么""吗"，学者们以为肇始于唐代，从本例看，东汉时就已有滥觞了。

⑩ 尔：如是，代词。

佛言：“云何，须菩提，所想等①不随法，从五阴，字菩萨②？”

须菩提言：“如是，天中天！菩萨学欲作佛，为学幻耳。何以故？幻者当持此所有③，当如持五阴④。幻如色，色、六衰⑤、五阴如幻。痛痒、思想、生死、识……⑥作是语字六衰五阴⑦。”

须菩提白佛言：“若有新学菩萨，闻是语得无⑧恐怖？”

佛言：“设使新学菩萨与恶师⑨相得⑩相随，或恐或怖；与善师相得相随，不恐不怖。”

须菩提言：“何所菩萨恶师者⑪，当何以知之？”

---

① 等：范围副词，遍，皆。句谓所想皆不随法。前文“等无异”，其中“等”，也当释为皆。《佛光大词典》“正遍知”条：“梵语 asmyak-sambuddha，音译作三藐三佛陀。佛十号之一。……三藐，正之意；三，遍之意；佛陀，知、觉之意。正遍知，即真正遍知一切法。此外，梵语 samyaksambodhi，音译作三藐三菩提，旧译作正遍知、正遍知道，新译为正等觉、正等正觉。”旧译为“正遍知”，新译为“正等觉”，于是我们知道，新译的“等”，相当于旧译的“遍”。等者，遍也，也就是皆。“等”或“遍”都是意译梵文的（sam）“三”（音译），作为构词成分，表示完整的意思。此言范围之全。

② 字菩萨：名为菩萨吗？

③ 此所有：无所有。亦即指幻。

④ 这一复句是说，对待幻如同对待五阴（五蕴），反过来，对待五阴如同对待幻。

⑤ 六衰：色、声、香、味、触、法等六尘能衰耗人们的真性，所以叫做六衰。异译有作“六情”，“六情”谓眼、耳、鼻、舌、身、意等六根皆具有情识。同样是指色、声、香、味、触、法。佛家以为，这六情也包括在幻之内。

⑥ 与秦译相对勘，知此处当有简省。此处经文从“何以故”起，至“字六衰五阴”，秦译作“何以故？作幻者持阴，色如幻，无所有。色、六衰、五阴如幻。痛痒、思想、生死、识，皆空无所有，但有字六衰五阴耳”（T08p0510a14），由此知“痛痒、思想、生死、识”之后，应有“皆空无所有”之类的话。承上文而来，这里可能简省了“亦皆如幻”。

⑦ 作是语字六衰五阴：（只是）这样称道“六衰”“五阴”这两个空洞的名称（而已，并无实际内涵）。

⑧ 得无：实际上是用于肯定否定句的选择问。“得无恐怖”，是说会恐怖呢，还是不会恐怖？这与《论语·颜渊》“为之难，言之得无訒乎”中的“得无”不一样，《论语》“得无”，等于“能不”，不含选择之意。

⑨ 恶师：诱使人入邪道者。唐译、梵文皆作“恶友”。

⑩ 相得：彼此投合。

⑪ 何所菩萨恶师者：什么是菩萨恶师？何所，即“何”，是“何”的双音形式。疑问代词。此名词谓语句，例不用动词。

佛言："其人不尊重摩訶般若波羅蜜者，教人棄捨去①，遠離菩薩心，反教學諸雜經②，隨雜經，心喜樂，復教學餘經③，若阿羅漢、辟支佛道法④。教學是事，勸⑤，乃令諷誦⑥。爲說魔事。魔因行壞敗菩薩，爲種種說生死勤苦⑦，言：'菩薩道不可得。'是故菩薩惡師⑧。"

須菩提白佛言："何所菩薩善師⑨，何行從⑩知之？"

佛言："其人尊重摩訶般若波羅蜜，稍稍教人令學成⑪，教語⑫魔事，令覺知。令護魔⑬。是故菩薩善師也。"⑭

須菩提白佛言："天中天！何因爲菩薩？何故正字⑮呼菩薩？"

佛言："諸經法悉學，悉曉了知⑯諸經法，爾故⑰字爲菩薩。"

---

① 去：背离般若波罗蜜而去。

② 杂经：佛经以外的杂七杂八的经书。

③ 余经：别的经。

④ 若阿罗汉、辟支佛道法：例如声闻、缘觉道之法。若，如。阿罗汉，这里指声闻的最高果位，以代声闻道。

⑤ 劝：鼓励菩萨作是事。"劝"后承前省"作是事"。

⑥ 乃令讽诵：甚至于叫他们背诵。乃，表示推论至极。

⑦ 为种种说生死勤苦：向他们说人生的种种艰难困苦。生死，实偏指生。

⑧ 菩萨恶师：（这）就是菩萨的恶师。名词谓语句，不用动词。

⑨ 善师：劝诱人行善入正道的人。唐译及梵文均作"善友"。

⑩ 何行从知之：由何种行为知道他是善师呢？何行从，即从何行。介词宾语提前。辛校（20 页）据石经及圣本删"行"字。

⑪ 学成：有效地学般若波罗蜜，学成功了。此所谓动结式。辛校（20 页）"学"字句断，"成"与下文"教"字成句，非是。学、成连用本经多有："菩薩當是學成。"（T08p0425c10）"菩薩當從中學成。"（T08p0425c18）"菩薩行佛道者，皆於般若波羅蜜中學成。"（T08p0432b14）"兩不相合，不得學成般若波羅蜜。"（T08p0448a04）

⑫ 教语：意思就是教育，教育得用语言，故说"教语"。"教语魔事"，谓以魔事教育之。"教语"，意即教育，即从佛经中取证。"教語令弃眾惡。"（后汉支娄迦谶《般舟三昧经》；T13p0898b01）"我受此法，爲教語他。"（东晋瞿昙僧伽提婆《中阿含经》；T01p0473b07）"曾無有人教語之，云何能知象身"？(隋阇那崛多《起世经》；T01p0335c13)

⑬ 护魔：面对魔的侵害自我保护。

⑭ 到此为止，言无我，无自性，空身慧。

⑮ 正字：正式的名字，正规的名字。

⑯ 晓了知：三个近义动词连用，意思是知晓，明了。

⑰ 尔故：犹如说"是故"。

須菩提言："悉曉了知諸經法，爾故字菩薩。何以故復呼摩訶薩①？"

佛言："摩訶薩者，天上天下最尊，爾故字摩訶薩。"

舍利弗白佛言："我亦樂聞，何以故爲摩訶薩？"

佛語舍利弗："若樂聞者，佛當爲若②說之。摩訶薩者，悉自了見③，悉了知十方天下人，十方所有悉曉了知。知人、壽、命④。知有惡無惡、樂不樂、有志無志⑤。悉曉了知、見⑥，爲說法⑦。如是無所著⑧，爾故字爲摩訶薩。⑨"

須菩提白佛言："請問：摩訶薩者，何所⑩字摩訶薩？設是菩

---

① 摩诃萨：梵 mahāsattva 音译，意思是大有情，大众生。为什么已说"菩萨（觉有情，觉众生）"，还要加上"摩诃萨"说成"菩萨摩诃萨"呢？唐玄奘《佛地经论》："所言'菩薩摩訶薩'者，謂諸薩埵求菩提故。此通三乘。"（T26p0300a19）《佛地经论》的意见是：说"菩萨"是只说佛乘，说"菩萨摩诃萨"，兼指佛乘、声闻乘、缘觉乘。本经对"菩萨摩诃萨"的理解，与《佛地经论》不同。

② 若：对称代词，汝，你。此前一"若"字，假设连词，如果。

③ 悉自了见：对各种（错误的）观点全都知道。悉自，悉也，"自"不为义。"自不为义"，《助字辨略》卷四已言之。了，明了。见，观点。此"见"，吴译细说为"見身、見性、見命、見人、見丈夫、見有、見無、見斷滅、見常在"，罗什译改说成"我見、眾生見、壽者見、人見，有見、無見、斷見、常見等"。

④ 知人、寿、命：这是对"悉自了见"的细说，与罗什译"人见"、"寿者见"、"众生见"相当。约当于孔兹译"the assumption of a self, a being, a living soul, a person"。在支公那里，只有人、寿、命三项，其后则举出 8 或 9 项，当是有所发展。寿，即寿者，a living soul，我们译为活物。命，后有用来指寿者的，既然寿、命并举，那就不是寿者，是指众生，a being。

⑤ 这一句与上文说的"悉了知十方天下人"相应。是说知天下人所恶、所乐、所志。恶，不喜欢。乐，喜欢。志，愿。言此者，为下文铺垫，据人之好恶欲，而为之说法。

⑥ 悉曉了知、见：全部知道人之所知所见。知，知人之所恶所乐与所愿。见，人、寿、命。

⑦ 为说法：向他们说断偏见之法。就是要人们违离我见、众生见、寿者见和人见等。

⑧ 著：执著。

⑨ 这一段讲名为摩诃萨的原因，本经以"为说法"为主线，吴译、罗什译及以下各译，皆以断见为主线，布局不同，不可强行比附。辛校（22 页）以"悉自了见"比附于"the assumption of a self"（相当于他译的"我见"），以"有恶无恶"比附于"有见无见"，并欲改"恶"为"见"，不可取。

⑩ 何所：疑问代词，问原因。

薩心無有與等者，無有能逮心者，諸阿羅漢、辟支佛所不能及心。佛心如是，心無所著，心無所出、無所入。設佛心無所出、無所入，爲無所著心。爾故復爲摩訶薩正上無有與等者①。"

舍利弗問須菩提："何因菩薩心無所著？"

須菩提言："心無所生，爾故無所著。"②

邠祁文陀弗③白佛言："何因呼④菩薩爲摩訶僧那僧涅⑤摩訶衍三拔致⑥？佛說⑦號如是，爾故爲摩訶僧那僧涅摩訶衍三拔致。⑧"

須菩提復白佛言："何因菩薩摩訶薩爲摩訶僧那僧涅？何從知菩薩摩訶薩爲摩訶僧那僧涅？"

---

① 正上无有与等者：此与前面"摩诃萨"同位，也可分析为后置定语。正，言不偏不倚，恰如其分。上，言其高。无与等者，言其独特。等，相等。

② 到此为止，经解释菩萨摩诃萨的意义。大乘立菩萨一名，并看重菩萨行，故有此释。

③ 邠祁文陀弗：佛十大弟子之一，又意译满慈子。辛校（25 页）据巴利文 Punn amantānīputta 校"祁"为"那"。据俞敏先生《后汉三国梵汉对音谱》（《俞敏语言学论文集》），na 的对音本有"祁"，似不必改。又，唐释慧琳《一切经音义》云："邠祁文陀弗（彼贫反，下巨梨反，或言富樓那彌多尼子是也）。"（T54n2128p0361c09）慧琳，疏勒国人，梵汉兼通，他何以为"祁"注音，而不言其误？故知宜谨慎从事，"祁"以不改为好。

④ 呼：称呼。

⑤ 摩诃僧那僧涅：梵 mahāsamnāha-samnaddha 音译。孔兹译作"armed with the great armour（披大铠甲）"。罗什译："發大莊嚴。"（T08p0538c27）唐一译："被大功德鎧"（T07p0766c07）唐二译："被大願鎧"（T07p0868b11）宋译："被大乘鎧，以大乘法而自莊嚴。"（T08p0590a10）经对勘权衡，知其字面基本意义是"披大铠甲"，而"大"之所指，一译为"大功德"，一译为"大愿"，一译为"大乘"。揣摩诸家，以大乘为恰适。披大乘铠做什么？为了武装（"庄严"意思是装饰，在这里当与"武装"同义）自己。所以宋译添加"而自庄严"字，罗什译就径作"大庄严"。宋译等于在字面翻译之后作了解说，罗什译则跳过字面直接解释其意。所以，摩诃僧那僧涅的意思就是用大乘思想武装起来。大乘，mahāyāna 的意译，音译摩诃衍（那），意思是大的交通工具，喻指可将人从烦恼此岸载至觉悟彼岸的教法。乘音 shèng，车乘，名词。

⑥ 摩诃衍三拔致：梵 mahāyāna-sam prasthita 音译，孔兹译"has set out for Great Vehicle"（已乘大乘出发），罗什译"乘大乘"（T08p0538c27），唐译"發趣大乘，乘大乘"（T07p0766c08），宋译"安住大乘"（T08p0590a10）。"乘大乘"前一"乘"字为动词，音 chéng。

⑦ 说：宫本、资福藏、碛砂藏作"言"，言、说同义。

⑧ 句意是：佛这样说，这样称呼，因此，就称为以大乘思想武装起来，登上了大乘之车（向彼岸前行）。

佛言："菩薩摩訶薩心念如是：'我當度①不可計阿僧祇②人悉令般泥洹③，如是悉般泥洹，是法無不④般泥洹一人也。'何以故？本無故。譬如幻師於曠大⑤處化作二大城⑥，作化人⑦滿其中，悉斷化人頭。於須菩提意云何，寧⑧有所中傷⑨死者無？"

須菩提言："無。"

⑩"菩薩摩訶薩度不可計阿僧祇人，悉令般泥洹，無不般泥洹一人也。菩薩聞是，不恐、不畏、不悉⑪［恚］、不捨去就餘道⑫，知是則爲摩訶僧那僧涅。"

須菩提白佛言："如我從佛聞，念其中事如是：不爲摩訶僧那僧涅⑬。何以故？作是爲者⑭，無有作薩芸若⑮，無所供養⑯，人

---

① 度：使人离于尘俗，脱于生死。

② 阿僧祇：梵 asamkhya 音译，意思是无数。

③ 般泥洹：梵 parinirvāna 音译，意思是个体的完全消灭。我国佛典相沿译作灭、圆寂、寂灭。

④ 无不：否定词叠用，加重否定，不是否定之否定。相应处罗什译作："度众生已，无有众生灭度者。"（T08p0539a01）宋译作："雖度如是众生已，於諸众生無所度想，而無一众生得涅盤者。"（T08p0590a15）可证此处"无不"只是"无"的意思。孔兹译"However many beings he may lead to Nirvana, yet there is not any being that has been led to Nirvana, nor that has led others to it."（他可以领许多生灵去涅槃，而实无任何生灵被领去涅槃，也没有领他人去涅槃的人）。也不能证明"无不"有双重否定之意。辛校（23 页）照字面译为"In this Dharma, there is no single person who does not attain parinirvāna"（是法无一人不得般泥洹）。此不了解支公对汉文犹有所隔，而照汉语习惯用法直译之过。

⑤ 旷大：空旷宽大。

⑥ 二大城：异译多作于"四衢道"（四通八达的衢道）化作大众，不言一城、二城，唯秦译作"一城"。

⑦ 化人：以幻术变化出来的人。

⑧ 宁：疑问语气助词。不同传统文献中的"宁"，多表示反诘。

⑨ 中伤：受伤害。

⑩ 以下引号中的话，各异译（吴译除外）相应处，前面都表示为佛所说。不是须菩提的话。

⑪ 悉：碛砂藏、南藏、径山藏、龙藏作"恚"。恚，怨恨。

⑫ 就余道：转入别的教，或信奉其他学说。

⑬ 意思是说，披大乘铠就是不披大乘铠，用大乘思想武装，就是不用大乘思想武装。

⑭ 作是为者：说不是摩诃僧那僧涅的原因是。者，表示提顿，下文解释原因。

⑮ 萨芸若：梵 savajña 音译，意译一切智，一切种智，谓世间、出世间种种品类无不了知。指诸佛究竟圆满果位之智。也有用来代指般若波罗蜜的。通常音译为萨婆若。

⑯ 无所供养：即使有作，而无所供养，亦无法成活。

無作者①，爲何等所②人作摩訶僧那僧涅？③ 色無著、無縛、無脱，痛痒、思想、生死、識無著、無縛、無脱。”

邠祁文陀弗謂須菩提：“色無著、無縛、無脱，痛痒、思想、生死、識無著、無縛、無脱。何謂？”

須菩提言：“色無著、無縛、無脱，痛痒、思想、生死、識無著、無縛、無脱。”

邠祁文陀弗言：“何謂色無著、無縛、無脱？何謂痛痒、思想、生死、識無著、無縛、無脱？”

須菩提語邠祁文陀弗：“色如幻，無著、無縛、無脱，痛痒、思想、生死、識如幻，無著、無縛、無脱，無有邊，無著、無縛、無脱。譬如空，無著、無縛、無脱，無所生，無著、無縛、無脱，是故菩薩摩訶薩摩訶僧那僧涅。”

須菩提白佛言：“何因④爲摩訶衍三拔致？何所是摩訶衍？從何所當住衍中⑤？何從出衍中⑥？誰爲成衍者⑦？”

---

① 人无作者：人无作之者。秦译即作“无有作人者”（T08p0510c05）。

② 何等所：是“何等”的多音形式。何等，意思是“什么”或“如何”。这里当是“什么”的意思。

③ 说摩诃僧那僧涅，又不是摩诃僧那僧涅（亦即披大乘铠，又是不披大乘铠），其间理由，在般若经中有三种说法，一种以《道行般若经》为代表，包括秦译，一切智无造之者，人无造之者，故大乘铠也无造之者。一种由罗什译首先提出，其后异译皆依此为说。罗什的说法是，一切智无所造作，人无所造作，既无所造作，则大乘铠便无从产生。最后一种，见于梵本孔兹所译，那里说 "Because in reality it is not there at all, because it is isolated, because it is unproduced."（因为实际上它完全不存在，因为它远离，因为它未产生）。“它”，指 "the great armour"，就是大乘铠。这后一种，其实吴译早就如是说了：“無所束帶，菩薩大士爲無弘誓。”（T08p0481a02）不过，不如梵本直接。

④ 何因：看似问原因，实是问情况。全句是问：什么样的情形是登上了大乘？罗什译作“云何爲菩薩發趣大乘”（T08p0539a18）、唐二译作“齊何當言發趣大乘”（T07p0767a25）可证。

⑤ 从何所当住衍中：此句罗什译作“是乘住何處”（T08p0539a19），唐二译作“如是大乘爲何所住”（T07p0767a26）。知此句当理解为：乘当住于何所之中？言此车乘驻留在何处。“于”有当“从”用的，但“从”不能当“于”用，支公有误。

⑥ 何从出衍中：衍从何处出。罗什译作“是乘從何處出”（T08p0539a21），参见上注。

⑦ 谁为成衍者：车是谁造出来的？

　　佛語須菩提："摩訶衍摩訶衍者①，無有正②也，不可得邊幅③。"

　　須菩提問佛言："我欲知衍從何所出生。"

　　"從三處④出，自致⑤薩芸若中住。亦無有從中出生者，無有甫當來⑥出者。""何以故？天中天！"

　　佛言："正使⑦生已，甫當來出者，假令有兩法⑧者，不可得法⑨。設不從⑩得者，復從何法出？"

　　須菩提白佛言："摩訶衍，於天上天下人中正過上⑪，無有與等者。衍與空等。如空覆⑫不可復計阿僧祇人，摩訶衍覆不可復計阿僧祇人，爾故呼摩訶衍。摩訶衍者，亦不見來時，亦不見去時，

―――――――――――

　　① 摩诃衍摩诃衍者：大乘之所以为大乘的缘故（是）。两"摩诃衍"之间当理解为有"为"字。判断句中的判断词例省。者，表示提顿，提示下面将说明原因。辛校（26 页）欲删去一个"摩诃衍"。不可从。

　　② 正：止。《诗·邶风·终风序》："见侮慢而不能正也。"郑玄注："正，犹止也。"无有正，等于说无限。

　　③ 不可得边幅：意思就是无边。边幅，边缘。

　　④ 三处：异译都作"三界"。三界，谓众生所居欲界，色界，无色界。

　　⑤ 自致：自己让自己。

　　⑥ 甫当来：将来。

　　⑦ 正使：让步连词，纵使。《东观汉记·光武帝纪》："正使成帝复生，天下不可复得也。"

　　⑧ 两法：从上文看来，似乎是指生、出两法。以生、出为二。生者，产生。出者，出现。生而未现，故为二事。吴译明说"有生有出，则爲二法"（T08p0481a17）。罗什则说："出法、出者（俱無所有）"（T08p0539a22）。"出法"似乎是指乘车而出其事，"出者"似乎是指乘车而出其人。"两法"的意思已有所变更。到唐译，"两法"的内容又有了新说，唐二译："能乘、所乘如是二法（俱無所有）"。"能乘"就是乘者其人，"所乘"就是大乘其车了。宋译作："若有所出、若無所出，如是二法（俱不可得而無所生）。"（T07p0868c24）以有出、无出为二法，与以上各译都不相同。本经注者以为，本经"两法"，当以吴译为正解。

　　⑨ 不可得法：名词谓语。从理解角度说，前当加一"为"。

　　⑩ 从：介词，介词宾语"中"或"其中"省略。

　　⑪ 正过上：极言其高出。正，极度副词，约当于极、最。过，约当于超。上，言高。秦译作"極過上"（T08p0510c23），唐译一作"最尊最勝"（T07p0767b14）。

　　⑫ 覆：覆盖。

亦不見住處，亦不中邊①見，亦不於是聞見，亦無所見，亦不於三處見，字如是②。天中天！爾故爲摩訶衍。"

佛言："善哉③，須菩提！爾故爲摩訶衍。"

邠祁文陀弗白佛言："尊者須菩提，佛使説般若波羅蜜，乃至説摩訶衍事爲④?"須菩提白佛言："須菩提説般若波羅蜜得無過⑤? 天中天！"

佛言："若⑥説般若波羅蜜不過也，適得其中。"⑦

須菩提言："菩薩亦不念彼間，亦不於是間念，亦不無⑧中央念，色亦無有邊，菩薩亦無有邊，色與菩薩，不可逮、不可得，

---

① 中边：中间和边缘。

② 字如是：名为摩诃衍本就是这样，本来就是这个意义。

③ 善哉：好啊。是对弟子言谈的称叹。

④ 为：反诘原因语气助词，理解起来，相当于"干吗"。"乃至説摩訶衍事爲"，秦译作"乃説摩訶衍事爲"，意思是（本来是要他说般若波罗蜜）却说大乘的事干什么? 邠祁文陀弗这话，孔兹译（梵本）作 "This Elder Subhuti, when asked about perfect wisdom, fancies that the Great Vehicle is something that can be pointed out"。（这位尊者须菩提，当被问到般若波罗蜜时，却津津乐道大乘是怎么回事。）这与支公汉译一致。辛校（28页）理解此句为 "Didn't he explain matters concerning Mahāyāna?"（他没有解释有关大乘的事吗?）这与支公所言就有距离了。这种以"为"结句的反问句，最早见于《汉书》。"（昭仪）以頭擊壁户柱，從床上自投地，啼泣不肯食。曰：'今當安置我? 欲歸耳。'帝曰：'今故告之，反怒爲? 殊不可曉也。'"（《汉书·外戚传第六十七下》）（《词诠》卷八引"今故告之，反怒爲"，据以引句所在前后文。）太田辰夫《中古汉语特殊疑问形式》（1987，中文见于《汉语史通考》重庆版63页）载有《琴歌》："百里奚，初娶我時五羊皮。臨當別時烹乳雞。今適富貴忘我爲?"以为《琴歌》为先秦作品，恐不确。《琴歌》载宋郭茂倩编《乐府诗集》，说是百里奚妻作，或是附会。单独以"为"结尾的反问句，佛经中多有。本经即另有两例："設是諦不可得者，故復説阿羅漢、辟支佛、佛爲?"（T08p0454a27）"若所求爲勤苦耳，不求佛法也。若空負是勤苦爲?"（T08p0455a16）其他如：公便前言賴吒和羅："汝不當來歸於家好坐食美飯耶? 而反於是間止食臭豆羹滓爲?"（吴支谦译《赖吒和罗经》；T01p0870a22）"汝自有婦藏著瓮中，復迎我爲?"（失译《杂譬喻经》；T04p0509c03）

⑤ 得无过：肯定否定选择问句，是过了还是没过。

⑥ 若：对称代词，你。

⑦ 到这里止，经解释大乘的意义。

⑧ 不无：否定词叠用，加强否定，不是否定之否定。碛砂藏、钞本无"不"字。

一切菩薩，不可得，不可逮。何所①是菩薩、般若波羅蜜？當何從説？菩薩都不可得見，亦不可知處，當從何所②説般若波羅蜜？菩薩轉復相呼。菩薩云何，天中天，想如字耳③。何如爲意④？意無處處⑤，意無形形⑥，意本是形法⑦。何等爲色？色不可得見，亦無有身，是中何所⑧有色者。痛痒、思想、生死、識，識⑨不可得見，菩薩亦不可得見，菩薩、識了⑩不知處處，亦不可見，一切菩薩了無有處，了不可見，何所爲菩薩、般若波羅蜜？如是説，菩薩都不可得見，亦不可知處處，了無所有，當從何所法中説般若波羅蜜？爾故字爲菩薩。"

---

① 何所：什么。

② 何所：何处。

③ 想如字耳：像假名一样，空想而已。

④ 何如为意：意是什么样？意，可从经中归纳出它的意思："從始發意逮一切智。"（T08p0425b04）"於須菩提意云何，寧有所中傷死者無。"（T08p0427c09）"道人便還去，異道人無有善意來，都盧持惡意來故。"（T08np0434a01）"或時善男子、善女人，歡喜踊躍意喜時知諸天人來。"（T08p0435a29）"甫當來有菩薩得聞深般若波羅蜜，反不可意，便弃去。"（T08p0447b11）"書般若波羅蜜時，意念鄉里，若念異方，若念異國。"（T08p0447c09）可知"意"，是说想法、看法、念头、心意、思念等。凡心之所生，皆得谓"意"。辛校（29 页）据异译及梵本欲改"意"为"我"。梵本（据孔兹译）此处作"It is as with the self. Although we speak of a 'self,' yet absolutely the self is something uncreated."（比如说"我"吧。虽然我们说"我"，这"我"是绝对未曾产生之物）。但支公本明明作"意"，无由说它是"我"的错字。盖支公所据，本当译为"意"，后来般若学家们把"意"换为"我"，不说是支公错或传抄错。"意"本也包括了"我"相在内。

⑤ 意无处处：无处，谓意尚未生。重用"处"字，或为凑足四字。

⑥ 意无形形：无形，谓意但有假名。

⑦ 意本是形法：就法而言，意徒具其形，而无自性。此句相当于吴译"無可專著"（T08p0481b09），唐译"都無自性"（T07p0767c16）。

⑧ 何所：何处。

⑨ 识：总言思想、痛痒、生死、识。

⑩ 了：用在否定词前，表示否定之彻底。

"如是如是①，字、想亦無，字亦無想②。何所爲意③？意誰字意④，至本本意生⑤，意是無形⑥。"

"何因⑦是識？不可得持⑧，至本亦無所持⑨，何因有識⑩？如是法形⑪，形亦無有本⑫。設無有本，法亦無誰作⑬，亦無有本。本無有本⑭，當何從説般若波羅蜜？亦無有异處⑮，亦無有本，菩薩法亦無所得。

有行菩薩⑯聞是，不恐、不畏、不難，則爲行般若波羅蜜。行般若波羅蜜法，當熟思惟如是。是時爲不入色⑰。何以故？色無所

---

① 如是如是：连声称"是"，显见是另一人之语。紧接的话，意思与上文重复，也知不是同一人的话。虽然梵本与异译都没有在此有人插话，并不妨碍另行标出。只是不知是谁的话，不便肯定。或许说话人就是邠祁文陀弗吧。

② 字亦无想：名字也没有相。

③ 何所为意：什么是意。与前文"何如为意"同义。

④ 意谁字意：意，是一个什么人把它叫做意。意思是意没有自性。

⑤ 至本本意生：意本于自然而生。至本，自然，自然本是虚无，句意谓："意"本未曾生。

⑥ 意是无形：意无其形，但有假名。与上"意无形形"同义。插话到此为止，下面是须菩提继续说。

⑦ 何因：异译作"何等"，或"何所"，或"云何"，知只是"何"的意思，这里就是"什么"，不专主"何因"。

⑧ 不可得持：宫本、碛砂藏、径山藏及龙藏，"不"前多一"识"字，谓识本无形，不可持取。

⑨ 至本亦无所持：自然虚空，也无可持取，无所产生。

⑩ 何因有识：识从何来。

⑪ 如是法形：法之形相亦如识之形相，既无自性，亦未产生。

⑫ 本：本性，自性。

⑬ 法亦无谁作：也没有什么人造作法。也就是法未生。

⑭ 本无有本：自性没有自性。

⑮ 亦无有异处：（一般的）法没有不同，都没有产生。

⑯ 有行菩萨：有行菩萨道者。

⑰ 不入色：异译作不近色、不取色、不受色，皆指不以色为实有，不取相。

生爲非色，設爾①非色爲無色，亦無有生，從其中無所得，字爲色②。法中本無，無是③。菩薩行般若波羅蜜，視法，思惟，深入法。是時亦不入痛痒、思想、生死、識。何以故？識無所生，爲非識，故亦不出識中，亦不入識中。法中計了無所有④。"

舍利弗謂須菩提："我聽須菩提所説法中事如是：菩薩無所出生。設菩薩無所出生者，菩薩如⑤用何等故，謙苦行⑥菩薩道？設用十方天下人故，何能忍是謙苦？"

須菩提語舍利弗："我亦不使菩薩忍是謙苦也。行菩薩之道者，菩薩自念：'我不録⑦是謙苦行。'何以故？菩薩心不當作是念言：'我忍謙苦。'心未曾有念是⑧。不當作是念⑨，爲用⑩不可計阿僧祇人故，欲令安隱⑪，念之如父，念之如母，念之如子，念之如身無异。常當慈念⑫之。菩薩當作是持心⑬：一切菩薩不見，

---

① 设尔："設爾非色爲無色"，秦译此处作"設非色爲無色"（T08p0511a25），无"爾"字。知"设尔"与"设"同，意为假设。加一"尔"字，只为凑一音节。

② 字为色：犹如说"尔故字为色"，因此名之为色。

③ 法中本无，无是：言法了无自性。无是，没有这个（自性），重言之，加强语气。"法中本無，無是"，与下文"法中計了無所有"同义。辛校（31 页）以"字为色，法中本无无"为句，句后增一"有"字，"是"字下属，恐非是。

④ 法中计了无所有：即计法中了无所有，盘算一下，法中什么都没有。

⑤ 如：圣本、钞本、碛砂藏、南藏、径山藏、龙藏皆无此字，当从。

⑥ 谦苦：劳累辛苦。"谦苦行"异译作"艰难行"，或作"勤苦行"，或作"难行"、"苦行"。谦，碛砂藏、南藏、普宁藏作"慊"。

⑦ 录：录之于心。录是谦苦行，把劳累辛苦的作为放在心上。

⑧ 念是：当作"是念"。

⑨ 不当作是念：辛校（32 页）以此属上。今以之属下，作主句。下面以"为"字领起的复句结构，直至"无异"，说明目的。

⑩ 为用："为"的作用见上注。"用"是介词，与"故"搭配，由于……的缘故。辛校（32 页）"为用"连读，与"故"配合，意义只是"为"。

⑪ 安隐：犹如说平安无事。

⑫ 慈念：爱念。

⑬ 持心：犹如说"秉心"。"作是持心"，抱这样的态度。

亦不知處，如是内法、外法①。當作是念，當作是行。菩薩作是行不爲忍謙苦。

舍利弗！設使如是所語②，菩薩不見出生，<u>菩薩爲無所出生。</u>③"

［舍利弗謂須菩提："設使菩薩如是所語，菩薩不見出生，<u>菩薩爲無所出生。</u>"］④

舍利弗謂須菩提："設使菩薩無所出生，薩芸若亦無所出生？"⑤

須菩提言："如是，薩芸若無所出生。"

（舍利弗謂須菩提："設使菩薩如是所語，菩薩不見出生，菩

---

① 如是内法、外法：言内法、外法皆如是。"内法：眼、耳、鼻、舌、身、意。"（见西晋《光赞经》；T08p0189b07）"外法與内法相對：色、聲、香、味、觸、念。"（同上；T08p0189b18）佛学词典以佛法为内法，以佛法之外的法为外法。

② 如是所语：即所语如是。

③ 无所出生：没有出生。与上句"不见出生"所指相同。没有出生，当然就无从看见了。照这样说，"菩萨不见出生"，和"菩萨无所出生"意义就重复了。经与异译和梵本对勘，知"菩萨无所出生"的"菩萨"，实指菩萨法，赖以出生菩萨之法。这对勘，我们将在下面的注解中列出。

④ 这里舍利弗的话，原在下，据对勘和文义，调整到这里。舍利弗这里是重复须菩提的话，以示肯定。

⑤ 上一句回应须菩提，这一句向须菩提发问。

薩爲無所出生。")①

_____

①　此句原文的序位在此，据对勘已调整到上面去。下面列出本经、唐译和梵本（英译）的对勘：本经：须菩提："……舍利弗！設使如是所語，菩薩不見出生，菩薩爲無所出生。"舍利弗謂須菩提："設使菩薩無所出生，薩芸若亦無所出生。"須菩提言："如是，薩芸若無所出生。"舍利弗謂須菩提："設使菩薩如是所語，菩薩不見出生，菩薩爲無所出生。"舍利弗謂須菩提："設使菩薩無所出生，薩芸若亦無所出生。"須菩提言："如是，薩芸若無所出生。"舍利弗謂須菩提："設使薩芸若無所出生，悉逮得禪亦無所生？"須菩提言："如是，悉逮得禪亦無所生。"舍利弗謂須菩提："是中菩薩無所生，菩薩爲無所出生，薩芸若亦無所生；薩芸若法爲無所生，悉逮得禪具足亦無所生；悉逮得禪法亦無所生，是爲無所逮得菩薩，爲無所逮得薩芸若。"唐一译：時，舍利子問善現言："是諸菩薩實無生不？"善現答言："是諸菩薩皆實無生。"舍利子言："爲但菩薩是實無生，爲菩薩法亦實無生？"善現答言："諸菩薩法亦實無生。"舍利子言："爲但菩薩法是實無生，爲一切智亦實無生？"善現答言："一切智智法亦實無生。"舍利子言："爲但一切智智法是實無生，爲异生類亦實無生？"善現答言："諸异生法亦實無生。"（T7p0768c07）時，舍利子語善現言："若諸菩薩皆實無生，諸菩薩法亦實無生，一切智智是實無生，一切智法亦實無生，諸异生類是實無生，异生類法亦實無生者，豈不菩薩摩訶薩應隨證得一切智？是則無生法應得無生法。"（T7p0768c07）梵本孔兹英译为 "Subhuti：……But when the Venerable Sariputra said that 'a non-production is the Bodhisattva,' indeed, it is so, a non-production is the Bodhisattva. 'Sariputra：Further, is just a Bodhisattva a non-production, or the dharmas also which constitute him? Subhuti：The dharmas which constitute a Bodhisattva are also anon-production. Sariputra：Are just the dharmas which constitute a Bodhisattva a non-production, or also the state of all-knowledge? Subhuti：The state of all-knowledge is also a non-production. Sariputra：Is just the state of all-knowledge a non-production, or also the dharmas which constitute it? Subhuti：The dharmas which constitute all-knowledge are also a non-production. Sariputra：Are just the dharmas which constitute all-knowledge a non-production, or also the common people? Subhuti：The common people are also a non-production. Sariputra：Are just the common people a non-production, or also the dharmas which constitute them? Subhuti：The dharmas which constitute the common people are also a non-production. Sariputra：If, venerable Subhuti, the Bodhisattva is a non-production and also the dharmas which constitute him, and also the state of all-knowledge, and also the dharmas which constitute it, and also the common people, and also the dharmas which constitute them, then, surely, the state of all-knowledge is reached by a Bodhisattva without any exertion?"（须菩提：……当长老须菩提说"菩萨即无生"时，实际就是如此，菩萨确实无生。舍利子：而且，菩萨恰是无生，或者构成菩萨之法也无生？须菩提：构成菩萨之法也无生。舍利子：构成菩萨之法无生，或者一切智也无生？须菩提：一切法也无生。舍利子：一切智无生，或者组成一切智之法无生？须菩提：组成一切智之法也无生。舍利子：恰是组成一切智之法无生，或者平民也无生？须菩提：平民也无生。舍利子：恰是平民无生，或者构成平民之法也无生？须菩提：构成平民之法也无生。舍利子：长老须菩提，如果菩萨无生，构成菩萨之法无生，一切智无生，构成一切智之法无生，平民无生，构成平民之法无生，那么，此菩萨就轻易地确实证得了一切智了吗？）

　　舍利弗謂須菩提："設使菩薩無所出生，薩芸若①亦無所出生。"

　　須菩提言："如是，薩芸若無所出生。"

　　舍利弗謂須菩提："設使薩芸若無所出生，悉逮得禪②亦無所生？"

　　須菩提言："如是，悉逮得禪亦無所生。"

　　舍利弗謂須菩提："是中菩薩無所生，菩薩③爲無所生，薩芸若亦無所生；薩芸若法爲無所生，悉逮得禪具足④亦無所生；悉逮得禪法亦無所生，是爲無所逮得菩薩⑤，爲無所逮得薩芸若。"

　　須菩提言："無所生去逮得無所生，亦無所生逮得⑥，亦無無無所生法逮得⑦。"

　　舍利弗謂須菩提："設使無無無所生⑧，逮得無所生法，是故無所生逮法⑨。"

　　須菩提言："設使無所生法生⑩，復無無所生⑪，是故無所生

────────

　　① 萨芸若，指萨芸若法。下一个"萨芸若"同。

　　② 悉逮得禅：指悉逮得禅者，异译作"异生类"，或"凡夫"，梵本（英译）作"the common people"（平民）。盖升入色界四禅天或生于色界四禅天者，相对于无色界而言，仅为异生、凡夫或平民。

　　③ 菩萨，指菩萨法。

　　④ 悉逮得禅具足：全都达到四禅天而无一缺漏，也是指异生、凡夫或平民。

　　⑤ 是为无所逮得菩萨：这就称为没有获得菩萨道。

　　⑥ 亦无所生逮得：亦获得了无所生法。

　　⑦ 按义理，当作"亦无无生法逮得"。上句说"无生法"，本句说"无无生法"。这才合理。那一个"无"字是怎么多出来的呢？或者如前面已有过的"无不"（T08p0427c06）和"不无"（T08p0428a18）并不表示双重否定，而是表示否定的加强，两个否定，实在只是一个否定。唐译一相应句作："諸無生法不可得"，如果与之一致，那就当理解为：无无生法可得。

　　⑧ 设使无无无所生：如果无无所生之法（逮得了无所生法）。

　　⑨ 无所生逮法：亦即逮得无所生法。这样理解，似乎与上句重复。上句是具体说，下句是一般说，上句是个案，下句是通则。下文也有类似情形，看似重复，实不重复。

　　⑩ 生：生无所生法之果。

　　⑪ 复无无所生：承前于后省"法生"二字，言复无无所生法生（无无所生法之果），谓又加上无无所生法所生之果。

逮得。"

舍利弗謂須菩提："設使，須菩提，無所生，無無所生，是故無所生，須菩提，無所生。①"

須菩提語舍利弗："無所生無所生②樂聞③。舍利弗！無所生樂④，是故爲樂。"

須菩提語舍利弗："無所生聞，是爲聞。"

舍利弗謂須菩提："聞是語⑤。"

須菩提語舍利弗："無無所語，是爲語，無所語是爲樂。無所樂，是故語，是故樂。"

舍利弗言："善哉，須菩提！於法中第一尊⑥。何以故？如尊者須菩提，隨所問則報⑦。"

須菩提謂舍利弗："佛弟子所説法，十方亦不知⑧，所化⑨來時，隨所問則解。何以故？十方法亦不知所生⑩。"

---

① 这一句中"须菩提"为插入语，不看插入语，意思是说，如果既是无所生，又是无无所生，这就是无所生，无所生。经中用"设使"，实以假设为真实，不过是委婉其词。重言"无所生"，是对"通则"加以强调。

② 无所生无所生：前一个"无所生"指无所生法，是主语，后一个"无所生"对无所生法作陈述，是谓语。

③ 乐闻：异译如罗什译作"樂説"（T08p0539c18），唐译、宋译也作"樂説"。说，是自己说；闻，是听别人说。

④ 乐：此"乐"和下面4个"乐"后都省一"闻"字或"说"字。

⑤ 闻是语：所闻（说）的是言语，"是"作判断词。上、下文"是为"作判断词。

⑥ 第一尊：居于第一高位。

⑦ 随所问则报：随问随答。

⑧ 十方亦不知：一切法皆不依傍，即不依傍一切法。十方，各个方面，全部，全体，一切。本经出现61个"十方"，都如此解。唐一译此处作"諸佛弟子於一切法無依著者，法爾"（T08p0769a17）。不知，由于无所依傍，故不知。

⑨ 所化：所教化者，指众生。

⑩ 十方法亦不知所生：一切法都不知道从哪里产生。罗什译作"一切法無定"（T08p0539c24），唐一译作"一切法無所依"（T07p0769a20）。

舍利弗言：“善哉，須菩提！從何所法中度菩薩①？”

須菩提言：“從般若波羅蜜中生。説是法時，若讀時②，菩薩信不疑，菩薩當知之，有隨是法不增，不隨是法不減。”

舍利弗謂須菩提：“隨是法亦不增，不隨是法亦不減，隨法教一切人，隨法者不失一切人，皆使得菩薩摩訶薩。何以故？一切人悉學法，其法俗③如故。”

須菩提言：“善哉，舍利弗！所解法如舍利弗言無異。何以故？人身當諦念④，當作是了知，人身若干種空，其念亦若干種空。當了知是人身難了知，所念難了知。舍利弗！菩薩當作是學！當作是行。”⑤

摩訶般若波羅蜜道行經　難問⑥品第二

爾時⑦釋提桓因⑧與四萬天子⑨，相隨俱來共會坐；四天王⑩

---

①　从何所法中度菩萨：菩萨从何法中取法以度人。这里“度人”指“所化”来时，随其所问而答。唐二译作：“若諸菩薩能作如是隨問而答，爲由何等波羅蜜多威力所辦？”（T07p0870a08）辛校（35 页）译作“In which dharma is a bodhisattva conveyed to deliverance？”（以什么法救度菩萨？）恐非是。

②　若读时：或诵读是法时。若，或。《史记·高祖本纪》：“諸將以萬人若以一郡降者，封萬户。”

③　俗：假借为“续”，继续。《周礼·地官·土均》：“禮俗喪紀祭祀，皆以地美惡爲輕重之法而行之。”贾公彦疏：“俗者，續也。”续如故，谓仍然是老样子。宫本、资福藏及普宁藏作“續”。用本字。

④　谛念：专心思念。

⑤　至此，言得无所得，逮无所逮。

⑥　难问：提出疑问，讨教。

⑦　尔时：这时，那时。指佛徒聚会的某个时候。

⑧　释提桓因：梵 Sakra devānāmindra 的音译，全音译为释迦提婆因陀罗，意译天帝释。三十三天之帝。

⑨　天子：因数数修习，超越凡人得生于天上者。

⑩　四天王：须弥山之半，有山名由犍陀罗。山有四头，四王各居之，各护一天下，因之称为护世四天王。东持国天，南增长天，西广目天，北多闻天。

與天上二萬天子，相隨來共會坐；梵迦夷天①與萬天子，相隨來共會坐；梵多會天②與五千天子，相隨來共會坐。諸天子宿命③有德，光明巍巍，持佛威神、持佛力，諸天子光明徹照④。釋提桓因白須菩提言："賢者須菩提！是若干千萬天子大會，欲聽須菩提説般若波羅蜜。云何⑤菩薩於般若波羅蜜中住⑥？"

須菩提語釋提桓因言："拘翼⑦！是若干千萬天子樂者⑧，聽！我當説。"

須菩提持佛威神、持佛力，廣爲諸天子説般若波羅蜜："何所⑨天子未行菩薩道，其未行者今皆當行。以⑩得須陀洹道⑪，不可復得菩薩道。何以故？閉塞生死道⑫故。正使⑬是輩行菩薩道者，我代其喜⑭，我終不斷功德法，我使欲取中正⑮尊法，正欲使上佛⑯。"

---

① 梵迦夷天：梵 Brahma-kāyika-deva 音意合译。色界初禅天之通称，此指梵迦夷天之帝王。

② 梵多会天：梵Suddhāvāsa 汉译净居天，色界之第四禅天，为证得阿那含（不还果）的圣者所生之处。此言净居天之帝王。

③ 宿命：前世。

④ 彻照：前言"光明巍巍"，谓其崇高，此言"光明彻照"，谓其力度，穿透一切。

⑤ 云何：如何，问方式方法。

⑥ 于般若波罗蜜中住：长期行般若波罗蜜。

⑦ 拘翼：梵 Kauśika 音译，后多译为乔尸迦，天帝释之异名。

⑧ 乐者：如果喜欢听的话。者，表假设的语气助词。

⑨ 何所：哪个。不定代词，不确定指哪一个。

⑩ 以：同"已"。

⑪ 须陀洹：梵 srota-āpanna 音译，为声闻乘四果中的初果。意译作入流，初入圣者之流。

⑫ 闭塞生死道：阻断了生死轮回之路。

⑬ 正使：如果，假设连词。

⑭ 我代其喜：我替他高兴。

⑮ 中正：不偏不倚，恰到好处。

⑯ 上佛：升入佛的境界。

佛言：“善哉，须菩提！勸樂①諸菩薩學乃爾②。”

须菩提白佛言：“須菩提當報恩，不得不報恩。何以故？過去時怛薩阿竭、阿羅呵、三耶三佛③，皆使諸弟子爲諸菩薩説般若波羅蜜，怛薩阿竭④時亦在其中學如是中法令，自致作佛。用是故，當報佛恩。我亦復作是説般若波羅蜜，菩薩亦當復受菩薩法，我復勸樂。我皆受⑤已、皆勸樂已，菩薩疾逮作佛。”⑥

须菩提言：“拘翼！當所問者，聽所問。⑦ 菩薩云何⑧住般若波羅蜜中？持空法⑨菩薩於般若波羅蜜中住。拘翼！菩薩摩訶薩摩訶僧那僧涅摩訶衍三拔致，色不當於中住，痛痒、思想、生死、識不當於中住，須陀洹不當於中住，斯陀含⑩不當於中住，阿那含⑪不當於中住，阿羅漢⑫不當於中住，辟支佛⑬不當於中住，佛

---

① 勸乐：劝之使乐于，动补结构又一形式。约与“鼓励”相当。

② 乃尔：竟然如此。称赞其行为优异。

③ 怛萨阿竭、阿罗呵、三耶三佛：三者皆佛之尊号，连连称之，以示无上崇敬。怛萨阿竭，梵 tathāgatas 音译，意译如来。阿罗呵，梵 arhat，意译应供。三耶三佛，梵 samyaksambuddha，意译最正觉，正遍知。

④ 怛萨阿竭：此怛萨阿竭，指现时仍在世的如来。

⑤ 受：同“授”。

⑥ 至此，为本章缘起分。

⑦ 当所问者，听所问：听你所当听的。问，通“闻”。《庄子·庚桑楚》：“南榮趎俯而惭，仰而歎，曰：‘今者吾忘吾答，因失吾問。’”郭庆藩集释：“問，猶聞也。問、聞古通用。”“当所问者”，与“听”后的“所问”同位。句意就是听所当问者，听所当闻者。辛校（41 页）译为“listen to what you should listen to”（41 页），甚是。但欲改“问”为“闻”，可商酌。

⑧ 云何：疑问代词，问方式方法。与“如何”相当。

⑨ 持空法：以“空”的理论。

⑩ 斯陀含：梵 sakṛdāgāmin 的音译，声闻乘四果中的第二果。意译为一来，即修到此果位者，死后生到天上去做一世天人，再生到此世界一次，便不再来欲界受生死了。

⑪ 阿那含：梵 anāgāmin 的音译，声闻乘四果中的第三果，意译为无还，修到此果位者，不再生于欲界。

⑫ 阿罗汉：梵 arhat，意译无生，修到此果位者，解脱生死，不受后有，为声闻乘的最高果位。

⑬ 辟支佛：梵 pratyeka-buddha，意译缘觉，或独觉。因观飞花落叶或十二因缘而开悟证道，故名缘觉。又因无师教导，全靠自己之觉悟而成道，故又名独觉。

不當於中住。有色、無色不當於中住,有痛痒、思想、生死、識、無痛痒、思想、生死、識不當於中住,有須陀洹、無須陀洹不當於中住,有斯陀含、無斯陀含不當於中住,有阿那含、無阿那含不當於中住,有阿羅漢、無阿羅漢不當於中住,有辟支佛、無辟支佛不當於中住,有佛、無佛不當於中住。色無無①常不當於中住,痛痒思想生死識無無常不當於中住,色若苦若樂②不當於中住,色若好若醜不當於中住,痛痒、思想、生死、識若苦若樂不當於中住,痛痒、思想、生死、識若好若醜不當於中住。色我所③、非我所不當於中住,痛痒、思想、生死、識我所、非我所不當於中住。須陀洹道不動成就④不當於中住,須陀洹道成已⑤,不當於中住。何以故?須陀洹道七死七生便度去⑥,是故須陀洹道不當於中住。斯陀含道不動成就不當於中住,斯陀含道成已,不當於中住。何以故?斯陀含道一死一生便度去,是故斯陀含道不當於中住。阿那含道不動成就不當於中住,阿那含道成已,不當於

---

① 无无:只是无。"色无无常",下面"痛痒、思想、生死、识无无常",只是说色、痛痒、思想、生死、识无常。两个"无"叠加,只是一个"无"的意思。吴译相应处作"五陰無常,不當於中住"(T08p0482b28)可证。辛校(42页)据秦译"色常無常不那中住,痛痒思想生死識常無常不那中住"(T08p0512a16),欲改前"无"字为"常"。今所不取。

② 若苦若乐:或苦或乐。若,选择连词。

③ 我所:梵 mama-kāra 的意译。即我之所有、我之所属。以自身为我,自身以外之物皆为我所有。我与我所,被认为是一切世俗分别的基本分别,为破除之对象。

④ 不动成就:指源于无为(无条件)而达到那个阶位。成就,实指高的阶位。不动,异译作无为,梵本(英译)作"unconditioned",因是无为的,无条件的,所以可以说是一定的,不动的。"須陀洹道不動成就不當於中住",罗什译作"不應住須陀洹無爲果"(T08p0540b10),唐一作"不應住預流果是無爲所顯"(T07p0770a23),梵本(英译)说,不应具有下列观念"the fruits of the holy life drive their dignity from the unconditioned"(圣果源于无条件而取得高的阶位)。

⑤ 成已:已成。已,用于动词后,表示动作已完成。

⑥ 须陀洹道七死七生便度去:已得须陀洹道,死七次,生七次,便可过渡到彼岸,入于涅槃了。

中住。何以故？阿那含道成已，便於天上般泥洹①，是故阿那含道不當於中住。阿羅漢道不動成就不當於中住，阿羅漢道成已不當於中住。何以故？阿羅漢道成已，便盡是間②無處所，於泥洹中般泥洹③，是故阿羅漢道不當於中住。辟支佛道不動成就不當於中住。何以故？辟支佛道成已，過阿羅漢道，不能及佛道，便中道④般泥洹，是故辟支佛道不當於中住。佛道不當於中住。何以故？用不可計阿僧祇人故⑤作功德，以不可計阿僧祇人我皆當令般泥洹，正於佛中住，是故佛道不當於中住。"

舍利弗心念言："佛當云何⑥住？"

須菩提知舍利弗心所念，便問舍利弗言："云何⑦？佛在何所住？"

舍利弗謂須菩提："佛無所住，怛薩阿竭、阿羅呵、三耶三佛，心無所住止，不在動處⑧止，亦⑨無動處⑩止。"

須菩提言："如是，如是！菩薩當作是學，如怛薩阿竭、阿羅

---

① 般泥洹：梵 parinirvāna 的音译，又作般涅槃，谓进入超越生死之悟境。原指熄灭或吹熄之状态。烦恼火烧尽后，智慧完成而至于大彻大悟，佛家以为终极目的。

② 尽是间：此处已无。和下面的"无处所"都表示无余的意思。无余，指下一句说的般泥洹，是无余涅槃。涅槃而身体尚存，叫有余涅槃。涅槃而所依存之身体亦亡，谓之无余涅槃。

③ 于泥洹中般泥洹：等于说在涅槃中涅槃。泥洹，nirvāna 的音译，后多译为涅槃。般泥洹，即般涅槃，上面的注已作阐述。般泥洹在梵文词形上比泥洹多个词头 pari，意思是完全。泥洹与般泥洹，涅槃与般涅槃，在使用上没有区别，都是指进入超越生死的悟境。

④ 中道：半路上。

⑤ 用……故：因……的缘故。阿僧祇，梵 asamkhya 音译。为印度数目之一，无量数或极大数。

⑥ 云何：如何。问方式方法。

⑦ 云何：怎么样。问情况。

⑧ 动处：孔兹译作"conditioned"（有条件的），罗什译作"有爲性"（T08p0540b24），唐一译作"有爲界"（T07p0770b22）。大概是说，那里是有为的，是有条件的，所以是变动不恒的，故名为动处。

⑨ "亦"之后，"无"之前，承前省"不在"二字。

⑩ 无动处：孔兹译作"unconditioned"（无条件的），罗什译作"無爲性"（T08p0540b24），唐一作"無爲界"（T07p0770b22）。参前"不动成就"注。

呵、三耶三佛住，亦不可住。當作是住，學無所住。①"

是時諸天子心中作是念："諸閱叉②輩尚可知所念，閱叉若大若小所語悉可了知，尊者須菩提所語了不可知。"

須菩提知諸天子心中所念，謂諸天子言："是語難了，亦不可聞，亦不可知。"

諸天子心中復作是念："是語當解，今尊者須菩提深入、深知。"

須菩提復知諸天子心中所念，語諸天子言："已得須陀洹道證③，若於中住，不樂，因出去；已得斯陀含道證，若於中住，不樂，因去；以④得阿那含道證，若於中住，不樂，因去；已得阿羅漢道證，若於中住，不樂，因去；已得辟支佛道證，若於中住，不樂，因去；以得佛道證，若於中住，不樂，因去。"

諸天子心中復作是念："尊者須菩提所説乃爾，當復於何所更索法師如須菩提言者⑤?"⑥

須菩提知諸天子心中所念，語諸天子言："法師如幻，欲從我聞法，亦無所聞，亦不作證⑦。"

---

① 学无所住：当理解为"当作是学无所住"，承前省"当作是"。秦译此处作"當作是學、住"（T08p0512b12），亦谓当作是学，当作是住。此句意思是应当这样修学，住无所住。

② 阅叉：梵 yaksa 音译，也译夜叉、药叉、罗刹。以威势烦恼、扰害人的鬼类，亦有守护正法者。

③ 得……证：已悟其道，已入其境，已登其位。证实其所悟与道、法等相合，叫做证。

④ 以：同"已"。

⑤ 当复于何所更索法师如须菩提言者：还到哪里去寻找另外的像须菩提这样（善于）说法的法师呢。法师，善于说法的专职人员。

⑥ 至此，言当住于空。

⑦ 作证，即证，证实其所悟与道合。意即得道。

　　諸天子心中復作是念：“云何①？法作是聞人如是？②”

　　須菩提知諸天子心中復作是念，語諸天子言：“幻如人，人如幻乎！我呼③須陀洹、斯陀含、阿那含、阿羅漢、辟支佛道悉如幻，正使④佛道，我呼亦如幻。”

　　諸天子語須菩提：“乃至⑤佛道亦復呼如幻？”

　　須菩提言：“乃至泥洹亦復如幻。”

　　諸天子問須菩提：“乃至泥洹、泥洹及泥洹⑥，亦復如幻？”

　　須菩提語諸天子：“設復有法出⑦於泥洹，亦復如幻。何以故？幻人、泥洹賜⑧如空，無所有。”

　　舍利弗、邠祁文陀羅弗⑨、摩呵拘私⑩、摩呵迦旃延⑪，問須菩提：“何等爲般若波羅蜜相⑫？從何等法中出？”

---

　　①　云何：怎么样。问情况。

　　②　法作是聞人如是：如是聞法之人亦如幻？“法作是聞”，如是聞法，作“人”的定语。“（人）如是”，谓（人）如幻。这里“云何，法作是聞人如是”，吴译作“今在是聞法者，是人？爲非幻乎？”（T08p0483a03）秦译作“云何幻人聽法，與人等無有異？”（T08p0512c01）孔兹译作"Beings that are like a magical illusion, are they not just an illusion?"都可作参考。唯辛校（46 页）改“法”为“幻”，理解此句为"How (can) an illusory magical creation listen to a human being in such a manner?"恐非是。

　　③　呼：叫，叫做，认为。

　　④　正使：连词，用来突出后项，与“亦”配合。与“甚至”相当。

　　⑤　乃至：甚至。

　　⑥　泥洹、泥洹及泥洹：“泥洹”叠加，甚至中间加上并列连词，意思还是泥洹，只是加以特别强调。

　　⑦　出：超出。

　　⑧　賜：尽，引申为总括副词，全，都。

　　⑨　邠祁文陀罗弗：佛弟子。本经凡 6 见，他处皆作“邠祁文陀弗”，此处多一“罗”字。

　　⑩　摩呵拘私：佛弟子 Mahakosthila。

　　⑪　摩呵迦旃延：佛弟子 Mahākaccāyana。

　　⑫　何等为般若波罗蜜相：此句罗什译作“如是说般若波罗蜜义，谁能受者”（T08p0540c20）。各异译与此大同。可知此处“般若波罗蜜相”特指受般若波罗蜜之相。形式上问的是：什么是信受般若波罗蜜之相，实在是问谁为信受般若波罗蜜者。

　　須菩提報言："從是法①中出阿惟越致②菩薩，是③爲般若波羅蜜相。如是諸弟子聞法悉具足，疾成阿羅漢。"

　　須菩提言："般若波羅蜜中説相④如是，從法中無所出。何以故？法中無所有、無所聞、無所得。如法⑤比丘，無所聞法，無所得法，從是法中無所受。"⑥

　　釋提桓因心念言："尊者須菩提所説爲雨⑦法寶，我寧可⑧作華⑨持散尊者須菩提上。"

　　釋提桓因則化作華散須菩提上。須菩提心則了知，言："是華不出忉利天⑩上。我曾見是華，是華所出生散我上者⑪，化作耳、化成耳。此華化華⑫，亦不從樹出。釋提桓因所作華，用散我上者，從心樹出，不從樹生也。"

　　釋提桓因謂須菩提言："此華無所從出生。尊者須菩提！不從心樹出。"

　　須菩提言："拘翼説言：'是華無所從出生，亦不從心樹出。'爲非華。"

　　釋提桓因言："尊者須菩提深知説，不增不減⑬，作是説法。如尊者須菩提教也，菩薩當作是學。"

---

　　① 是法：探下指代无所有、无所闻、无所得法。

　　② 阿惟越致：梵 avi-vartika 音译，又译阿鞞跋致，意译不退转。在佛道修行过程中，不退失既得的功德。

　　③ 是：指代阿惟越致菩萨。

　　④ 般若波罗蜜中说相：说般若波罗蜜中之相。此般若波罗蜜，亦当指信受般若波罗蜜。

　　⑤ 如法：依法，不违法。

　　⑥ 至此，言法如幻，说法者如幻，闻法者亦如幻。

　　⑦ 雨：动词，像下雨一样散落。

　　⑧ 宁可：应当。

　　⑨ 华：同"花"。

　　⑩ 忉利天：梵 Trāyastriṃśa 音译略称，意译三十三天。此天为欲界六天中的第二天，在须弥山顶。

　　⑪ 是华所出生散我上者：这散我身上的花的产生。

　　⑫ 此华化华：名词谓语句。这花是变出来的花。

　　⑬ 不增不减：如实说。

　　須菩提語釋提桓因："拘翼！是語無有異①，菩薩當作是學，入法中。菩薩作是學者，爲不學須陀洹、斯陀含、阿那含、阿羅漢、辟支佛道，爲學佛道，爲學薩芸若②道。作是學者，爲學不可計阿僧祇經卷；不生色學③，不生痛痒、思想、生死、識學；不學受餘法；亦不學受，亦不學失④；不學失，爲學薩芸若，爲出⑤薩芸若。"

　　舍利弗謂須菩提："學是學⑥：亦不受，亦不失，爲學薩芸若，爲出薩芸若?"

　　須菩提言："如是，舍利弗！作是學：亦不受，亦不失，學是，爲學薩芸若，爲出薩芸若。"

　　釋提桓因問舍利弗："般若波羅蜜菩薩當云何行⑦?"

　　舍利弗言："當問尊者須菩提。"

　　釋提桓因問尊者須菩提："持何威、神、恩⑧當學知?⑨"

　　須菩提言："持佛威、神、恩當學知。拘翼！所問：'般若波羅蜜菩薩云何行?'亦不可從色中行，亦不可離色行，亦不可從痛痒、思想、生死、識中行，亦不可離痛痒、思想、生死、識行。

---

　　①　无有异：犹如说"不错"，肯定之词。

　　②　萨芸若：梵 savajña 音译，意译一切智。

　　③　不生色学：不学生色，不于修学中产生色。因色本无。

　　④　失：与"受"相对，意思是不受。异译如唐一，与"失"相当的是"灭坏"（T07p0771b21）。

　　⑤　出：生出，这里意思是证得。

　　⑥　学是学：先言修学，再补充说如是修学，实际意思只是如是修学。

　　⑦　行：异译与此字相当的，都是"求"。如秦译，此处作："菩薩摩訶薩當云何求般若波羅蜜?"（T08p0513a10）

　　⑧　威、神、恩：威力、神力、恩力。恩力，支持、协助。

　　⑨　持何威、神、恩当学知：宜作"当持何威、神、恩学知"。"持何威、神、恩"这个状语应置于助动词"当"之后。全句意思是，须菩提是靠何种力量而知道这些、宣说这些? 学知，复合词，因果结构，由学而知，重在知。学知作为词，佛经中多见。"學知一切塵，其生隨所欲。"（吴《佛说维摩诘经》；T14p0530a05）"菩薩盡當學知諸法，從檀波羅蜜至薩云若"（西晋《放光般若经》；T08p0043a26）"悉學知十方諸所説經，皆悉知用。"（西晋《十住行道品经》；T10p0454b15）"復有一法，既學知已，心不輕慢。"（北凉《大方等大集经》；T13p0061a17）

何以故？般若波羅蜜①亦非痛痒、思想、生死、識，般若波羅蜜②亦不離痛痒、思想、生死、識。"③

释提桓因言："摩訶波羅蜜、無有邊無有底波羅蜜云何④？"

须菩提言："拘翼！摩訶波羅蜜，無有邊波羅蜜，無有底波羅蜜。⑤ 摩訶波羅蜜了不可得。無有邊波羅蜜了不可見。無有底波羅蜜了不可得底，人無底復無無⑥底，無底復無無底。波羅蜜等無底復無無底，波羅蜜無底復無無底，亦無有中邊⑦，亦無有本端⑧，了不可量、了不可逮知⑨。拘翼！從⑩法中底，波羅蜜底，無底復無無底。復次拘翼！法無底，復無端底⑪，無有中邊，無有盡時。底索⑫無底，復無無底波羅蜜⑬。"

释提桓因言："云何？尊者須菩提！何以故人無底，波羅蜜無底？"

须菩提謂释提桓因："是事都盧⑭不可計，正使計倍復倍，人無底，波羅蜜無底。⑮"

————————

① 理解起来，此处当有"亦非色"三字。宫本、径山藏、龙藏正有此三字。多项列举时，多举少举同义。色、受、想、行、识五项，单举色，其余4项可知，不举色，只举余项，则色亦可知。参见李维琦等《古汉语同义修辞》2012年版"数量模糊"节第266页。
② 理解起来，此处当有"亦不离色"4字，碛砂藏正有此数字。
③ 至此，言修行般若波罗蜜。
④ 摩诃波罗蜜、无有边无有底波罗蜜云何：摩诃波罗蜜，谓大。无有边波罗蜜，谓广阔。无有底波罗蜜，谓深邃。云何，问情况怎么样，问般若波罗蜜之大、之广、之深的情况如何。
⑤ 这三个小句都是名词谓语句，肯定般若波罗蜜之大、之广、之深。
⑥ 无无：只是"无"，叠用以表强调。下同。
⑦ 无有中边：无边，也就无中。无中，也就无边。
⑧ 本端：并列复合词，初始之处，"无有本端"，没有一个头。端，顶、头。
⑨ 逮知：得知，动宾复合词。
⑩ 从：用同"于"。见"从何所法住衍中"注。
⑪ 端底：即底，同义并列复合词。端也是底。
⑫ 索：尽。
⑬ 波罗蜜：为此句主语。按汉语惯例，当居于"底索无底"之前。
⑭ 都卢：联绵词，此处意思是全然。
⑮ 是事都卢不可计，正使计倍复倍，人无底，波罗蜜无底：即使计算起来加倍再加倍，人无底波罗蜜无底之事仍全然无可计量。按汉语惯例，让步从句当居前。"是事"所指代探后，亦与汉语惯例不同。

释提桓因言：“何缘尔①：人无底、波罗蜜无底？”

须菩提言：“於拘翼意云何，何所②法中作是教人本所生③？”

释提桓因言：“无有法作是教者，亦无法作是教住置④。设使有出⑤者，但字耳。设有住止⑥者，但字耳。但以字字⑦，著言耳⑧；有所住止处，但字耳。了无所有，但以字字，著言耳。人复人所⑨，本末空，无所有。”

须菩提言：“於拘翼意云何，人可得见不？”

释提桓因言：“人不可得见。”

须菩提言：“拘翼！何所有作意者⑩？何所人底⑪？正使怛萨阿竭、阿罗呵、三耶三佛，寿如恒边沙劫⑫，尽度人，人展转自相度，其所生者宁⑬有断绝时不？”

释提桓因言：“无有断绝时。何以故？人无有尽时。”

须菩提言：“人无有底，般若波罗蜜无底，菩萨学当作是了⑭，当作是知，行般若波罗蜜法如是。”⑮

---

① 尔：如此。

② 何所：即何，什么。

③ 人本所生：人的本义、本质的产生。作“教”的后置定语。

④ 住置：并列复合词，犹如说存在。作“教”的后置定语。“教住置”，谓众生有情存在之说。

⑤ 出：产生。谓人、人之本的产生。

⑥ 住止：与“住置”同义，等于说存在。

⑦ 但以字字：只是安个名字来称呼它。

⑧ 著言耳：执著于名称言说而已，别无其他。

⑨ 人复人所：人，加上人之所有。参见“我”、“我所”。

⑩ 何所有作意者：哪里有思维者？意即无人。作意，起意、思维、思考。

⑪ 何所人底：（既无人）哪来人之底？

⑫ 劫：梵 kalpa 音译，又译劫波，时间单位。说法不一，通常的印象，是若干万年为一劫。

⑬ 宁：疑问语气助词，不像中土文献，“宁”常表反诘。

⑭ 了：了解，明了。

⑮ 至此，言般若波罗蜜无尽无限。

道行般若經卷第二

後漢月支國三藏支婁迦讖譯

摩訶般若波羅蜜道行經　功德①品第三

　　爾時諸因坻②天、諸梵天③、諸波那和提④天、諸伊沙⑤天、諸那提乾⑥天，同時三反⑦作是稱譽法："賢者須菩提所説法甚深，怛薩阿竭⑧皆從是生。其有聞者，若諷誦讀，有行者，⑨ 我輩恭敬視⑩如怛薩阿竭，我輩恭敬視菩薩摩訶薩持般若波羅蜜者。"

---

　　① 功德：修行所得之功用，所获之果报。

　　② 因坻：梵 Indra 音译，通常译因陀罗。因坻天，即三十三天，此谓居于 Indra 天的天子。

　　③ 梵天：色界之初禅天。此谓居于此天之天子。

　　④ 波那和提：天名。普宁藏、南藏、径山藏、龙藏作"波耶和提"，秦译作"波耶和提"（T08p0513b10），梵作"Prayūpati"，辛校（57 页）据以改"那"为"耶"。玄应《一切经音义》作"波罗那提"，云"波罗那提天，新《道行经》云，自在天也"（T54p0361c14）。自在天，色界十八天中之最高天。不知是否。

　　⑤ 伊沙：天名，梵 rsi，唐一意译为"神仙"（T07p772b17），唐二同。据《中华佛教百科全书》，即伊舍那，梵 īśāna。欲界第六天。

　　⑥ 那提乾：天名，梵 nārī-gaṇa，意译女众。此天在何处，未详。

　　⑦ 反：动量词，番，次。

　　⑧ 怛萨阿竭：梵 tathāgatas 音译。后来的译家多意译为如来。

　　⑨ 其有闻者，若讽诵读，有行者：如果有闻是法，而诵读之者，进而有修学而实行之者。吴译作"有闻者学之诵之"（T08p0483b26）。讽、诵、读，同义连用。讽是背诵，诵是按一定腔调朗读，读是阅读、研究。

　　⑩ 视：看待，对待。

佛語諸天人：“如是，如是！昔我於提和竭羅①佛前，逮得般若波羅蜜，我便爲提和竭羅佛所受決②，言：‘却後③若④當爲人中之導，悉當逮佛智慧，却後無數阿僧祇劫，汝當作佛，號字釋迦文，天上天下於中最尊，安定世間法⑤，極明⑥，號字爲佛。’”

諸天人同時白佛言：“甚善，菩薩摩訶薩，天中天！行般若波羅蜜自致到薩芸若。”

爾時佛在眾會⑦中央諸天⑧中坐，佛告比丘⑨、比丘尼⑩、優婆塞⑪、優婆夷⑫：“今四部⑬爲證，欲天⑭、梵天⑮、阿會亘修⑯天皆證知。”

---

① 提和竭罗：梵 Dīpaṃkara，佛名，音译。是在过去世为释迦菩萨授记的佛陀。意译为燃灯佛，又作定光如来、锭光如来、普光如来。

② 受决：告知其将来某个时候当成佛，告知与被告知，都叫受决。为作区别，后来有将告知的“受决”，写作“授决”。

③ 却后：往后。

④ 若：对称代词，你。

⑤ 安定世间法：谓安处于世间法中。“安定世间”，宫本作“安處其間”。“法”，普宁藏、南藏、径山藏、龙藏作“法中”。此句吴译作“安定於法中”（T08p0483c02）。

⑥ 极明：极其辉煌。

⑦ 众会：会众，与会的众人。

⑧ 天：谓天子，超出凡人的居于天上的人。

⑨ 比丘：梵 bhikṣu 音译，意为乞士、乞士男，指出家得度，受具足戒的男子。

⑩ 比丘尼：梵 bhikṣunī 音译。意为乞士女，又称沙门尼。指出家得度受具足戒的女子。

⑪ 优婆塞：梵 upāsaka 音译。意译为近事男、信男、清信士，指在家亲近奉事三宝、受持五戒的男居士。

⑫ 优婆夷：梵 upāsikā 音译，译曰清净女、清信女，谓在俗之信女。

⑬ 四部：又称四众，指比丘、比丘尼、优婆塞、优婆夷。

⑭ 欲天：指欲界诸天。计有六重：四王天、忉利天、夜摩天、兜率天、乐变化天、他化自在天。

⑮ 梵天：梵名 Brahmā。为色界之初禅天。一般分为三种，即梵众天、梵辅天与大梵天，总称为梵天。

⑯ 阿会亘（huán）修：天名，Āābhāsvaraśubha 音译。此天在何处，未详。吴译作“無結愛天”（T08p0483c06），宋译作“色究竟天”（T08p0594c06）。色究竟天居色界四禅天最顶位。

佛語釋提桓因：“若有善男子①、善女人②，其③有學般若波羅蜜者，其有持④者，其有誦者，是善男子、善女人，魔⑤若⑥魔天終不能得其便⑦。拘翼！善男子、善女人，若人若非人終不能得其便。拘翼！善男子、善女人不得橫死⑧。拘翼！忉利天⑨上諸天人，其有行佛道者，未得般若波羅蜜，未學⑩者、未誦者，是輩天人，皆往到善男子、善女人所。拘翼！善男子、善女人學般若波羅蜜者，持者、誦者，若於空閑處，若於僻隈處⑪，亦不恐、亦不怖、亦不畏。”

四天王⑫白佛言：“我輩自共護是善男子、善女人學般若波羅蜜者，持者、誦者。”

梵摩三鉢⑬天及梵天諸天人俱白佛言：“我輩自共護是善男子善女人學般若波羅蜜者，持者、誦者。”

釋提桓因白佛言：“我自護是善男子善女人學般若波羅蜜者，持者、誦者。”

釋提桓因復白佛言：“難及也！有學般若波羅蜜者，善男子、

---

① 善男子：梵 kulaputra 意译，原意好人家的儿。指信佛教的男人。

② 善女人：梵 kuladuhitr意译，原意好人家的女。指信佛教的女人。

③ 其：假设连词，如果。

④ 持：操持，此谓信奉。

⑤ 魔：梵 māra，意译为杀者、夺命者、障碍。指称夺人生命，妨碍善事的恶神。魔王波旬住于欲界第六他化自在天之高处。魔天，谓居于此的众魔。亦可指魔王。

⑥ 若：或，选择连词。

⑦ 便：方便，机会，此指伤害的机会。

⑧ 横（hèng）死：死于非命，非正常死亡。

⑨ 忉利天：梵 Trāyastrimśa，天名。此天位于欲界六天的第二天，系帝释天所居之天界，位于须弥山顶。

⑩ 未学：此二字后承前省“般若波罗蜜”，下文“未诵”后同样承前省“般若波罗蜜”。

⑪ 僻隈（wēi）处：偏僻角落无人之处。隈，角落。

⑫ 四天王：天帝释的外将。须弥山之半腹有一山，名由犍陀罗。山有四头，四王各居其一，各护一天下，称为护世四天王。

⑬ 梵摩三钵：梵 BrahmāSahāpati，天名。

善女人心無所動搖，般若波羅蜜其受者①，爲悉受六波羅蜜②？"

佛言："如是，拘翼！其受般若波羅蜜者，爲悉受六波羅蜜。復次，拘翼！般若波羅蜜學者，持者、誦者，善男子、善女人，且聽③，拘翼！我説，④ 上語亦善，中語亦善，下語亦善，⑤ 當念聽⑥我所説。"

釋提桓因從佛聽言受教。

佛語釋提桓因："我法中有嬈⑦者、有害者、有亂者，欲嬈者、欲害者、欲亂者，其人稍稍⑧起惡意，欲往，未至，中道亡；

———————

① 般若波罗蜜其受者：即其受般若波罗蜜者，宾语提前。下文佛答，即作"其受般若波罗蜜者"。其，假设连词。

② 六波罗蜜：又作六度，布施、持戒、忍辱、精进、禅定、智慧，为大乘菩萨道的核心实践法门。"波罗蜜"译为到彼岸，或"度"。智慧波罗蜜，亦即般若波罗蜜。

③ 且听：约同于"请听"。且，表祈使，但谦敬之意较淡。本经另有两处用"且听"，"且"亦表祈使：佛語諸天子言："且聽作相！⋯⋯"（T08p0450a21）善男子，且聽！諸經法悉等，般若波羅蜜亦悉等如是。（T08p0475a07）他经用"且听"，亦如是解：年少！年少！汝等莫語。我今當爲汝等説法，汝等且聽。（刘宋《杂阿含经》；T02p0063c02）迦葉且聽，吾悉當説。（西晋《正法华经》；T09p0084b2）

④ 且听，拘翼！我说：拘翼，请听我说。"拘翼"为插入语。此处秦译作："拘翼！且聽我説，其人所得功德，上語亦善，中語亦善，下語亦善。"（T08p0513c23）可证"拘翼"是呼语。辛校于"且听"之前句断，"我说"属下，恐非。

⑤ 上语亦善，中语亦善，下语亦善：此谓"其人所得功德"，"上语亦善，中语亦善，下语亦善"，不是佛自说自。参上注。

⑥ 念听：专心听。如北凉《大方等无想经》所说："專心繫念，聽其所説。"（T12p1100b15）东晋《中阿含经》："汝必不一心，不善恭敬，不思念聽。"（T01p0749b03）"不思念听"，就是不想专心听。本经"当念听我所说"，罗什译作"汝今善聽，當爲汝説"（T08p0542a09），唐一作"汝應諦聽，極善思惟！吾當爲汝分別解説"（T07p0773a21）。"念听"，与"善听"、"谛听"，义相类同。

⑦ 嬈（rǎo）：烦扰。

⑧ 稍稍：犹如说"刚刚"。此处唐一作："彼適興心，速自遭禍，必當殄滅，不果所願。"（T07p0773a25）本经"稍稍"与唐一的"适"相当。"稍稍"本经用18次。作"刚刚"讲的除此处外，还有1处："譬若有人得須陀洹道，在其地終不疑魔事，適起即覺知，魔稍稍來，不聽隨。"（T08p0455c23）"魔稍稍来，不听随"，是说魔刚刚出现，来烦扰菩萨，菩萨立即不听从于他。其余16处都是渐渐地、逐步地的意思。《汉语大词典》已列中土文献中"稍稍"用如"刚刚"的例：汉荀悦《汉纪·武帝纪二》："座稍稍罷出，蚡令騎留夫，或按夫頭令謝。"

欲嬈者、欲害者、欲亂者，其後所作終不諧。何以故？用是善男子、善女人學般若波羅蜜故，持故，誦故。其人稍稍賫惡①來，未至②，便屈還。其後所願終不得。拘翼！善男子、善女人所作爲悉自見得③，學般若波羅蜜者、持者、誦者。④ 譬若，拘翼！有藥名摩舐⑤，有蛇飢行索食，道逢虫，蛇欲啖虫，摩舐藥香即到虫所，

---

　　① 賫（jī）惡：怀着恶意。賫，携带。

　　② 未至：言将至未至。经多用"未至"表示将至未至。即如本条所引，及前文"未至，中道亡"。又如：時<u>未至</u>城門，路側神廟一國所宗，梵志相師咸言："宜將太子禮拜神像。"即抱入廟，諸神形像，皆悉顛覆。（后汉《修行本起經》；T03p0463c27）"未至城門"，言将至未至。"時善宿聞此語已，即往家間，欲<u>至未至</u>時，彼死屍并動膝脚，忽爾而蹲。"（姚秦《长阿含經》；T01p0067b19）明说是"将至未至"，实际上已到冢间，才能见到死尸膝脚并动，忽尔而蹲。"轉進，<u>未至</u>彼國數十里，天復化爲前梵志來索銀錢。王曰：'吾以國惠人，俀忘子錢。'"（隋《六度集經》；T03p0003a15）"未至彼国"，言将至彼国，而尚未至，只差几十里路程了。这种用法，实本之于汉文传统。元赵汸《春秋属辞》卷一说：《公羊傳》曰："'如雨'者，非雨也。不脩春秋曰：'雨星，不及地尺而復。'君子脩之曰：'星霣如雨。'"……又案《漢志》："永始中，星隕如雨，長二丈，繹繹未至地滅。""不及地尺而復"，即"未至地滅"也。此处"未至"，辛校（61 頁）欲据宫本等删"未"，作"至便屈还"，疑未解此类"未至"的用法。

　　③ 悉自见得：自能全部看见所得功德。得，指现世所得功德。辛校以为"见 = 现"，"见得"，谓现世功德（61 頁）。看看下面几个句子，就知道这样读不是不可商酌的："摩訶薩者，悉自了見、悉了知十方天下人，十方所有悉曉了知。"（T08p0427b18）"善男子、善女人，所作功德悉自見知。"（T08p0434c08）"是佛，菩薩事悉自曉了。"（T08p0450a14）"悉自"后接知见类动词，"见"似不宜读为"现"。

　　④ 学般若波罗蜜者、持者、诵者：此为前面"善男子、善女人"的说明句，英语所谓非限制性定语从句。定语从句一般紧跟在所修饰词语之后，这里中间隔了若干成分，遥相照应。

　　⑤ 摩舐：药草名。大正藏校：圣本"舐"作"祇"。辛校（61 頁）又校得金藏和石经并作"祇"，梵本作 maghi，辛校因改"舐"为"祇"。这样的地方，如果按乾嘉诸老的做法，就当说：舐，各本作"蚳"（《大正藏》已校明：宋、元、明及宫本皆作"蚳"。辛岛又校得《碛砂藏》、《资福藏》、敦煌写本和钞本亦作"蚳"）。蚳，直尼切。然《说文》有云："《周禮》有'蚳醢'，讀若祁。"慧琳《一切经音义》卷二十引玄应："蚳，渠支反。《說文》蚳，畫蠤也。毒蛇虫也。"是知蚳，可读曰祇。《道行经》中之"舐"，乃"蚳"之误字。舌旁虫旁易混致误。希麟《续一切经音义》卷八：舓，"《说文》云：'舌取食也。從舌，易聲。'或作舐、舐，皆俗。律文作蚳，音岐，非误书字。"此"舐"误为"蚳"之例，反过来，"蚳"亦可读误为"舐"矣。我们意见，"祇"、"舐"、"蚳"并以氏旁为声，且译音只是近似，"摩祇"、"摩舐"、"摩蚳"均无不可，毋烦改字。

蛇聞藥香即還去。何以故？藥力所却，蛇毒即歇，藥力所厭①如是。拘翼！善男子、善女人學般若波羅蜜者、持者誦者，其有欲害者便自亡②。般若波羅蜜威神所却，般若波羅蜜力所厭也。"

佛言："設有謀作③者，從所來處，便於彼間自斷壞，不復成。四天王皆擁護④是善男子、善女人、入般若波羅蜜者、思惟者，自在所爲⑤，所語如甘露⑥，所語不輕⑦，瞋恚⑧不生，自貢高⑨不生，四天王皆護。是善男子、善女人學般若波羅蜜者、持者、誦者，⑩所語無有異，所語如甘露，所語不輕，瞋恚不起，自貢高不生。何以故？用學般若波羅蜜故，不受⑪自瞋恚，不受自貢

---

①　厭（yā）：壓制，抑制。

②　亡：死亡，消滅。

③　謀作：陰謀作惡。

④　擁護：保護。

⑤　自在所爲：所爲自在，所作所爲自由自在，随心所欲，無有障碍。此爲諸佛及上位菩薩所具功德。

⑥　甘露：甜美的露水。所謂"神靈之精，仁瑞之澤，其凝如脂，其甘如飴"（《釋名》）。

⑦　不輕：不輕易，從正面說，就是珍重，珍貴。

⑧　瞋恚：憤怒。

⑨　貢高：驕傲自大。

⑩　是善男子、善女人學般若波羅蜜者、持者、誦者：可以說是善男子、善女人中的學、持、誦般若波羅蜜者；也可以說是學、持、誦般若波羅蜜的善男子、善女人。"是善男子、善女人"爲一部分，"……者"爲另一部分。這兩部分可合在一起用，如這裏便是。也可分開來用，如下面便有"善男子、善女人所作爲悉自見善，般若波羅蜜學者、持者、誦者"分開來用的情况，我們傾向于把後面的部分叫做定語從句，或者遠距離後置定語。

⑪　受：感受，信受。下兩"受"字皆如是解。此"受"，秦譯作"愛"（T08p0514a14）。辛校（62頁）據此欲改這裏的"受"爲"愛"。梵本孔兹譯"Because perfect wisdom tames and transforms him. Wrath and conceit does not increase. Neither enmity nor ill will take hold of him, not even a tendency towards them."（用般若波羅蜜熏陶故，瞋恚與貢高不生，不爲仇恨與敵意所控，連仇恨與敵意的傾向都無。）可能欲改"受"爲"愛"，也受這裏"tendency"（傾向）的影響。所以，辛校將"愛"譯爲 apt（有……傾向的）。但《道行經》中的"受"既可解通，就不必據後出異譯或梵本改動。正如在校《鈔經》時，也不必據《道行經》而改"愛"爲"受"一樣。

高，不受自可①。是善男子、善女人心自生念：'若有鬪諍②起，常當身遠離。不喜是事，面自慚③。'自念：'是曹④惡者，不可近。'自念：'我索⑤佛道，不可隨瞋恚語，疾使我逮得好心⑥。'善男子、善女人所作爲悉自見善⑦，般若波羅蜜學者、持者、誦者。"

釋提桓因白佛言："般若波羅蜜能過諸惡上去⑧，自在所作，無有與等者。"

佛語釋提桓因："復次，拘翼！善男子、善女人般若波羅蜜學者、持者、誦者，或當過劇難⑨之中，終不恐不怖，正使⑩入軍不被兵⑪。"

佛言："我所語無有異。拘翼！如佛言，無有能害者，善男子、善女人，當是時，若誦、若持般若波羅蜜，若念⑫，正使死來至，若當於中死，若怨家在其中欲共害者，如佛所語無有異，是善男子、善女人，終不於中橫死。正使在其中，若有射者、若兵

---

① 自可：自我认可。

② 斗诤，即后世"斗争"字。

③ 面自慚：颜面自呈愧色。这里是说颜面自动改色。呈愧色也是改色的表现之一。参孔兹译"my features will be consumed"，罗什译"颜色变异"（T08p0542a26）。

④ 是曹：这些。句中作主语。曹，辈、类，代词后表复数。

⑤ 索：求。

⑥ 好心：良好的思想体系。吴译（T08p0483c25）与秦译（T08p0514a18）都作"好心"，与首译同。罗什译作"正念"（T08p0542a18）。"疾使我逮得好心"，唐一作"是善男子、善女人等由此思惟常得正念，諸惡煩惱不蔽其心"（T07p0773c22），唐二同（T07p873a06）。早期所译的"好心"，自罗什起，译作"正念"，唐译更加"諸惡煩惱不蔽其心"。

⑦ 见善：能亲眼见到功德。善，善行，指功德。

⑧ 过诸恶上去：从诸恶上头过去，意思是能战胜诸恶，顺利过关。语法形式上是述语＋宾语＋趋向补语。

⑨ 剧难：大灾大难。

⑩ 正使：纵使，即使，让步连词。

⑪ 被兵：受兵器的伤害。

⑫ 若念：承前省宾语"般若波罗蜜"。

向①者，終不中其身。何以故？是般若波羅蜜者，極大祝②，人中之猛③祝。學是祝者，是善男子、善女人不自念惡，亦不念他人惡，都無所念善［惡］④爲，人中之雄，自致作佛。爲護人民、蜎飛⑤、蠕動⑥，學是祝者疾成佛道也。

"復次，拘翼！般若波羅蜜書已，雖不能學、不能誦者，當持其經卷，若人、若鬼神不能中害⑦。其有宿命之罪不可請⑧。譬若，拘翼！初得佛之處，四面若有人，直從一面來入；若鬼神、若禽獸，無有能害者。若鬼神、若禽獸，欲來嬈人、欲來害人，終不能中。何以故？用佛得道處故，佛威神所護，過去、當來、今現在佛，天中天，皆爲人中尊，悉於其中作佛；甫當復⑨出索佛道者，皆當於其中得佛道。若有人入是處者，不恐不怖，無所畏懼，般若波羅蜜者如是。般若波羅蜜所止處，一切諸天人民、阿須倫⑩、鬼神、龍，皆爲作禮，恭敬護視。用是故，般若波羅蜜威神所護。"

釋提桓因白佛言："若有，天中天！般若波羅蜜書者、持經卷

---

① 兵向：以兵器相向，拿武器对着。

② 祝：咒。具有特殊灵效的秘密语言，用以祈福、祛祸、克敌制胜。

③ 猛：形容力强气盛，雷厉风行。

④ 不自念恶，亦不念他人恶，都无所念善［恶］：异译相对应的情况如下：吴：不自念恶、不念人恶，都無惡念。（T08p0484a02）秦：不自念惡，亦不念他人惡，都不念惡。（T08p0514b01）罗什：不自念惡，不念他惡，不兩念惡。（T08p0542b06）唐一：不爲自害，不爲他害，不爲俱害。（07p0774b12）唐二：同唐一。（T07p0873a29）宋：不念自惡，不念他惡，不念自他惡。（T08p0595c05）经句译文：不思厌恶自己，不思厌恶他人，自己、他人都不厌恶。经文中的"善"，当校正为"恶"。金藏、宫本、石经、圣本、法藏敦煌文献都作"恶"。吴译、秦译、罗什译、宋译相应处都作"恶"。唐译作"害"，故知此处的"恶"，当作厌恶、憎恨、中伤解，以与"害"的意义相类似。

⑤ 蜎飞：飞翔的昆虫。

⑥ 蠕动：爬行的虫子。

⑦ 中害：伤害。

⑧ 不可请：不可请恕，不可恕；或不可请免，不可免。

⑨ 甫当复：将来再有。

⑩ 阿须伦：梵 Asura 音译。通常译为阿修罗。意译为（似天）非天、非同类、不端正。为印度最古诸神之一，属于战斗一类的恶神。佛家引入，为八部众（天、龙、夜叉、乾闼婆、阿修罗、迦楼罗、紧那罗、摩睺罗伽）之一，常与帝释天（因陀罗神）争斗不休。

者，自歸①作禮②，承事③，供養④名華、搗香⑤、澤香⑥、雜香、
繒綵⑦、華蓋⑧、旗幡⑨，若般泥洹後，持佛舍利起塔，自歸作禮，
承事，供養名華、搗香、澤香、雜香、繒綵、華蓋、旗幡，如是
其福，何所⑩爲多者?"

佛言："我故⑪問汝。拘翼！隨所樂報⑫我。云何，拘翼！怛
薩阿竭、阿羅呵、三耶三佛薩芸若成，是身出見⑬，怛薩阿竭從何
法中學得阿耨多羅三耶三佛⑭?"

釋提桓因報佛言："怛薩阿竭從般若波羅蜜中學得阿耨多羅三
耶三佛。"

佛語釋提桓因："不用身舍利⑮，從薩芸若中得佛⑯，怛薩阿
竭爲出般若波羅蜜中。如是，拘翼！薩芸若身，從般若波羅蜜中
出；怛薩阿竭、阿羅呵、三耶三佛薩芸若身⑰。薩芸若身生，我作
佛身。⑱ 從薩芸若得作佛身；從薩芸若生⑲。我般泥洹後，舍利供

———————

① 自归：自主归依佛、法、僧，即自行信奉佛教。
② 作礼：行礼。
③ 承事：侍候于旁，承接事务。
④ 供养：等于说供奉。
⑤ 搗香：香粉。
⑥ 泽香：香膏。
⑦ 缯彩：彩色丝织品。
⑧ 华盖：华丽的伞盖。
⑨ 旗旛：旌旗。
⑩ 何所：哪个。
⑪ 故：《经传释词》卷六："故，犹则也。"
⑫ 报：回答。
⑬ 见：读为"现"。
⑭ 阿耨多罗三耶三佛：梵 anuttara-samyak-sambodhi 音译，意译无上正遍知，或无
上正等正觉。为佛陀所觉悟的智慧；含有平等、圆满的意思。
⑮ 舍利：梵 śarīra 音译，意译体、身、身骨、遗身。通常指佛陀之遗骨，即佛骨，
其后亦指高僧死后焚烧所遗的骨头。这里"身舍利"，即指佛身。
⑯ 不用身舍利，从萨芸若中得佛：不是从佛身中得佛，而是从萨芸若中得佛。
⑰ 怛萨阿竭、阿罗呵、三耶三佛萨芸若身：名词谓语句，意思是如来之身是萨芸
若身。
⑱ 萨芸若身生，我作佛身：因果复句，前句是因，后句是果。
⑲ 从萨芸若生：主语是"佛身"，承前省。

養如故。若有，拘翼！善男子、善女人，書般若波羅蜜，學、持、誦、行，自歸作禮，承事，供養好華、搗香、澤香、雜香、繒綵、華蓋、旗幡，薩芸若則爲供養以①。如是，拘翼！般若波羅蜜寫已，作是供養經卷，善男子、善女人從其法中得功德無比。何以故？薩芸若者，則爲供養已。②"

釋提桓因白佛言："如是，閻浮利③人不供養承事般若波羅蜜者，是曹之人爲不知其尊耶？供養般若波羅蜜者，其福尊無比。般若波羅蜜者④，當取供養之。"

佛語釋提桓因："云何，拘翼！閻浮利人中有幾所⑤人信佛、信法、信比丘僧?"

釋提桓因白佛言："閻浮利人少所⑥信佛、信法、信比丘僧者，少少⑦耳。及⑧行須陀洹、斯陀含、阿那含、阿羅漢、辟支佛，至行佛道者復少少耳。"

佛言："如是，拘翼！少少耳。人至⑨有索佛道、行求佛道者甚多，至其然後作佛，少少耳。如是不可計阿僧祇人，初行求佛道，至其然後從其中出，若⑩一若兩，在阿惟越致⑪地住耳。如是，拘翼！是善男子、善女人，行求佛道，會後⑫成佛如是。"⑬

---

① 萨芸若则为供养以：（供养般若波罗蜜）则为供养萨芸若矣。"以"，通"已"，圣本、法藏敦煌西域文献即作"已"。"已"通作"矣"。参见下注。
② 萨芸若者，则为供养已：则为供养萨芸若矣。此句将宾语提前，并以"者"字表示提顿。
③ 阎浮利：梵 Jambu-dvīpa 音译，又译阎浮提。阎浮，树名。利或提，意译为洲。盛产阎浮树的国土，原指印度地域，后多用以指人间世界。
④ 者：表示提顿的助词。附着于提前宾语之后。
⑤ 几所：多少。所，亦作"许"，构词成分。
⑥ 少所：少许，意思只是少。"所"或"许"，构词成分。
⑦ 少少：叠用"少"，言其少之又少。
⑧ 及：他转连词，约当于"至于"。
⑨ 至：他转连词，至于。常规："至"当居于句首。
⑩ 若：或。
⑪ 阿惟越致：又译阿鞞跋致，意译不退转。不从进佛之路退转。菩萨阶位名。经一大阿僧祇劫修行，方至此位。
⑫ 会后：后会。表示时间的"后"，通常用于能愿动词前，此位于后。
⑬ 至此，言修般若波罗蜜福德。

佛言："善男子、善女人學般若波羅蜜者、持經者、誦經者，①當爲作禮、承事、恭敬。何以故？用曉般若波羅蜜中事故少有。②過去時怛薩阿竭、阿羅呵、三耶三佛，過去時菩薩行佛道者，皆於般若波羅蜜中學成，我時亦共在其中學。怛薩阿竭般泥洹後，諸菩薩摩訶薩悉當受是般若波羅蜜。拘翼！善男子、善女人，怛薩阿竭般泥洹後，取舍利起七寶③塔供養，盡形壽④自歸、作禮、承事，持天華、天搗香、天澤香、天雜香、天繒、天蓋、天幡⑤。如是，於拘翼意云何，善男子、善女人作是供養，其福寧多不？"

釋提桓因言："甚多，甚多！天中天！"

佛言："不如是善男子、善女人，書般若波羅蜜，持經卷，自歸，作禮，承事，供養名華、搗香、澤香、雜香、繒綵、華蓋、旗幡，得福多也。"

佛言："置⑥是塔。拘翼！若復有閻浮利滿中七寶塔⑦，若有善男子、善女人，盡形壽自歸，作禮，承事，供養天華、天搗香、天澤香、天雜香、天繒、天蓋、天幡，云何，拘翼！是善男子、善女人，其福寧多不？"

釋提桓因言："甚多，甚多，天中天！"

佛言："不如是善男子、善女人，書般若波羅蜜，持經卷，自歸，作禮，承事，供養名華、搗香、澤香、雜香、繒綵、華蓋、

---

① 善男子、善女人學般若波羅蜜者、持經者、誦經者：是下面"爲"（向）的賓語提前。

② 用曉般若波羅蜜中事故少有：是因爲少有知曉般若波羅蜜中事的緣故。或：是因爲知曉般若波羅蜜中事的少有的緣故。"少有"，贊美之詞。落在"故"字之後，非常規。

③ 七寶：七種珍寶，通常指金、銀、琉璃、頗梨（水晶）、車渠、赤珠、瑪瑙（深綠色的玉）。

④ 盡形壽：至形體消滅壽命完結，意思是終生。

⑤ 持天華、天搗香、天澤香、天雜香、天繒、天蓋、天幡：此一結構，按常規當在"自歸、作禮、承事"之前，持天花、天香等敬物，以自歸、作禮、承事於七寶塔。

⑥ 置：擱置，姑不論。經討論問題，往往有從個別到小範圍，再從小範圍到大範圍、再到更大範圍的情形。從一個層次到另一個層次的時候，先用"置"字，把前一個層次撇開。

⑦ 滿中七寶塔：七寶塔滿中，七寶塔布滿其中。

旗幡，得福多。"

佛言："置閻浮利所作事。拘翼！滿四天下①七寶塔，若有善男子、善女人，盡形壽自歸，作禮，承事，供養天華、天搗香、天澤香、天雜香、天繒、天蓋、天幡，其福寧多不？"

釋提桓因言："甚多，甚多！天中天！"

佛言："不如是善男子、善女人，書般若波羅蜜，持經卷，自歸，作禮，承事，供養名華、搗香、澤香、雜香、繒綵、華蓋、旗幡，得福多。"

佛言："置四天下塔。拘翼！譬如②一天下③，復次④一天下，如是千天下，四面皆滿其中七寶塔，若有善男子、善女人盡形壽自歸，作禮，承事，供養天華、天搗香、天澤香、天雜香、天繒、天蓋、天幡，云何，拘翼！其福寧多不？"

釋提桓因言："甚多，甚多！天中天！"

佛言："不如是善男子、善女人，書般若波羅蜜，持經卷，自歸，作禮，承事，供養名華、搗香、澤香、雜香、繒綵、華蓋、旗幡，得福多。"

佛言："復置千天下。拘翼！如是中二千天下，四面皆滿其中七寶塔，若有善男子，善女人，盡形壽自歸，作禮，承事，供養天華、天搗香、天澤香、天雜香、天繒、天蓋、天幡，云何，拘翼！其福寧多不？"

釋提桓因言："甚多，甚多！天中天！"

佛言："不如是善男子、善女人，書般若波羅蜜，持經卷，自歸，作禮，承事，供養名華、搗香、澤香、雜香、繒綵、華蓋、旗幡，得福多。"

佛言："復置是中二千天下。拘翼！若三千天下，四面皆滿其中七寶塔，若有善男子、善女人，盡形壽自歸，作禮，承事，供養天華、天搗香、天澤香、天雜香、天繒、天蓋、天幡，云何，

---

① 四天下：地上四大洲。佛家謂须弥山四周，东、西、南、北四洲。
② 譬如：犹如说假如。并无打比方的意思。
③ 一天下：须弥山四周各洲，环之以铁围山，共为一天下，即一世界。
④ 复次：通常的意思是"再者"，说完一事，再加说一事。这里等于说"又"。

拘翼！是善男子、善女人，其福寧多不?"

釋提桓因言："甚多，甚多！天中天！"

佛言："不如是善男子、善女人，書般若波羅蜜，持經卷，自歸，作禮，承事，供養名華、搗香、澤香、雜香、繒綵、華蓋、旗幡，得福多。"

佛言："復置是三千天下七寶塔。拘翼！若三千大國土中薩和薩①，皆使得人道②，了了③皆作人已，令人人作七寶塔，是輩人盡形壽供養，持諸伎樂④、諸華、諸搗香、諸澤香、諸雜香、若干百種香、諸繒、諸蓋、諸幡，復持天華、天搗香、天澤香、天雜香、天繒、天蓋、天幡，如是等薩和薩，及三千大國土中薩和薩，

---

① 萨和萨：梵 sarva-sattva 音译，意译一切众生。

② 得人道：变成人。人道，人的方式、形式、形体。

③ 了了：本谓清清楚楚，明明白白，或明明白白的样子，或即明白无误。如本经："當令了了分明心所念，餘悉弃之，一切心於是中。"（T08p0478b02）"常持諦了了，取字諦了了，念書作字莫使缺減，諦視書，莫左右望。"（T08p0477b25）他经"了了"也多作如是解，如："今吾口説彼人罪福因緣所著，又以佛慧了了分別。"（西晋《佛説阿惟越致經》；T09p0199b01）"亦當了了書寫經卷，供養恭敬，尊重讚歎……"（姚秦《小品般若波罗蜜经》；T08p0586b18）由清楚、明白、明白无误引申为真正的、真实的样子。如本经："菩薩摩訶薩持是遠離，當書夜行，當了了行，是故菩薩摩訶薩遠離於城傍行。"（T08p0461a21）佛言："如是諸仁者中，有了了隨行菩薩摩訶薩，反呼非，中有反行反呼是，不當敬者而敬之，當所敬者反瞋向……"（T08p0461b24）句中"了了行"，意即真正行。他经如："若菩薩深了了行六波羅蜜乃至一切種智，是人若住聲聞、辟支佛道，不得阿耨多羅三藐三菩提，無有是處。"（姚秦《摩訶般若波罗蜜经》；T08p0362c20）"未涅槃者令得涅槃。自見法界了了真實。"（北凉《大方等无想经》；T12p1082a02）我们这里所注"了了皆作人已"，谓真正都变成了人。"了了"的"了"本谓明了，叠用而成为"了了"，明而又明，净洁无瑕，故而引申为清净或清净的样子。如本经："夢中不見餘，但見佛，但見塔，但聞般若波羅蜜，但見諸弟子，但見極過度，但見佛坐……但見餘佛國，但見了了，佛尊法，無有與等者，但見某方某國土怛薩阿竭、阿羅呵、三耶三佛……"（T08p0435b15）"但见了了，佛尊法，无有与等者"，宋译作："或見佛刹廣大清净，或聞諸佛世尊以善巧方便説菩薩法"（T08p0601b12）。本经"了了"与宋译"广大清净"相当。他经如："其心充滿，性不可壞，心性了了，性行真正，其性深遠，意不可轉……"（西晋《漸备一切智德經》；T10p0477a21）"汝善讚法，汝能以阿槃地語聲讚誦，了了清净，盡易解。"（姚秦《十诵律》；T23p0181b26）"心未清净時，行、住、坐、卧中恒懲意看心，猶未能了了清净，獨照心源。"（唐《最上乘论》；T48p0378b25）

④ 伎乐：音乐舞蹈。

悉起是七寶塔，皆是伎樂供養。云何，拘翼！其功德福祐①寧多不?"

釋提桓因言："作是供養者，其福祐功德，甚多，甚多！天中天！"

佛言："不如是善男子善女人，書般若波羅蜜，持經卷，自歸，作禮，承事，供養名華、搗香、澤香、雜香、繒綵、華蓋、旗幡，得福多。"

釋提桓因白佛言："如是，天中天！極安隱②般若波羅蜜，天中天！自歸，作禮，承事，供養，過去、當來、今現在佛、天中天，薩芸若，則爲供養、作禮、承事、自歸。③ 爲悉供養至。④"

---

① 福祐：佛所賜福和保佑。功德由自己修炼，福祐則是佛据其功德与良好的愿望所賜予。

② 极安隐：能使人得到极度平安的。"安隐"，即安稳，可作稳当讲，大多数情况下，意思是平安。"善男子、善女人，病終不著身，所止處常安隱，未常有惡夢。"（T08p0435b09）"若母安隱無他，便自養長其子令得生活。"（T08p0448c21）"譬若有人持成瓶行取水，知當安隱持水來歸至也。"（T08p0451c23）句中"安隱"都是平安的意思。"安隱"也可用在使动句中，如：舍利弗白佛言："我亦樂喜聞是語，天中天！樂人令得安隱。"（T08p0445a18）有时"安隱"本身就是使动用法，是使……平安之意。如："若有他事，與父母妻子俱去，過大劇道厄難之中，安隱父母，語其妻子言：'莫有恐懼，當俱出是難中。'"（T08p0458c05）"天中天！般若波羅蜜其困苦者悉安隱之……"（T08p0440b25）"如天中天極安隱人民，欲得是，因致是，勤苦無有休息時。"（T0p0462b08）"极安隐人民"，是说使人民得到极度的平安。"极安隐"是述语。本书所注的"极安隐"是修饰语，所以注为"能使人得到极度平安的"。

③ 极安隐……承事、自归：为了理清句子的脉络，先把呼语"天中天"去掉，得："極安隱般若波羅蜜，自歸，作禮，承事，供養，/過去、當來、今現在佛、薩芸若，則爲供養、作禮、承事、自歸"。显见这里有两个宾动结构，以斜杠为界，杠前为主语，杠后为谓语。把此句排列成汉语常见的格式，就是："自歸、作禮、承事、供養極安隱般若波羅蜜，則爲供養、作禮、承事、自歸過去當來今現在佛、薩芸若。"因为呼语插在其中，加上用的是宾动格式，又加上标点多元，使人眼花缭乱。"佛"和"薩芸若"是并列结构，并不如辛校（54页）所理解的是定中结构（omniscience of the past, future and present buddhas）。

④ 为悉供养至：（供养般若波罗蜜，就是供养诸佛、萨芸若）也就是全部、尽心供养一切世界。至，至心，诚心，尽心。此句宋译作："即同於彼一切世界廣作最極無邊供養。"（T08p0598a10）

佛言："置是三千大國土中七寶塔,復如一恒邊沙①佛國土,一一②薩和薩悉起作七寶塔,皆供養一劫③,復過一劫,皆持天華、天搗香、天澤香、天雜香、天繒、天蓋、天幡,都盧④天上天下諸伎樂持供養。如是,拘翼!其福祐功德寧多不?"

釋提桓因言:"甚多,甚多!天中天!"

佛言:"不如是善男子善女人,書般若波羅蜜,持經卷,自歸,作禮,承事,供養名華、搗香、澤香、雜香、繒綵、華蓋、旗幡,得福多。"

佛語釋提桓因:"如是,拘翼!不如是善男子、善女人從法中得福極多,不可復計,不可復議,不可復稱,不可復量,不可復極⑤。何以故?從般若波羅蜜中出怛薩阿竭、阿羅呵、三耶三佛,薩芸若。如是,拘翼!善男子、善女人,書般若波羅蜜,持經卷,自歸、作禮、承事、供養名華、搗香、澤香、雜香、繒綵、華蓋、旗幡。如是,拘翼!功德所致,福祐所致,及前世功德所致,佛福祐⑥所致。"

佛言:"百倍恒邊沙佛國中薩和薩,皆起七寶塔,不在計中⑦,千倍不在計中,百千倍不在計中,萬億倍不在計中,無數倍不在般若波羅蜜供養計中。"

爾時四萬天人與釋提桓因,共來大會,諸天人謂釋提桓因言:

---

① 恒边沙:恒河边上的沙粒,是说多得数不清。恒河,梵 Gaṅgā,印度三大河流之一。

② 一一:每一。

③ 一劫:一段特长的无可计算的岁月。劫,梵 kalpa 音译,又译劫波。原为古代印度婆罗门教极大时限的单位。佛教沿用。

④ 都卢:全部,联绵词。

⑤ 极:穷尽地计算。

⑥ 佛福祐:福祐本佛所赐,只说"福祐",便是佛所赐福祐,说"佛福祐",亦无不是。辛校(76 页)欲据房山石经等删"佛"字。

⑦ 不在计中:不在计较之中,即不可比较。其比较的对象可插在"不在"与"计中"之间。如下文"不在般若波羅蜜供養計中",意思是不可与供养般若波罗蜜相比较。其功德与福祐远远不如供养般若波罗蜜。

"尊者，當取①般若波羅蜜，當諷誦般若波羅蜜。"

佛語釋提桓因："當學，拘翼！般若波羅蜜，當持經卷，當諷誦。何以故？阿須倫心中作是生念：'欲與忉利天共鬭。'阿須倫即起兵上天。是時，拘翼！當誦念般若波羅蜜，阿須倫兵眾即還去。"②

釋提桓因因③白佛言："極大祝④，天中天！般若波羅蜜，極尊祝般若波羅蜜，無有輩⑤祝般若波羅蜜。⑥"

佛言："如是，拘翼！極大祝般若波羅蜜，極尊祝般若波羅蜜，無有輩祝般若波羅蜜。拘翼！持是祝者，過去諸怛薩阿竭、阿羅呵、三耶三佛，皆從是祝自致作佛；甫當來諸怛薩阿竭、阿羅呵、三耶三佛，皆學是祝自致作佛；今現在十方諸佛，皆起是

---

① 取：此处"當取般若波羅蜜，當諷誦般若波羅蜜"，罗什译作"應受持讀誦般若波羅蜜"（T08 p0543 b21）。这里"取"，意思是"受持"，可谓得其正解。获取而受之持之，以"取"代"受""持"，以前代后。参见李维琦《修辞学》第 179 页。

② 至此，言事佛与事般若波罗蜜功德比较。

③ 因：于是，就。此处仅大正藏据丽藏重"因"字，他刻都不重，辛校据以删去其一，以为衍文。

④ 祝，即"咒"，真言，要语。

⑤ 无有辈：无有等辈，即天下无双的意思。

⑥ 极大……波罗蜜：把首译和其他几种异译有关的句子作个比较：汉译：釋提桓因因白佛言："極大祝，天中天！般若波羅蜜，極尊祝般若波羅蜜，無有輩祝般若波羅蜜。"（T08 p0433 b19）秦译：釋提桓因白佛："般若波羅蜜極大祝。天中天！般若波羅蜜極尊咒、無有輩咒。"（T08 p0515 c12）罗什译：釋提桓因白佛言："世尊！般若波羅蜜是大明咒，般若波羅蜜是無上咒，般若波羅蜜是無等等咒。"（T08 p0543 b25）唐一译：天帝釋即白佛言："甚深般若波羅蜜多是大神咒，是大明咒，是無上咒，是無等等咒。"（T07 p0777 c04）自唐一译以下，格式与唐一译同。假如我们所要表达的深层结构是：s 是 a，s 是 b，s 是 c 其表层结构可能是：汉：as，bs，cs 秦：sa，sb，sc 罗什：s 是 a，s 是 b，s 是 c 唐一译及其以下：s 是 a，是 b，是 c 由此知，罗什译最为明确好懂，唐及其以下译则最为简明实用。

祝自致作佛。拘翼！是祝故，出十誡①功德，照明於天下，四禪②、四諦③、四神足④、般遮旬⑤，照明於世間，菩薩摩訶薩從般若波羅蜜中，生十誡功德，世間悉遍至，四禪、四諦、四神足、般遮旬，悉照明於世間；今怛薩阿竭、阿羅呵、三耶三佛未出世間時，菩薩悉照明四禪、四諦、四神足、般遮旬。譬如月盛滿時，拘翼！從空中出照明於星宿。如是，拘翼！菩薩行功德盛滿亦如是。怛薩阿竭未出世間時，菩薩爲出照明，菩薩摩訶薩皆從漚惒拘舍羅⑥、般若波羅蜜中出，當作是知。

　　"復次，拘翼！若有善男子、善女人，持般若波羅蜜、學、誦者⑦，爲至德⑧悉具足。"

　　釋提桓因問佛言："天中天！何謂至德悉具足？"

　　佛言："其人終不中毒死，不於水中溺死，不爲兵刃所中死。若時有縣官⑨起，若橫⑩爲縣官所侵，當誦念般若波羅蜜，若坐若

① 十誡：十善道，十善业道，即永离杀生、偷盗、邪行、妄语、两舌、恶口、绮语、贪欲、嗔恚、邪见等十恶，而修十善。

② 四禅：禅，梵 dhyāna，意译静虑。谓止他想，专注一境，深思密虑。如此思维修习，可抛弃一切恶念，逮得智慧神通等功德。禅分四等，故谓之四禅，以第四禅为最高。此四禅又与色界之四禅天相应。

③ 四谛：四种真实不虚之理。指苦、集、灭、道四谛。苦谛说明人生多苦，苦是现实宇宙人生的真相；集谛集中说明人生的痛苦是怎样来的，人生的痛苦是由于自身的愚痴无明和贪欲嗔恚等烦恼而来；灭谛是说明涅槃境界才是多苦的人生最理想的归宿；道谛说明人要修道才能证得涅槃。道有多种，主要是指修习八正道。

④ 四神足：以四种定力控制心神，所愿皆得。欲神足是欲望成就，勤神足是精进无间，心神足是一心正念，观神足是心不驰散。

⑤ 般遮旬：梵 pañcābhijñā，意译五通，或五神通，天眼通、天耳通、宿命通、他心通、神足通。神足通，随意变现，飞行自在，一切所为，无有障碍。

⑥ 沤惒拘舍罗：梵 upāya-kauśalya 音译，意译方便善巧、善权方便、善权、权德。谓随顺机宜而设妙计善法。

⑦ 持般若波罗蜜、学、诵者："波罗蜜"后省"者"字，"学"字后省"般若波罗蜜者"，"诵"后省"般若波罗蜜"。全部补齐，省略的用括弧括起，如下："持般若波罗蜜（者）、学（般若波罗蜜者）、诵（般若波罗蜜）者"。

⑧ 至德：最高的道德。

⑨ 县官：政府，政府官员。

⑩ 横：横暴地、蛮横地。

經行時，縣官終不能危害。何以故？般若波羅蜜所擁護故。若復有餘事，悉當誦念般若波羅蜜。往至彼間，若王所、若太子、傍臣①所，便與共好語，與共談言，與共笑歡喜。何以故？用學般若波羅蜜故，念善思善，一切人民蜎飛蠕動，悉令其善，持等心②閔傷③、慈哀④，用是故，人見之悉起立。如是，拘翼！若有索方便⑤者，不能危害。"

爾時有异道人⑥，遥見佛大會，稍稍前行欲壞亂坐，稍來至佛所，釋提桓因作是念："當云何⑦？盡我壽常在佛邊受誦般若波羅

---

① 傍臣：在王左右的大臣。

② 等心：于一切众生平等对待之心。

③ 閔伤：哀怜。

④ 慈哀：慈爱。

⑤ 索方便：求得侵害的机会。

⑥ 异道人：外道信奉者。

⑦ 云何：怎么办。"云何"，疑问代词，有多种用途，主要以本经为例，略作说明。(1)相当于什么或什么是，问事物：舍利弗作是念："是中云何令异道人從彼間道徑便去？"（T08p0433c27）舍利弗謂須菩提："云何有心無心？"（T08p0425c26）(2)相当于如何，怎样，问方式方法：舍利弗謂須菩提："菩薩當云何行般若波羅蜜，得般若波羅蜜？"（T08p0426a24）(3)相当于为什么，问原因：釋提桓因白佛言："天中天！云何學般若波羅蜜，學解中慧，其福甚倍多？"（T08p0437a05）(4)相当于怎么样，问情况：於須菩提意云何，幻與色有异無？（T08p0427a18）本经多有"云何"单用的情形，意思多半是询问他人意见怎么样：釋提桓因言："云何？尊者須菩提！何以故人無底，波羅蜜無底？"（T08p0430c04）云何，拘翼！是善男子、善女人，其福寧多不？（T08p0432b28）(5)相当于怎么办，问行为，本经如此例：釋提桓因作是念："當云何？盡我壽常在佛邊受誦般若波羅蜜。異道人欲亂我、斷是法。"（T08p0433c23）他经如：女竊聞之，還語其夫："我家群强，勢能奪卿，以卿不能生活故。卿當云何？欲作何計也？"（西晋《法句譬喻经》；T04p0602c18）利利頂生王聞已告曰："梵志！我當云何？"（东晋《中阿含经》；T01p0521c15）佛告富樓那："若當彼人脫以刀杖而加汝者，復當云何？"（刘宋《杂阿含经》；T02p0089c03）(6)云何多用于特指问，但也用于反问：菩薩不當作是念：心有所求。於所求無處所，云何求阿耨多羅三耶三菩？（T08p0438b08）辛岛教授《道行般若经词典》（616、617页）释"云何"为"how"，为"what do you think"，大致正确，但未道其详。于《校注》（81页）则释为"why"，恐未当。

蜜。异道人欲亂我、斷是法。①” 釋提桓因從佛所聞般若波羅蜜，即受誦②，彼異道人即遥遠遠③繞佛一匝，便從彼間道徑④去。

舍利弗作是念：“是中云何令異道人從彼間道徑便去？”

舍利弗心所念，佛即知。佛語舍利弗：“釋提桓因念般若波羅蜜，如是異道人便還去。異道人無有善意來，都盧持惡意來故。” 是弊魔⑤便作是念：“怛薩阿竭、阿羅呵、三耶三佛與四部⑥共坐，欲天、梵天及諸天人，悉復在其中會，無有異人，悉菩薩摩訶薩受決者會，當爲人中之將⑦，自致成作佛，我當行欲⑧壞亂之。” 弊魔乘一轅之車⑨，駕四馬，稍稍前行至佛所。

釋提桓因作是念：“弊魔乘四馬之車來，欲到佛所。是弊魔車馬，無异。非國王洴沙⑩四馬車，不類；亦非國王波斯匿⑪四馬

---

① 当云何……断是法：这里三句话，第一句是自我酌量，该怎么办？第三句是所以要自我酌量的直接原因，因为外道要来扰乱法座。按汉语常规，此话应放在三句话中第一句来说。第二句是陈说昔所受教，是怎么办之所凭借，是决定怎么办的根本因素。

② 即受诵：按常规，此三字当在“从佛所闻”前。罗什译此处即作“即誦念從佛所受般若波羅蜜”（T08p0543c27）。“受诵”承前“受诵般若波罗蜜”连带用上，但语法关系不同。“受诵般若波罗蜜”，是说受波罗蜜而诵之。这里是说如所受而诵之。

③ 远远：圣本作“逵”，钞本作“遠圍”，金藏和石经作“圍”。今谓：作“远远”者，是译者叠用以表强调的手法，已说“遥”，再说“远远”，远而又远。参见有关叠用各条注。

④ 道径：道路。

⑤ 弊魔：邪魔，恶魔。

⑥ 四部：比丘、比丘尼、优婆塞、优婆夷。

⑦ 人中之将：杰出的得道者。

⑧ 行欲：两字均可表示意志中的将然。

⑨ 一辕之车：车前驾牲口用的直木，谓之辕。通常是一车两辕，左右各一，此车为一辕，故特表出之。

⑩ 洴沙：梵 Bimbisāra，与释尊同时代的摩揭陀国王，深信佛法。

⑪ 波斯匿：梵 Prasenajit，与释尊同时憍萨罗国国王。王初暴恶无信，后屡受佛陀教化。

車，不類；亦非釋種①四馬車，不類；亦非墮舍利②四馬車，不類；是弊魔所作。晝夜弊魔常索佛便③，常亂世間人。"釋提桓因常作是願："我會當④念般若波羅蜜，常念，常持心⑤諷誦究竟⑥。"

釋提桓因心中誦念般若波羅蜜，且欲究竟，弊魔便復道⑦還去。

忉利迦翼天⑧人，持天華飛在空中立，便散佛上及散四面，言："般若波羅蜜斷絕甚久，閻浮利人乃得聞、乃得見。"便復持天華若干種，四面散佛上。

佛言："其⑨有行般若波羅蜜者，守般若波羅蜜者，亦不爲魔及魔官屬⑩所得便。"

釋提桓因白佛言："是輩人其福祐功德不小，聞般若波羅蜜者，⑪何況乃學、持、誦念？學已，持已，誦已⑫，取學如是⑬，用是法住⑭，其人前世時見佛，般若波羅蜜耳聞者，何況乃學、

---

①　释种：释迦族贵种。

②　墮舍利：梵 Vai śālī，多译为毗舍离，毗耶离，意译广严，城名，亦国名，位于恒河北岸，与南岸之摩揭陀国相对峙。佛陀屡行教化于此。其国人为黎车族（Licchavi）。

③　索佛便：求得侵害佛的机会。

④　会当：该当。

⑤　持心：用心。

⑥　究竟：本义是彻底，这里是坚持到底的意思。

⑦　复道：沿着老路。《说文》：复，行故道也。

⑧　忉利迦翼天：忉利天为欲界六天的第二天，忉利天所属三十三天，迦翼（梵 Kāyika）为其中之一。

⑨　其：用同于假设连词，如果。

⑩　官属：部下。

⑪　是辈人……波罗蜜者："是辈人"为指代者，"闻般若波罗蜜者"为被指代者。此句指代者为句子的主干成分，被指代者为游离于主干成分之外的从属成分。它从属于作为主语的指代者。这一情况值得注意，其句法格式是这样的：是辈人（主语）其福佑功德不小（谓语），闻般若波罗蜜者（定语）起补充说明作用。

⑫　学已，持已，诵已：犹如说已学，已持，已诵。已，表示完成。

⑬　取学如是：采取这样的修学之法。一解，取，信受。

⑭　用是法住：言奉持此法。用，同于"以"，介词。住，持，奉持。参见李维琦《佛经词语汇释》第389页。

持、誦？學已，持已，誦已，行如中①事，如是法住，具足②，則爲供養怛薩阿竭已③。是人如是，何以故？薩芸若從是行般若波羅蜜④。譬如，天中天！欲得極大寶者，當從大海索之；欲得薩芸若珍寶成怛薩阿竭、阿羅呵、三耶三佛者，當從般若波羅蜜中索之。"

佛言："如是，從其中出怛薩阿竭、阿羅呵、三耶三佛、薩芸若。"⑤

阿難白佛言："無有説檀⑥波羅蜜者，亦不説尸⑦波羅蜜，亦不説羼提⑧波羅蜜，亦不説惟逮⑨波羅蜜，亦不説禪⑩波羅蜜，亦無有説是名者，但⑪共⑫説般若波羅蜜者。何以故？天中天！"

佛語阿難："般若波羅蜜於五波羅蜜中最尊。云何，阿難！不作⑬布施，當何緣爲⑭檀波羅蜜薩芸若⑮？不作戒，當何緣爲尸波

---

① 如中：如般若波罗蜜中（所教）。"如"字之后，承前省"般若波罗蜜"。

② 具足：具备。言是人往世曾见佛，曾闻般若波罗蜜，又已学、持、诵般若波罗蜜，行如是事，持如是法，这些条件都已具备。

③ 已：同"矣"。

④ 从是行般若波罗蜜：其后在行文上省略了"出"或"索"这一类的动词。或是探下文省。

⑤ 至此，言般若波罗蜜是伟大的真言，作用极大。

⑥ 檀：梵 dāna，意译布施。

⑦ 尸：梵 śīla，意译持戒。

⑧ 羼（chàn）提：梵 kṣānti，意译忍辱。

⑨ 惟逮：梵 vīrya，意译精进。

⑩ 禅：梵 dhyāna，意译静虑，专注于一，无他杂虑。

⑪ 但：只。比例于上面各分句，就深层次说，其后省去"有"字。

⑫ 共：通常的意义是"同"，但"同"用作状语时，与"都""皆"义相近。如下列各句："其有若干百人，若干千人，索阿耨多羅三耶三菩者，當共教之，當共勸樂之，當爲説法，皆令歡喜學佛道。"（T08p0446b25）"用是助歡欣之功德，世世所生處，爲人共欲得供養。"（T08p0466a11）"有應是法行者，是故十方諸佛共讚歎是菩薩。"（T08p0467c17）其中"共"字，与其释为共同，还不如讲成"皆"、"悉"或"都"。本句"共说"，即是皆说，悉说，都说。辛校（86 页）以为"The meaning of this word is not clear here"，未知其故。

⑬ 作：犹如说进行，实行，履行。

⑭ 为：义与"作"同，实行、履行或者实现的意思。带宾语"檀波罗蜜"。

⑮ 萨芸若：看似与"檀波罗蜜"一样，是"为"的宾语。但"萨芸若"不像"檀波罗蜜"一样，可以"为"，而只是"回向"的对象，所以，这里实际上省略了"回向"二字。这句子是说：不进行布施，用什么来实现檀波罗蜜，进而回向萨芸若呢？

羅蜜？不作忍辱，當何緣爲羼提波羅蜜？不作精進，當何緣爲惟逮波羅蜜？不作一心①，當何緣爲禪波羅蜜？不作智慧，當何緣爲般若波羅蜜薩芸若？"

阿難言："如是，天中天！不行布施，不爲檀波羅蜜薩芸若；不行戒，不爲尸波羅蜜；不行忍辱，不爲羼提波羅蜜；不行精進，不爲惟逮波羅蜜；不行一心，不爲禪波羅蜜；不行智慧，不爲般若波羅蜜薩芸若，爲非般若波羅蜜。"

佛言："如是，阿難，般若波羅蜜於五波羅蜜中最尊。譬如極大地，種散其中同時俱出，其生大株。如是，阿難！般若波羅蜜者是地，五波羅蜜者是種，從其中生，薩芸若者，從般若波羅蜜成。如是，阿難！般若波羅蜜於五波羅蜜中極大尊，自在所教②。"③

釋提桓因白佛言："怛薩阿竭、阿羅呵、三耶三佛，所説④善

————————

① 一心：一心专注，不生他念。

② 自在所教：极高境界极高水平的教导者。"自在"，本义是任意。任意而无差忒，那是很高的境界很高的水平。例如： "如是，天中天！摩尼珠德巍巍<u>自在</u>。" （T08p0436a11） "菩薩摩訶薩作是求、作是行、作是力，爲逮佛慧、極大慧、<u>自在慧</u>、薩芸若慧、怛薩阿竭慧。"（T08p0463a27）"譬如箜篌不以一事成，有木、有柱、有絃、有人搖手鼓之，其音調好<u>自在</u>，欲作何等曲。"（T08p0476b05）"所教"，就是教导，教导者。"所"不为义。"所"的用法，常规是用在动词前，组成名词性结构，其所表意，为这个动词的宾语。与这样的常规相比例，"所"加于动词前而实无义，可称为枝指现象，看起来有 6 个手指，实际起作用的却只有 5 个手指。请看下面各例："一切無所受、無所從，誰得法？無所持、無所收，亦無<u>所</u>泥洹想。"（T08p0426b15）"无所泥洹想"，意思只是无泥洹想。須菩提言："拘翼！當<u>所</u>問者，聽<u>所</u>問，菩薩云何住般若波羅蜜中……"（T08p0429b04）"当所问者，听所问"，实际意思就是：当问者，听问。佛言："其有行般若波羅蜜者，守般若波羅蜜者，亦不爲魔及魔官屬<u>所</u>得便。"（T08p0434a19）"亦不为魔及魔官属所得便，亦不为魔及其部下得便。怛薩阿竭亦本无，因慧如住。何謂<u>所</u>本無？世間亦是本無。"（T08p0450a03）"何谓所本无"，便是何谓本无。"若空、若色、痛痒、思想、生死、識解慧，色痛痒思想生死識空，無力當<u>所</u>解，是法了不見也，亦不見當<u>所</u>解者。"（T08p0457c08）"当所解"，即当解。

③ 至此，言五波罗蜜与般若波罗蜜的关系。

④ 所説：意思只是"说"，"所"犹如枝指，有其形而无其用。参见上注"所教"的解释。

男子、善女人功德未竟①，學般若波羅蜜者，持者、誦者②，云何③?"④

佛語釋提桓因："我不說行者功德未竟，我自說善男子、善女人，書般若波羅蜜者，持經卷，自歸，作禮，承事，供養名華、搗香、澤香、雜香、繒綵、華蓋、旗幡，我說是供養功德耳。"

釋提桓因白佛言："我身自⑤護視⑥善男子、善女人書般若波羅蜜者，持經卷，自歸，作禮，承事，供養名華、搗香、澤香、雜香、繒綵、華蓋、旗幡，我護是供養功德耳。"

佛語釋提桓因："善男子、善女人，誦般若波羅蜜者，若干千天人到經師⑦所聽法，不解於法中。諸天人適欲問法師，天神語之。用慈⑧於法中故，其人即自了知，諸天所不解者便自解。善男子、善女人，所作功德悉自見知。

"復次，拘翼！善男子善女人書般若波羅蜜，於四部弟子中説時，其心都盧無所難，若有形⑨者，若欲⑩試者，終不畏。何以故？般若波羅蜜所擁護故，其所欲形試⑪者便自去。"

---

① 未竟：也就是未尽。是"说"的补语，不是"……功德"的谓语。

② 学般若波罗蜜者、持者、诵者：多述共宾的格式之一。这是"善男子、善女人"的从属成分，对它作进一步的说明。

③ 云何：犹如说于意云何，问情况，参见前文已作的"云何"注。

④ 释提桓因白佛言……云何：此处秦译作：释提桓因白佛言："怛薩阿竭阿羅訶三耶三佛说善男子、善女人從般若波羅蜜教，學、持、誦者，说其功德未能竟。"（T08p0516b23）

⑤ 身自：亲自。

⑥ 护视：保护，看护。

⑦ 经师：以说讲经义为其专长，或为其职业的人。下文"法师"，谓宣讲经法的高阶修行者。

⑧ 慈：爱，敬爱。

⑨ 形：做出样子来，可能是凶相、恶相，或怀有敌意的相，总之不是善相。

⑩ 若欲：大正藏本作"欲若"，据其余各本改正。

⑪ 形试：露出怀有敌意的恶相，以刁钻的问题相考问。

佛云："我了不見人當般若波羅蜜①者，人亦不見般若波羅蜜②。般若波羅蜜所厭伏③。善男子、善女人，無有敢輕者，心亦不恐，不怖懼，亦無所畏。善男子、善女人，所作功德悉自了見。

"復次，拘翼！是善男子、善女人，父母皆重，若沙門④、道人⑤皆哀⑥，若知識⑦、兄弟、外家、宗親，皆尊貴敬愛之。或時⑧説惡事⑨者，持中正⑩法爲解之。是善男子善女人，所作功德悉自見之。

"復次，拘翼！善男子、善女人，書般若波羅蜜，持經卷者，天上四天王、天上諸天人索佛道者，往到彼所，問訊⑪，聽受般若波羅蜜，作禮，遶竟以去⑫；忉利天上諸天人索佛道者，往到彼

---

① 当：敌。《战国策·秦策》："所当未尝不破也。"高注："當，敵也。"《孟子·公函丑上》："文王何可當也。"朱集传："當，猶敵也。"当般若波罗蜜：对般若波罗蜜怀有敌意。辛校（91页）释为"obstructs"（"挡"），供参考。

② 人亦不见般若波罗蜜：谓亦无人与般若波罗蜜为敌。"般若波罗蜜"之前，承前省"敌"字。

③ 厌伏：压服，克制，调控。厌，读为压。此句言不见对波罗蜜怀有敌意，无人与波罗蜜为敌，是因为受到波罗蜜神威所克制。以上连续三个注解，总体精神是据孔兹英译"Immersed in the perfection of wisdom one does not see the hostility, nor those who act with hostility, nor those who want to behostile."（沉浸在般若波罗蜜中，看不见敌意，也无人怀着敌意而行，也无想做怀敌意者）。

④ 沙门：梵 sramana，意译勤息，即勤修佛道，息诸烦恼。为出家修道者的通称，他们以涅槃为其修行的最终目的。

⑤ 道人：修道行者的通称。

⑥ 哀：爱。《吕氏春秋·报更》："人主胡可以不务哀士？"高诱注："哀，愛也。"

⑦ 知识：朋友。

⑧ 时：有时。

⑨ 恶事：相互争斗的麻烦事。

⑩ 中正：不偏不倚。

⑪ 问讯：合掌致敬。

⑫ 绕竟以去：绕佛一周，行礼完毕，各自离去。遶，同于繞、绕。竟以，同于竟已，完毕。佛陀这里讲某某等前来致敬，听讲，行大礼，而后绕佛一匝，礼毕离去，这某某等，讲了9起，相应的话讲了9次，两次用"竟以"，6次用"竟已"，一次用"已毕竟"，可知译者用词注重避复，未可加以统一，如辛校（96页）改这里的"以"为"已"。又，"绕"字，5用"遶"，4用"繞"。可能也是出于避复的考虑。"去"，7次单用"去"，一次作"各自去"，另一次作"各各自去"。

所，問訊，聽受般若波羅蜜，作禮，遶竟已去；鹽天①上諸天人，索佛道者往到彼所，問訊，聽受般若波羅蜜，作禮，遶竟已去。善男子、善女人，心當作是知：十方無央數佛國，諸天人、諸龍、阿須倫、諸閱叉鬼神、諸迦樓羅②鬼神、諸甄陀羅③鬼神、諸乾陀羅④鬼神、諸摩睺勒⑤鬼神、諸人諸非人，都盧賜來到是間，問訊法師聽受般若波羅蜜，作禮繞竟各自去，皆賜功德無異；兜術陀天⑥上諸天人，索佛道者往到彼所，問訊，聽受般若波羅蜜，作禮，繞竟以去；尼摩羅提羅憐耨天⑦上諸天人，索佛道者往到彼所，問訊，聽受般若波羅蜜，作禮，繞竟已去；波羅尼蜜和邪拔致天⑧上諸天人，索佛道者往到彼所，問訊，聽受般若波羅蜜，作禮，繞竟已去；梵天⑨上諸天人索佛道者，梵迦夷天⑩、梵弗還天⑪、梵波瘙天⑫、摩呵梵天⑬、盧 [盧] 天⑭、波利陀天⑮、瘙

---

① 盐天：梵 Yāma，又作炎天，焰摩天。意译作妙善天、善时分天。欲界六天的第三重天。

② 迦楼罗：梵 Garuda，印度传说中性格猛烈的金翅鸟，佛教中天龙八部之一。

③ 甄陀罗：梵 kimrana，即紧那罗，意译作疑神、疑人、人非人。原为印度神话中之神，佛教继承以为八部众之一。

④ 乾陀罗：梵 gandharva，即乾闼婆，与紧那罗同奉侍帝释天而司奏雅乐之神。又作寻香神、乐神、执乐天。八部众之一。传说不食酒肉，唯以香气为食。

⑤ 摩睺勒：梵 mahoraga，即摩呼洛伽，大蟒神，八部众之一。

⑥ 兜术陀天：梵 Tusita，欲界六天的第四天。

⑦ 尼摩罗提罗怜耨天：梵 Nirmarānati，化乐天，欲界六天的第五天。

⑧ 波罗尼蜜和邪拔致天：梵 Paranirmitavaśavartin，欲界六天的第六天。

⑨ 梵天：梵 brahmā，色界的初禅天。

⑩ 梵迦夷天：梵 brahmakāyikā，初禅天总称。

⑪ 梵弗还天：梵 brahmapurohita，属于初禅天的梵辅天。

⑫ 梵波瘙天：梵 brahmapārsadya，属于初禅天的梵众天。秦译"瘙"作"产"。瘙，今音è。

⑬ 摩呵梵天：梵 Mahābrahma，属于初禅天的大梵天。

⑭ 盧 [盧] 天：梵 Ābha，丽藏、金藏、房山石经作"盧"，其余各本皆作"盧"，作"盧"是。盧，安盍切，当读 [ap]，可与梵对应。盧天，色界二禅天初天之名。盧，今音è。

⑮ 波利陀天：梵 parīttābha，色界十八天之一，色界二禅天的第一天。亦名少光天。

波摩那天①、阿會亘修天②、首呵天③、波栗多修呵天④、阿波摩修天⑤、修乾天⑥、惟呵天⑦、波栗惟呵天、阿波修天、惟于潘天⑧、阿惟潘天⑨、阿陀波天⑩、須蟄天⑪、蟄祇耨天⑫、阿迦貳吒天⑬等，天上諸天人，皆往到彼所，問訊，聽受般若波羅蜜，作禮，遶竟已，各自去；及諸阿迦貳吒天，尚悉來下，在諸天輩中，何況，拘翼！三千大國土諸欲天人、諸色天人，悉來問訊，聽受般若波羅蜜，作禮，遶已畢竟，各各自去。

"是彼善男子、善女人，彼所止處，當完堅，無有嬈者，除其宿罪不請，餘不能動。善男子、善女人，其功德悉受得，是時諸天人來，當知之。"

釋提桓因言："云何，天中天！善男子、善女人，當作是了知，諸天人來到是間，聽受般若波羅蜜，作禮，承事？"

佛言："善男子、善女人，當作是知：諸天人來受般若波羅蜜，作禮，承事。何用知諸天人來時？或時善男子、善女人，歡

---

① 瘟波摩那天：梵 Apramānābha，色界十八天之一，二禅天的第二天。即无量光天。

② 阿会亘修天：梵 Ābhāsvaraśubha，色界十八天之一，二禅天的第三天。即光音天。亘，音 huán。

③ 首呵天：梵 Subha，其所在无考。

④ 波栗多修呵天：梵 Parīttaśubha，色界十八天之一，三禅天的第一天。即少净天，约净天。

⑤ 阿波摩修天：梵 Apramānaśubha，色界十八天之一，第三禅之第二天。即无量净天。

⑥ 修乾天：梵 Śubhakr̥tsna，色界十八天之一。第三禅中最上位之天。意译遍净天。

⑦ 惟呵天：连同下面的波栗惟呵天、阿波修天，都无可考。

⑧ 惟于潘天：梵 Br̥hatphala，色界十八天之一，第四禅天的第三天。即广果天。

⑨ 阿惟潘天：梵 Avr̥ha，色界十八天之一，五净居天之一。即无烦天。

⑩ 阿陀波天：梵 Atapa，色界十八天之一，五净居天之二。位于第四禅之第四天。即无热天。

⑪ 須蟄天：梵 Sudr̥śa，色界净居天之三，即善现天。蟄，音 zhì。

⑫ 蟄祇耨天：梵 Sudarśana，色界净居天之四。又作善见天。

⑬ 阿迦貳吒天：梵 Akanistha，色界净居天之五，色界天最胜之处。即色究竟天。

喜踊躍意喜時，知諸天人來。以①知，當捨去②，若天、若龍、若閱叉鬼神、若甄陀羅鬼神，來到彼間。

"復次，拘翼！善男子、善女人，聞鬼神香，以爲曾知③。善男子、善女人，小鬼神當避起去，大鬼神來前。

"復次，拘翼！善男子、善女人，常當净潔身體，用净潔身體故，鬼神皆大歡喜。小天見大天來到，避去。大尊天④威神巍巍，其光重明⑤，稍稍安徐往。是天人至師經所⑥。入至經所已，善男子、善女人則踊躍歡喜，所止處悉當净潔住⑦。善男子、善女人，病終不著身，所止處常安隱，未常⑧有惡夢。夢中不見餘，但見佛，但見塔，但聞般若波羅蜜，但見諸弟子，但見極過度⑨，但見佛坐⑩，但見自然法輪⑪，但見且⑫欲成佛時，但見諸佛成得佛已，但見新自然法輪，但見若干菩薩，但見六波羅蜜種種解説，但見當作佛，但見餘佛國，但見了了佛尊法，無有與等者，但見某方某國土惟薩阿竭、阿羅呵、三耶三佛，若干百弟子、若干千弟子、若干萬弟子，惟薩阿竭、阿羅呵、三耶三佛，在其中説法。

"拘翼！善男子、善女人，夢如是見已，安隱覺⑬，身體净潔

---

① 以：同"已"。

② 舍去：离开，谓善男子善女人当离开。

③ 以为曾知：已被善男子善女人所曾知晓，那是大鬼神要来了。

④ 大尊天：即前面所说"大天"，加"尊"字，更示尊崇。

⑤ 重明：加倍明亮。

⑥ 师经所：法师讲经之处。宋本及金藏等无"师"字。

⑦ 净洁住：住于洁净，谓保持清洁。

⑧ 未常：未尝，未曾。

⑨ 极过度：过渡到彼岸。极，终级。佛家终极目的是到彼岸。

⑩ 佛坐：佛之所坐。

⑪ 自然法轮：法轮即佛法。一个比喻。言佛法如车轮，无可阻挡，永转不休，且圆转无碍。自然法轮，言佛法恒传，自动不息。

⑫ 且：将。

⑬ 安隐觉：（睡得香）醒来舒适平安。

且輕，不欲復思食，身自軟美飽①。

"拘翼！譬如比丘得禪②，從禪覺③，軟心，不大思食，自軟美飽。如是，拘翼！善男子、善女人，覺已，不大思食，自想身軟美飽。何以故？拘翼！鬼神不敢近氣④故。欲取佛者，其功德悉自見。欲取佛者，當學般若波羅蜜，當持，當誦，正使不學、不持、不誦，善男子、善女人，但書寫，持經卷，自歸，作禮，承事，供養名華、搗香、澤香、雜香、繒綵、華蓋、旗幡。

"復次，拘翼！或時閻浮利地上怛薩阿竭舍利滿其中施與，般若波羅蜜書已，舉⑤施與，欲取何所⑥？"

釋提桓因言："寧取般若波羅蜜。何以故？我不敢不敬舍利，天中天！從中出舍利⑦，供養般若波羅蜜中出舍利，從中得供養⑧。如我有時與諸天共於天上坐，持異特座⑨，乃至自我座⑩，敢有天人來至我所，承事我，我未及至座所，我不坐上時，諸天人皆爲我坐作禮，繞竟已，便去。是坐尊。釋提桓因於是間坐受

---

① 软美饱：感觉轻松愉快，不嗜饮食。软，谓心情柔和。美，谓感觉美好。孔兹译此句作 "When he has such dreams, he will sleep at ease, he will wake up at ease. Even when food is thrown into it, his body will still feel at ease and exceedingly light. No trend of thought will arise in him from excessive eagerness of food. He will take only a mild interest in food."。

② 得禅：进入沉思凝想状态，寂静专一，思维修习，以增进功德。

③ 从禅觉：从禅定状态出来，进入日常状态。

④ 鬼神不敢近气：邪恶鬼神不敢接近一心学佛者的充满活力的精气。何以修习波罗蜜者就不贪饮食，异译有另作解释的，如罗什译就以为是 "非人益其氣力故"（T08p0545a17）。孔兹译梵本，也认为是 "heavenly beings will provide him with heavenly food" 的缘故。

⑤ 举：犹持。

⑥ 何所：特指代词，哪一个。

⑦ 从中出舍利：佛之所以为佛，舍利之所以为舍利，皆从般若波罗蜜中来。

⑧ 供养般若……得供养：意思是说，供养佛舍利，是从供养般若波罗蜜那里来。或者说，舍利之所以能得供养，那是供养般若波罗蜜的延伸。经句把这两个说法杂糅在一起，颇使人费解。

⑨ 持异特座：起初大家为天帝安排了一个特殊的座位。

⑩ 乃至自我座：以后天帝自己也习惯了坐上那个座位。

法①，忉利天上諸天人爲②作禮。如是，天中天！般若波羅蜜出怛薩阿竭、阿羅呵、三耶三佛舍利，薩芸若之智慧從中出生，身用是故，天中天！兩分之中取般若波羅蜜。除是閻浮利地上滿其中怛薩阿竭舍利，正使，天中天！三千大國土滿其中舍利爲一分，般若波羅蜜經爲二分，我從二分中取般若波羅蜜。何以故？從中出舍利供養所致。譬如負債人，天中天！與王相隨出入，王甚敬重之，無有問者，亦無所畏。何以故？在王邊有威力故。天中天！從般若波羅蜜中出舍利，從中出供養，是經，天中天！如王，般若波羅蜜譬如是王，雄猛，得供養，怛薩阿竭舍利從薩芸若中出生得供養。如是，天中天！薩芸若，怛薩阿竭、阿羅呵、三耶三佛，從般若波羅蜜中出生，當作是知，兩分中我取般若波羅蜜。”

“般若波羅蜜受持者，譬如無價摩尼③珠。天中天！有是寶，無有與等者。若持，有所著，所著處者，鬼神不得其便，不爲鬼神所中害。若男子、若女人，持摩尼珠著④其身上，鬼神即走去；若中熱，持摩尼珠著身上，其熱即除去；若中風，持摩尼珠著身上，其風不增，即除去；若中寒，持摩尼珠著身上，其寒不復增，即除去；夜時持摩尼珠著冥中⑤，即時明；熱時持摩尼珠，所著處即爲涼；寒時持摩尼珠，所著處即爲熱；所至處毒皆不行。餘他輩亦爾。中有爲蛇所齧者，若男子、若女人持摩尼珠示之，見摩尼珠，毒即去。如是，天中天！摩尼珠極尊，若有人病——若目痛、若目冥——持摩尼珠近眼，眼病即除愈。如是，天中天！摩尼珠德巍巍自在，持著何所，著水中，水便隨作摩尼珠色，持繒裹著水中，水便如摩尼珠色，正使持若干種繒裹著水中，水便如摩尼珠色，水濁即爲清，摩尼珠德無有比。”

阿難問釋提桓因：“云何，拘翼！天上亦有摩尼珠？閻浮利地

① 受法：授法，讲授法，说法。此句是说作礼而去的诸天的想法。
② 为：向（他），后省略代词宾语。
③ 摩尼：梵 mani 音译，意译珠，珠宝。“摩尼珠”，音意合成词。
④ 著：两物相接而不离，谓之著。这里是说把宝珠带在身上。
⑤ 著冥中：置于暗处。

上亦有摩尼珠?"

释提桓因语阿难言:"天上亦有摩尼珠,阎浮利地上亦有摩尼珠,不足言。如我所说,异阎浮利地上宝,轻耳,不如彼珠德尊十倍、百倍、千倍、万倍、亿亿万倍。我所语摩尼珠者,有所著处,若箧①中、若函②中,其光明倍彻③出,正使举珠出,去余处,续明如故。般若波罗蜜、萨芸若之德,至怛萨阿竭、阿罗呵、三耶三佛般泥洹去,舍利供养如故,萨芸若、舍利遍分布天下,供养如故。

"复次,阿难!十方无央数佛国现在诸佛欲见者④,善男子、善女人当行般若波罗蜜,当守般若波罗蜜。"

佛语释提桓因:"如是,拘翼!过去时怛萨阿竭、阿罗呵、三耶三佛,皆从般若波罗蜜中出,为人中之将,自致成作佛,如是出生;甫当来怛萨阿竭、阿罗呵、三耶三佛,悉从般若波罗蜜中出,为人中之将,自致成作佛;复如十方无央数佛国今现在诸佛,亦从般若波罗蜜中出,为人中之将,自致成作佛。"

释提桓因白佛言:"摩诃波罗蜜⑤,天中天!一切人民蜎飞蠕动之类心所念,怛萨阿竭、阿罗呵、三耶三佛,从般若波罗蜜悉了知。"

佛言:"用是故,菩萨摩诃萨昼夜行般若波罗蜜。"

释提桓因言:"但行般若波罗蜜,不行余波罗蜜耶?"

佛言:"都卢六波罗蜜皆行,菩萨摩诃萨般若波罗蜜,于菩萨摩诃萨最尊。菩萨与布施⑥,般若波罗蜜出上⑦。持戒、忍辱、精

---

① 箧:小箱子。

② 函:匣子。

③ 彻:透。

④ 十方无央数佛国现在诸佛欲见者:欲见十方无央数佛国现在诸佛者。宾语放在动词前。

⑤ 摩诃波罗蜜:字面上就是大波罗蜜。摩诃,大。实际上是赞颂波罗蜜,犹如说(般若)波罗蜜伟大。自成一句。

⑥ 与布施:给与布施,即行布施。

⑦ 出上:出于其上,居于其上。

进、一心①，分布②諸經教人，不及菩薩摩訶薩行般若波羅蜜也。拘翼！譬如閻浮利地上種種好樹，若色種種各异，葉葉各异，華華各异，實實各异，種種枝柂③，其影無有异，其影如一，影相類。如是，拘翼！五波羅蜜從般若波羅蜜出，般若波羅蜜出薩芸若，種種展轉相得，無有异。"

釋提桓因白佛言："極大尊德④般若波羅蜜，天中天！不可計德般若波羅蜜，天中天！無有與等者般若波羅蜜，天中天！若有書般若波羅蜜者，持經卷，自歸，作禮，承事，供養名華、搗香、澤香、雜香、繒綵、華蓋、旗幡，若有書經與他人者，其福何所爲多者？"

---

① 一心：后世译为"禅定"。

② 分布：犹如说"分散"。

③ 枝柂：模样相似的赝品。本经中出"枝柂"3 处。另 2 处是："善男子、善女人不曉學。何以故？有當來善男子、善女人，欲得阿耨多羅三耶三菩阿惟三佛，喜樂學般若波羅蜜，反得惡知識教枝柂般若波羅蜜。"（T08p0437a08）"甫當來世比丘，得般若波羅蜜，欲學。惡知識反教學色無常、行色無常，作是曹學行般若波羅蜜，痛痒思想生死識學無常，行識無常，作是曹學行般若波羅蜜。拘翼！是爲枝柂般若波羅蜜。"（T08p0437a12）这两处"枝柂"，当释为相似。"枝柂般若波羅蜜"，便是相似般若波罗蜜，似是而非的般若波罗蜜，亦即般若波罗蜜赝品。"是爲枝柂般若波羅蜜"，"反得惡知識教枝柂般若波羅蜜"，这两处经文，在异译中，多处"枝柂"都为"相似"所代替，由此知"枝柂"之释为"相似"，可无疑义。罗什译："善男子、善女人，於是中欲得阿耨多羅三藐三菩提，聞是相似般若波羅蜜，則有違錯。"（T08p0546b28）"憍尸迦！是名說相似般若波羅蜜。"（T08p0546c07）唐一译："於當來世，有善男子、善女人等求趣無上正等菩提，聞他宣說相似般若波羅蜜多，心便迷謬，退失中道。"（T07p0784c22）"憍尸迦！如是名爲顛倒宣說相似般若波羅蜜多。"（T07p0785a04）唐二译："於當來世，有善男子、善女人等求趣無上正等菩提，聞他宣說相似般若波羅蜜多，心便迷謬退失中道。（T07p0879b05）憍尸迦！如是名爲顛倒宣說相似般若波羅蜜多。"（T07p0879b16）又，"反得惡知識教枝柂般若波罗蜜"（T08p0437a08）句中"枝柂"，对应梵文 prativarnikā，英译"counterfeit"，正是赝品之意。

④ 極大尊德：极大极尊之德。大，言其广。尊，言其高。名词谓语，居于主语前。以下两句同。秦译相应处句式即已有所改变，写作："釋提桓因白佛言：'極大尊之德，無過般若波羅蜜。天中天！不可計德，無過般若波羅蜜。天中天！無有已波羅蜜。'"（T08p0518b03）罗什正其语序为主谓，弃用名词谓语，加动词于其间："世尊！是般若波羅蜜，有大功德，有無量無邊功德，有無等等功德。"（T08p0546a01）

佛言："我故①問若，拘翼！自恣②説。云何，若有怛薩阿竭舍利自供養，復分布與他人令供養；若復有舍利自供養，亦不分與他人。其福何所多者？"

釋提桓因言："天中天！善男子、善女人自供養舍利，復分布與他人，其福大多。"

佛言："如是，拘翼！善男子、善女人，書般若波羅蜜，持經卷，自歸，作禮，承事，供養名華、搗香、澤香、雜香、繒綵、華蓋、旗幡，復分布與他人，其福大多。

"復次，拘翼！法師所至到處，輒③説經法，其德其福甚大多大多。

"復次，拘翼！閻浮利人若善男子、善女人，皆令持十戒④。云何，拘翼！其福寧多不？"

釋提桓因言："甚多，甚多！天中天！"

佛言："不如是善男子、善女人書般若波羅蜜者，持經卷與他人，使書，若爲讀之，其福倍益多。

"復次，拘翼！置四天下諸小國土、中國土，千國土、二千國土、三千大國土，如恒邊沙佛國人，善男子、善女人皆令持十戒。云何，拘翼！其福寧多不？"

釋提桓因言："甚多，甚多！天中天！"

佛言："不如是善男子、善女人書般若波羅蜜者，持經卷與他人，使書，若爲讀，其福倍益多。

"復次，拘翼！閻浮利人善男子、善女人，皆令行四禪⑤、四

---

① 故：《经传释词》卷五：犹则也。由因果连词引申为顺承连词。辛校（111 页）译为"inreturn"（还），又注为"deliberately"（故意地），供参考。

② 自恣：随己意。

③ 輒：就。

④ 十戒：不杀生、不偷盗、不淫、不妄语、不饮酒、不涂饰香鬘、不歌舞观听、不眠坐高广严丽床座、不食非时食、不畜金银宝。

⑤ 四禅：用以治惑、生诸功德之四种根本禅定。亦即指色界中之初禅、第二禅、第三禅、第四禅。禅，禅那（梵 dhyāna）之略称；意译作静虑，即由寂静，审虑，而如实了知。自初禅至第四禅，逐次发展，形成等第不同的精神世界。

諦、四神足及行般遮旬。云何。拘翼！其福寧多不？”

釋提桓因言：“甚多，甚多！天中天！”

佛言：“不如是善男子、善女人書般若波羅蜜者，持經卷與他人，使書，若爲讀，其福倍益多。

“復次，拘翼！置閻浮利四天下小國土、中國土，千國土、二千國土、三千大國土，如恒邊沙佛國人善男子、善女人，皆令行四禪、四諦、四神足及行般遮旬，皆令成得。云何，拘翼！其福寧轉倍①多不？”

釋提桓因言：“大甚多，大甚多！天中天！”

佛言：“不如是善男子、善女人書般若波羅蜜者，持經卷與他人，使書，若爲讀，其福轉倍多。

“復次，拘翼！持般若波羅蜜經卷，授與他人，使書，若令學、若自學，其福甚倍多。

“復次，拘翼！若有人自學般若波羅蜜，解中②慧，其福甚倍多。”

釋提桓因白佛言：“天中天！云何學般若波羅蜜，學解中慧，其福甚倍多？”釋提桓因白佛言：“天中天！云何學般若波羅蜜，解中慧？”③

佛言：“善男子、善女人不曉學。何以故？有當來善男子、善女人，欲得阿耨多羅三耶三菩阿惟三佛④，喜樂學般若波羅蜜，反得惡知識教枝掖般若波羅蜜⑤。”

釋提桓因問佛言：“何等爲枝掖般若波羅蜜？”

---

① 　转倍：犹如说加倍。

② 　中：其中。

③ 　释提……中慧：据大正藏校，圣本、宫本、宋本、元本、明本皆无此 21 字。辛校谓惟大正藏母本丽藏、资福藏、元普宁藏、金刚寺钞本有此 21 字。今按：以无为是。

④ 　阿耨多罗三耶三菩阿惟三佛：梵 anuttara-samyak-sam bodhi-abhisambuddha 音译，指称佛陀。吴译作“無上正真道最正覺”（T08p0486a01），罗什译作“阿耨多羅三藐三菩提”，（T08p00546b28），唐一译作“無上正等菩提”（T07p0784c22）。

⑤ 　枝掖般若波罗蜜：似是而非的般若波罗蜜，伪般若波罗蜜。参见“枝掖”注。

佛言："甫當來世比丘，得般若波羅蜜①，欲學，惡知識反教學色無常②、行色無常③，作是曹④學，行般若波羅蜜，痛痒、思想、生死、識學無常，行識無常，作是曹學，行般若波羅蜜。拘翼！是爲枝掖般若波羅蜜。"

佛言："行般若波羅蜜者，不壞色無常視⑤，不壞痛痒、思想、生死、識無常視。何以故？本無故。拘翼！般若波羅蜜當黠慧⑥學，其福倍益多。

"復次，拘翼！置閻浮利地上三千大國土，如恒邊沙佛國人，若善男子、善女人皆令得須陀洹道。云何，拘翼！其福寧多不？"

釋提桓因言："甚多，甚多！天中天！"

佛言："不如是善男子、善女人書般若波羅蜜者，持經卷與他人，使書，若令學、若爲讀，其福倍益多。何以故？須陀洹道皆從般若波羅蜜中出生故。

"復次，拘翼！閻浮利人若善男子、善女人，皆教令得斯陀含、阿那含、阿羅漢，皆令成就。云何，拘翼！其福寧轉倍多不？"

釋提桓因言："甚多，甚多！天中天！"

佛言："不如是善男子、善女人書般若波羅蜜者，持經卷與他人，使書，若令學、若爲讀，其福倍益多。何以故？薩芸若德，

---

① 般若波罗蜜：这里指般若波罗蜜经卷。

② 色无常：一切事物都不是固定不变的。

③ 行色无常：色本无常，以其无常，就强行改变，以求其无常，这就是无谓的了。这就是伪般若波罗蜜。

④ 作是曹：作是，经中多可理解为"如是"，作是曹，与"作是"同，只是所说的是多数。作是曹学，可译为如此这般地学。

⑤ 不坏色无常视：不视坏色为无常，不认为强行坏色为无常。坏色，求得色坏。

⑥ 黠慧：聪明地。

成法德①，一切從般若波羅蜜中學，成佛，便出生須陀洹道、斯陀
含道、阿那含道、阿羅漢道、辟支佛道。

"置閻浮利，拘翼！置三千大國土，如恒邊沙佛國中人，若善
男子、善女人，皆令得須陀洹道、斯陀含道、阿那含道、阿羅漢
道、辟支佛道。云何，拘翼！其福寧多不？"

釋提桓因言："甚多，甚多！天中天！"

佛言："不如是善男子、善女人書般若波羅蜜者，持經卷與他
人，使書，若令學、若爲讀，其福倍益多。何以故？皆從般若波
羅蜜中學，得成薩芸若、成法德，用是故得佛，出生須陀洹道、
斯陀含道、阿那含道、阿羅漢道、辟支佛道，用是故其福轉倍多。

"復次，拘翼！閻浮利人都盧皆使行佛道，已信入佛道，學佛
道心已生，若善男子、善女人，持般若波羅蜜經卷與他人，使書，
若令學、若爲説，及至阿惟越致菩薩，書經卷授與之，其人當從
是學，深入般若波羅蜜中學智惠②，般若波羅蜜轉增多，守無有極
智悉成就，得其福轉倍多。置閻浮利，拘翼！三千大國土及如恒

———————————

① 薩芸若德，成法德：得薩芸若，得已成各法。德，读为"得"。古书"德"常
作"得"，德、得古字通。《易·升·象传》："君子以顺德。"陆德明释文："姚本'德'
作'得'。"《管子·心术下》："此之謂内德。"戴望舒校正："朱本'德'作'得'。"
《读书杂志·荀子第七·解蔽》"德道之人"，王念孙按："德道，即得道也。"我们敢于
说"薩芸若德，成法德"不是薩芸若之德，造成了各法之德，是因为下文（离上文约
10 来行）又有类似的意思出现，那里是这样讲的："皆從般若波羅蜜中學，得成薩芸
若、成法德，用是故得佛，出生須陀洹道、斯陀含道、阿那含道、阿羅漢道、辟支佛
道，用是故其福轉倍多。"（T08p0437b13）前文说："薩芸若德，成法德，一切從般若波
羅蜜中學，成佛，便出生須陀洹道、斯陀含道、阿那含道、阿羅漢道、辟支佛道。"这
里"从般若波罗蜜学"提前了，"一切"换成了"皆"。"薩芸若德"变成了"得成薩芸
若"。只那个"成法德"仍其旧，看看梵文（英译），即可完全弄懂——"And the Bo-
dhisattva will increase his endurance by the reflection that by training himself in the perfection of
wisdom, he will by and by become one who obtains the dharmas which constitute a Buddha, and
will get near to full enlightenment"。若据此，"薩芸若德成法德"的"德"，也不是讲"德
性"或"德行"，而是"obtains"和"will get near to"，实在也是"得"。辛校以"德"
为"virtues"，恐非是。

② 智惠：智慧。惠，古与"慧"通。《晏子春秋·外篇上十五》："夫智與惠，君
子之事，臣奚足以知之乎？"

邊沙佛國中人，皆行阿耨多羅三耶三菩①，皆發意行佛道，若善男子、善女人持般若波羅蜜經卷，與他人，使書，若令學、若爲説，及至阿惟越致菩薩，書經卷授與，其人當從是學，深入般若波羅蜜中學智慧，般若波羅蜜轉增多，守無有極智悉成就，得其福轉倍多。

"復次，拘翼！閻浮利人都盧皆行阿耨多羅三耶三菩，阿耨多羅三耶三菩者，皆發意求佛，若善男子、善女人持般若波羅蜜經卷，與他人，使書，爲解説其中慧、教令學，及至阿惟越致菩薩摩訶薩，持般若波羅蜜經卷，授與，使入黠慧中，其福轉倍多。置閻浮利三千大國土及至恒邊沙佛國中人，皆行阿耨多羅三耶三菩，阿耨多羅三耶三菩者，皆發意求佛，若善男子、善女人持般若波羅蜜經卷，與他人，使書，令學入黠慧中者，若有阿惟越致菩薩摩訶薩，持般若波羅蜜經卷，爲書，授與，使學入黠慧中，其福轉倍多。

"復次，拘翼！閻浮利人都盧皆令行阿惟越致菩薩阿耨多羅三耶三菩，若有善男子、善女人，教入般若波羅蜜中。云何，拘翼！其福寧多不？"

釋提桓因言："甚多，甚多！天中天！"

佛言："從是輩中若有一菩薩出，便作是言：'我欲疾作佛。'正使欲疾作佛，若有人持般若波羅蜜經卷書授與者，其福轉倍多。

"置閻浮利三千大國土乃至恒邊沙佛國中人，都盧皆令行阿惟越致菩薩阿耨多羅三耶三菩，若有善男子、善女人，教入般若波羅蜜中。云何，拘翼！其福寧多不？"

釋提桓因言："甚多，甚多！天中天！"

佛言："若有一菩薩從其中出，便作是言：'我欲疾作佛。'正使欲疾作佛，若有人持般若波羅蜜經卷書授與者，其福轉倍

① 阿耨多罗三耶三菩：梵 Annutara-samyak-sambodhi，后世多译为阿耨多罗三藐三菩提，意译无上正等正觉、无上正遍知。"阿耨多罗"意译为"无上"，"三藐三菩提"意译为"正遍知"，为佛陀所觉悟之智慧。大乘菩萨行之全部内容，即在成就此种觉悟。

多。"

釋提桓因白佛言："如是，天中天！極安隱①菩薩摩訶薩，疾近佛。般若波羅蜜，若教人、若授與人②，其福轉倍多。何以故？天中天！"

佛言："其得般若波羅蜜疾近佛者，近佛座。"

須菩提語釋提桓因言："善哉，善哉！拘翼！當所爲③，尊弟子④。菩薩摩訶薩作是受，疾作佛。⑤ 所爲作者⑥，當如佛弟子從中出⑦。是⑧輩人不索佛道者，菩薩摩訶薩不當於其中學六波羅蜜，不學是法，不得作佛。隨法學，疾作阿耨多羅三耶三佛。

"在所問⑨。"⑩

---

① 安隐：经中多处用如"平安"，这里是祝福语，意思是平安吉祥，无灾无祸。

② 授与人：此言善男子善女人以般若波罗蜜教人授人。这里"人"指"疾近佛"的菩萨摩诃萨。

③ 当所为：所当为。这是称赞释提桓因的话，说他做得对。

④ 尊弟子：指释提桓因，尊称他是佛门的大弟子。尊，美称。

⑤ 菩萨……作佛：对菩萨摩诃萨这样护持，此菩萨摩诃萨将迅速成佛。受，摄受，收取而护持之。

⑥ 所为作者：世间所做的一切好事。为作，两字意思都是"做"。

⑦ 当如佛弟子从中出：为什么世间一切好事都从佛弟子中出呢？唐译一有个解释："若無菩薩摩訶薩發菩提心，則無菩薩摩訶薩能學布施乃至般若波羅蜜多。若無菩薩摩訶薩能學布施乃至般若波羅蜜多，則無菩薩摩訶薩能證無上正等菩提。若無菩薩摩訶薩證得無上正等菩提，則無如來、聲聞、獨覺世間勝事。"（T07p0790c03）

⑧ 是：泛指，未出前词。

⑨ 在所问：任你问什么问题。说法告一段落，启发听众继续发问。

⑩ 至此，进一步阐述般若波罗蜜功德。

道行般若經卷第三

後漢月支國三藏支婁迦讖譯

摩訶般若波羅蜜道行經　漚惒拘舍羅①勸助②品第四

爾時彌勒③菩薩謂須菩提："若有菩薩摩訶薩，勸助爲福④，出人布施、持戒、自守⑤者上⑥，其福轉尊⑦。極上、無過⑧菩薩摩訶薩勸助福德。"

---

①　漚惒拘舍羅：梵 upāyakau śalya，意思是方便，或译方便善巧。为诱导众生入于正道而设的智谋，变通的法门和临机的措施。吴译为"变谋"，秦译为"善权"。惒，音和，《一切经音义》卷28《经律异相·惒竭》："上鑊戈反，梵語也。案：字書無此惒字也。"（T54p0815c05）

②　劝助：鼓励支持行善。唐一与宋译作"随喜"，见他人行善，随之心生欢喜。随喜是直译梵文 anumud 的，随喜是形式，劝助则是目的。

③　弥勒：梵 Maitreya，菩萨名，译曰慈氏。原为释迦牟尼佛座下大弟子之一，由于他即将继释迦牟尼佛之后，在阎浮提世界成佛，所以习俗相沿，也称他为弥勒佛。据称弥勒菩萨现居兜率天，尽其一生之后，将到人间继释迦之后成佛，所以又称为"一生补处菩萨"。

④　劝助为福：为劝助之福。

⑤　自守：自我默守，沉思佛理。罗什译作"修禅"（T08p0547c18）；宋译作"修定"（T08p0608a15）；梵本英译作"meditational development"。

⑥　出……上：超过……，胜过……。其中"布施、持戒、自守者"与"人"同位，也可以说是"人"的从属成分。

⑦　转尊：更高。

⑧　极上、无过：都表示极度，无以复加。此句是名词句，或按通常的分析，是谓语倒装。

须菩提謂彌勒菩薩："復有菩薩摩訶薩，於阿僧祇①刹土②諸佛所，而作功德；一一③刹土不可計佛，其般泥洹者，乃從本發意已來，自致阿耨多羅三耶三菩，成至阿惟三佛④者，乃至無餘泥洹界而般泥洹⑤者，然後至于法盡，於是中所作功德，其功德度無極⑥；及諸聲聞⑦作布施、持戒，自守爲福，於有餘⑧功德自致無餘⑨，諸有般泥洹⑩佛，於其中所作功德；至有净戒身、三昧身、智慧身、已脫身、脫慧所現身⑪，佛法極大哀⑫，不可計佛，天中天，所説法，於其法中復學，諸所有功德；乃於諸般泥洹佛所作功德⑬：都計之合之⑭，勸助爲尊，種種德中爲極是上⑮。其勸助者，是爲勸助。勸助已，持作阿耨多羅三耶三菩⑯，以是爲阿耨多

---

① 阿僧祇：梵 asamkhya 音译。无量数或极大数。

② 刹土：刹，《一切经音义》卷 20《大方广佛华严经》："梵言差多罗，此譯云土田。"（T54p431a19）刹、土同义连用。梵 kṣetra。

③ 一一：每一。

④ 阿惟三佛：梵 abhisambuddha，现前正觉，意思是当前证得最高菩提。

⑤ 无余泥洹界而般泥洹：意思就是取得了无余涅槃。

⑥ 度无极：专用术语，已渡到彼岸。辛校（130 页）释为"immeasurable"，供参考。

⑦ 诸声闻：此指声闻和诸佛弟子。

⑧ 有余：虽能知见佛法，然尚有烦恼未断，必须有待修行学习戒、定、慧等法，以断尽烦恼，谓之有学，本经谓之有余。

⑨ 无余：相对于有学，无学指已达佛教真理之极致，已无可学者。惟阿罗汉圣者方得无学。本经称无学为无余，谓其余无可学者。

⑩ 有般泥洹：有待涅槃，即尚未涅槃。

⑪ 净戒身……所现身：这是所谓佛五分法身，他经或作戒、定、慧、解脱、解脱知见，即佛及阿罗汉自体所具备的五种功德。戒谓无漏之身业语业。定谓空、无愿、无相等三种三昧。慧谓正知正见。解脱谓与正见相应之胜解。解脱知见谓尽智、无生智。大乘对五分法身另有解释。

⑫ 大哀：大爱，犹如说大慈大悲。

⑬ 于诸般泥洹佛所作功德：于诸佛般泥洹后众生所作功德。

⑭ 都计之合之：全部加起来合到一起。

⑮ 为极是上："为极"亦即"是上"，表示处在最高位置上。

⑯ 持作阿耨多罗三耶三菩：把这劝助（随喜）功德作为阿耨多罗三耶三菩进阶。"阿耨多罗三耶三菩"，梵文见"阿耨多罗三耶三菩阿惟三"注。意思通常译为无上正等正觉。

羅三耶三菩。①

署是菩薩有德之人②，持心能作是求阿耨多羅三耶三菩，乃至作是心，欲有所得。③"

彌勒菩薩語須菩提："其不作是求，乃能有所得。其作思想者④，以爲無點⑤生是意。用⑥思想悔還⑦，用信⑧悔還，但用無點故，墮四顛倒：無常謂有常，苦謂有樂，空謂有實，無身謂有身。以故思想悔還、心悔還、信悔還。菩薩不當作是念，心有所求。於所求無處所⑨，云何求阿耨多羅三耶三菩？"

彌勒菩薩謂須菩提："不當於新學菩薩摩訶薩前説是語。何以故？或亡⑩所信、亡所樂、亡所喜、亡所行，便從是修〔墮〕⑪。當爲阿惟越致菩薩摩訶薩説之，若久在善師邊者，當爲是菩薩摩訶薩可説。聞者不恐、不怖、不畏。是菩薩摩訶薩能勸助，爲作薩芸若⑫。持心⑬作是勸助，心亦盡滅，無所有、無所見，何等心當作阿耨多羅三耶三菩者？當以何心作之？心無兩對⑭，心之自

---

① 至此言劝助即随喜功德极尊，以及随喜的范围。

② 署是菩萨有德之人：属于菩萨有功德的人。"署"的属于义，当是由记录义引申而来。

③ 此后当有"能有所得否"这一类的话，省去未说。

④ 作思想者：作此想者。

⑤ 以为无黠：被认为是不聪。

⑥ 用：因此。后省代词宾语。

⑦ 悔还：产生懊悔，欲返回本初。

⑧ 信：信仰。

⑨ 于所求无处所：于无处所求。

⑩ 亡：通"无"。

⑪ 从是修：宫本、资福藏、碛砂藏、普宁藏、南藏、径山藏、龙藏作"是從墮"，当据以改"修"为"墮"，于义方顺。

⑫ 为作萨芸若：为了回向于一切智。此处"作"，当释为"回向"，不是制作的意思。目的状语置于句后，亦为经中用语特点之一。

⑬ 持心：用心。下文即言，此心为"无所有"。

⑭ 心无两对：无二心俱时起，不可能同时生出两种想法。

然①乃能所作②?"

释提桓因语须菩提:"新学菩萨摩诃萨,闻是或恐或怖。若菩萨摩诃萨欲作功德者,当云何劝助其福德作阿耨多罗三耶三菩?"

须菩提语弥勒菩萨:"当作护③。是菩萨摩诃萨,于诸佛所,破坏众恶,而断爱欲,等行如一,降伏魔事,弃捐重檐④,是即自从⑤,所有勤苦悉为已尽,其知已脱⑥,心即从计⑦。从阿僧祇刹土诸佛般泥洹曰⑧者,⑨ 于其中所作功德福,于诸声闻中复作功德,都计之合之,劝助为尊,种种德中,无过劝助,其劝助者能为劝助。劝助已,持作阿耨多罗三耶三菩。

"何所是菩萨摩诃萨想不悔还、心不悔还、所信⑩不悔还?正

---

① 心之自然:吴译作"心无身"(T08p0486b5),谓心的自然性质本无。

② 乃能所作:岂能有所回向?《经传释词》卷六:"乃,犹宁也。"表示疑问的语气词。

③ 作护:即护。动词前加"作",使动作现时化,犹如今语"进行","作护",进行保护。

④ 檐:用为"擔(担)"字。《说文》段注:"古书多用檐为儋荷之儋。"今为举数例。《史记正义》:"羁旅之臣,幸得免负檐,君之惠也。"(《田敬仲完世家》)"虞卿者,游说之士也。蹑屩檐簦,说赵成王。"(《平原君虞卿列传》)赵宋《记纂渊海》卷四八《性行》:"刘毅家无檐石之储,樗蒲一掷百万。"(引自《晋书》)今《晋书》"檐"作"儋",《宋书》作"擔",《南史》同。本经大正藏校,谓宫本、宋本、元本、明本"檐"皆作"擔",辛校(135页)从之,改"檐"为"擔"。

⑤ 自从:等于说自由。

⑥ 其知已脱:宋译此句作"正智无礙"(T08p0609a04),谓已得正智,所思通达无碍。

⑦ 心即从计:意思是随心所欲。

⑧ 般泥洹曰:据梵本,此词作 parinirvrta,意思是灭度,或译涅槃。而这个意思的梵文,常音译为般泥洹,也有译为般泥洹曰的。此词大正藏校,谓宫本、宋本、元本、明本皆作般泥洹。中华藏校,谓资福藏、碛砂藏、南藏、径山藏、龙藏也作"般泥洹"。

⑨ 从阿……洹曰者:按汉语常规,"从……"应与"至(到)……"搭配,这里只有"从……",而无"至……"。或者解释为:这里有省略,没说得全。意思是从涅槃最初一佛,到最后一佛。或者解释为:支公的"从"有时当"於"用(前已有说明),主语隐含在带"于"的介词结构中。换句话说,在"从阿僧祇刹土诸佛般泥洹曰者"这个结构中,"阿僧祇刹土诸佛般泥洹曰者"实际上是全句的主语。

⑩ 所信:大正藏误作"信所",今径据各本改正。

使①菩薩摩訶薩，持心作阿耨多羅三耶三菩，其心無所想者，是菩薩摩訶薩心得作阿耨多羅三耶三菩。正使心念自了知②，是心則爲是作③，是爲想悔還、心悔還、所信悔還。正使菩薩摩訶薩持心了知，當作是學知④：盡無所有⑤。知盡者，當持何心有所作？⑥ 當了知心，何所心法於法有所作⑦？如法⑧者，爲隨法已，於作真爲是作⑨，即非邪作，是菩薩摩訶薩所作⑩。

若有菩薩摩訶薩，於過去、當來、今現在佛所作功德⑪，若⑫諸聲聞下至凡人所作功德⑬，若畜生聞法者，及諸天、龍、閱叉、健陀羅、阿須倫、迦樓羅、甄陀羅、摩睺勒，諸人若非人聞法者，發心所作功德，及初學菩薩道者⑭，都計之合之，積累爲上⑮。其勸助者能爲勸助，是以極尊，種種德中無過勸助，是故勸助所當勸助，能爲勸助，持勸助福用作阿耨多羅三耶三菩。正使復知是爲盡法，於法無所生、所滅，無處所，持無所生法，得作阿耨多羅三耶三菩。是法不與法有反，用作阿耨多羅三耶三菩故，是爲

---

① 正使：通常是让步连词，如同"即使"。这里是假设连词，义与"如果"同。
② 了知：两字同义连用，意思还是知。
③ 作：前文已注，这里的"作"，多释为"回向"。
④ 学知：修学、了知，重在了知。
⑤ 尽无所有：心本是无。
⑥ 当持何心有所作：反问句，谓本无心。
⑦ 何所心法于法有所作：既无心，也就无所谓心法，心法既无，哪里有心回向之法？何所，即何。"所"只是构词成分。
⑧ 法：正确地回向之法，即不经意于回向而回向。
⑨ 于作真为是作：就回向而言，那才真是正确的回向。
⑩ 所作：所应作的回向。
⑪ 于过去……功德：这是一个介词结构，不见主要动词谓语。动词谓语当是"随喜"（劝助），承文意而省。
⑫ 若：前一"若"为假设连词。此"若"也是连词，表示并列项的叠加。下一"若"字同。
⑬ 诸声闻……功德：这是一个名词性词组，如求其全，当依上句例，于其前加"於"，于其后加"随喜"。
⑭ 初学菩萨道者：此后承前省"所作功德"。
⑮ 为上：成为高尚（的功德）。

無想不悔還①、心亦不悔還、所信不悔還，作是無所求，眾所不逮，是爲阿耨多羅三耶三菩所作②。

若③有菩薩摩訶薩，不諦曉了知④作福德者。所以者何？於身恍忽⑤，於勸助福亦復恍忽。菩薩了知恍忽無所有，是故爲菩薩摩訶薩般若波羅蜜。若於諸般泥洹佛所而作功德，持是功德欲作所

---

①　无想不悔还：即无想悔还，或想不悔还。支公译此经，否定词叠加，多不是否定之否定，而是否定的加强。前所注已有数例。

②　所作：当理解为"所应作"，或"所当作"。

③　若：不定代词。

④　谛晓了知：谛、晓、了、知四字同义连用，意思只是知。

⑤　恍忽：与恍惚同，意思是虚幻不实。《新集藏经音义随函录》第五册第二十章："恍惚，虚幻不实也。"恍惚此义，又见于他经："爲無常，爲恍惚，無常主，了本無。因緣會，因緣散。"（后汉《般舟三昧经》；T13p0899a03）"是身如芭蕉，中無有堅；是身如幻，轉受報應；是身如夢，其現恍惚；是身如影，行照而現；是身如響，因緣變失；……"（吴《维摩诘经》；T14p0521b04）"屬飯之後，共議：人命恍惚，不久當就後世。"（吴《六度集经》；T03p0049c04）"斯無所有而不可持，虚無無實，恍惚若空，如幻如化，亦無本形。"（西晋《佛说普门品经》；T11p0771b17）"無念無說，無惟無思，無作無力，悉以羸劣，虚無恍惚，無固無永……"（西晋《佛说如幻三昧经》；T12p0145a25）"達知平等諸法恍惚：如空如響，亦如幻化，而無有實。"（姚秦《最胜问菩萨十住除垢断结经》；T10p0989b26）"生世何輕脆，無一可恃怙；恍惚無堅要，躁動合則散。"（刘宋《佛本行经》；T04p0109c17）异译与"恍忽"相对应的地方，秦译作"恍惚無所有"（T08n0226_ p0520c01），罗什译作"離相"（T08n0227_ p0548b17），唐一作"遠離寂靜"（T07n0220_ p0793c21），唐二同（T07n0220_ p0881b23），宋译作"猶如虚空，離一切相"（T08n0228_ p0610a09）。其义与"虚幻不实"相近，或不相悖。例如"离一切相"就可以说是"虚幻不实"的另一说法。这里所对译的梵词 vivikta，原本就是远离、远隔、僻处的意思，译为"恍忽"，可谓已得其要义，离得远就看不清，看不清的东西，自是虚幻难明。译为"离相"则道出了佛经中此词的特定含义，译得精当。而辛校（140 页）则别出一番心思，认为支公在这里出错了，他把 vivikta（远离）误成它的反义词 avivikta（indiscriminate, confused, indestinct），汉译就成了"恍忽"。如上所言，这词译为"恍忽"不能算错，而把它的反义词译为恍忽，反而不太准确了。

求。① 其智自然②，能爲阿耨多羅三耶三菩。諸佛，天中天③，所知不著想④，過去已滅，亦無有想，而不作想⑤，其作想者爲非德⑥。

菩薩摩訶薩當學漚恕拘舍羅，未得般若波羅蜜者不得入，已得般若波羅蜜乃得入。勿爲身作⑦，識用之有滅⑧，以是故無有身⑨。有德之人，有想⑩便礙⑪，反欲苦住⑫。怛薩阿竭、阿羅訶、三耶三佛，不樂作是德持用勸助⑬。何以故？用不正故。視般泥洹

---

① 若于……所求：唐一此处作："復次，善現！若菩薩摩訶薩於已滅度諸佛世尊及諸弟子功德善根，若欲發起隨喜迴向無上正等菩提心者，應作是念：'如佛世尊及諸弟子皆已滅度自性非有，功德善根亦復如是。我所發起隨喜迴向無上正等菩提之心，及所迴向無上菩提，性相亦爾，都不可得。'"（T07p0794a01）由此知这里当省略了"都不可得"这一类的字样。加上去，方于义理可通。

② 其智自然：言其所知已涅槃之佛、佛所作功德、以此回向的愿望和回向之目标阿耨多罗三耶三菩，皆自然无性。参见唐一译："如佛世尊及諸弟子皆已滅度，自性非有，功德善根亦復如是。我所發起隨喜迴向無上正等菩提之心，及所迴向無上菩提，性、相亦爾，都不可得。"（T07p0794a04）唐二译同（T07p0881c04）。

③ 天中天：这不是呼语，它与"诸佛"同位。

④ 所知不著想：懂得不执著于相。"所知"便是知，知道，懂得。

⑤ 而不作想：便不生起相的想法。

⑥ 非德：不是功德，不是善根。

⑦ 勿为身作：不要认为身相可以回向阿耨多罗三耶三菩。为，通"谓"。身，身相。作，这里的意思是回向，回向阿耨多罗三藐三菩提。这样理解，参考了梵本英译"But one should not make a statement to the effect that thanks to the perfection of wisdom it is possible to transform that meritorious work into full enlightenment"。辛校（141 页）于"识"字句断，作"勿为身作识"，译为"You should not consider that the, body produces consciousness"，没有顾及义理与前后语境。

⑧ 识用之有灭：所识（之功德与善根）因此又不存在了。有，即又。这样理解，参考了罗什的译文，那里说"於過去諸佛身，及諸福德，皆已滅度"（T08p0548b29），还有唐二所译"過去如來及諸弟子功德善根性皆已滅"（T07p0881c23）。

⑨ 身：也是指身相。不是说的身体（body）。"无有身"，是说不应有身相存在的看法。

⑩ 有想：以心取相，欲将所有功德回向于三耶三菩。

⑪ 便碍：就生罣碍，不能在修学的道路上前进。

⑫ 反欲苦住：相反，却急于想住于正法之中。苦，急于，迫切，急迫，紧迫。《庄子·天道》："斲輪，徐則甘而不固，疾則苦而不入。"成玄英疏："苦，急也。"

⑬ 不乐作是德持用劝助：不喜欢他人作这样的用来劝助的功德。

佛而反有想，以是故爲礙，所作功德爲不及逮，爲反苦住①。其不作想者，是怛薩阿竭、阿羅呵、三耶三佛之德。其作想者，譬若雜毒。何以故？若設美飯，以毒著中，色大甚好而香，無不喜者。不知飯中有毒，愚闇之人食之，歡喜飽滿。食欲消時，久久大不便身②。不知行德③者，甚之爲難④，不曉將護⑤，不曉誦讀，不曉中事⑥，不能解知，作是行德者，爲如雜毒之食。

"佛語善男子善女人：過去、當來、今現在佛，持戒身、三昧身、智慧身、已脱身、脱慧所現身，及於聲聞中所作功德。佛天中天所説：若復於辟支佛所而作功德。都勸助之，勸助已，持是福德，作阿耨多羅三耶三菩。"⑦

持所作爲想⑧，用是故，譬若雜毒。

菩薩摩訶薩當作是學：何所⑨過去、當來、今現在佛功德，當云何⑩勸助作福，成得阿耨多羅三耶三菩？是菩薩隨怛薩阿竭教者，是即爲作⑪：知佛功德、所生自然、及其相、法所有⑫，持是福作勸助，因其勸助自致得阿耨多羅三耶三菩。菩薩摩訶薩作是施⑬者，無有過上⑭，終不離怛薩阿竭、阿羅呵、三耶三佛。作是

---

① 反苦住：与上注"反欲苦住"同义。

② 大不便身：于身体大为不便，指大有损于健康或危及生命。

③ 行德：修行福德。

④ 甚之为难：难以接受甚深般若波罗蜜，难以了解般若波罗蜜甚深义趣。

⑤ 将护：护理。

⑥ 中事：其中之事。

⑦ 引号里的内容，为"不知行德者"之所言所想。辛校（142 页）以为"佛语善男子"之"佛"应删，恐非是。

⑧ 持所作为想：把所回向看成相。

⑨ 何所：什么（是）。

⑩ 云何：如何。

⑪ 是即为作：这就是回向。

⑫ 知佛……所有：动词"知"带 4 个宾语（1）佛功德；（2）功德所生自然（谓功德之性）；（3）功德之相；（4）功德之法性。言如实了知这 4 项无所生亦无所得。罗什译此处作："如諸佛所知福德，何相，何性，何體，何實。"（T08n0227_ p0548c22）

⑬ 施：行。这里多指回向。

⑭ 无有过上：没有超过其上的。辛校（144 页）删"上"字，非是。

施者，爲不①雜毒。怛薩阿竭、阿羅呵、三耶三佛所說皆至誠。

復次，菩薩摩訶薩當作是施，如净戒，如三昧，如智慧，如已脫，如脫慧所現身②；無③欲界，無色界，無④無色界；亦無過去、當來、今現在；亦無所有，所作施亦復無所有。其作是施爲已，如法，法亦無所有。作是施者，爲成所施，無有雜毒；其作異施者，爲作反施。是菩薩摩訶薩所施以如法者，佛天中天所知是則爲施，得作阿耨多羅三耶三菩。

佛言："善哉，善哉！須菩提！所作爲如佛，是則爲菩薩摩訶薩所施。三千大千國土人，悉念慈、哀、護、等心⑤，無過菩薩摩訶薩上頭⑥所施，是即爲極尊。

"復次，須菩提！三千大千國土人，悉作阿耨多羅三耶三菩，便如恒邊沙佛剎人，皆供養是菩薩，震越⑦衣服、飲食、床臥具、病瘦⑧醫藥，如恒邊沙劫供養，隨其喜樂作是布施。云何，須菩提！其福寧多不？"

須菩提言："甚多，甚多！天中天！"

佛言："勸助功德福⑨過其上，不可計。"

---

① 为不："不为"之倒装。

② 如净……所现身：五分身法前皆加"如"字，或承前文"佛所说皆至诚"而言。至诚者，言其态度至为诚恳，其实质了无执著。例如五分身法皆如是。或蒙下文诸"无"字而言，谓此五分身法亦无，亦无所有。

③ 无：指不系属。

④ 两"無"字间，原有"欲"字，大正藏校，谓元本、明本、圣本皆无。径山藏、龙藏亦无。以无为是，今径删。秦译相应处作"無欲界、無色界、無無色界"（T08p0521a02），罗什译作"不繫欲界、不繫色界，不繫無色界"（T08p0548c28），宋译同（T08p0610c26）。

⑤ 慈、哀、护、等心：慈心，慈悲之心；哀心，哀怜之心；护心，保护之心；等心，对众生皆等同对待之心。

⑥ 上头：上面。

⑦ 震越：梵 cīvara 音译，意译上衣，衣服。震越衣服，音意合译。

⑧ 病瘦：疾病。参见李维琦《佛经词语汇释》第 22 页。

⑨ 功德福：功德，可简称德。福，也可指功德。功德福三字连用，仍然是指功德。修行佛道而获得的成就和果报。

須菩提白佛言："代勸助①功德福者，如恒邊沙佛剎不能悉受。"

佛語："善哉，善哉！須菩提！若有菩薩持般若波羅蜜者，所作施爲過其本所布施上已，無能過勸助所施上，百倍、千倍、萬倍、億倍、巨億萬倍。"②

爾時四王天上二萬人，悉以頭面著佛足，皆白佛言："極大施，天中天！菩薩摩訶薩漚惒拘舍羅乃作是施，其功德甚大尊。何以故？是菩薩摩訶薩學般若波羅蜜，於中勸助故。"

忉利天上諸天人，持天華、名香、搗香、澤香、雜香、燒香、天繒、華蓋、幢幡、伎樂，持用供養娛樂佛③。供養已，皆白佛言："極大施，天中天！菩薩摩訶薩漚惒拘舍羅乃作是施，［極］④大德⑤之功德。何以故？是菩薩摩訶薩學般若波羅蜜，於中勸助故。"

炎天上諸天人，持天華、名香、搗香、澤香、雜香、燒香、天繒、華蓋、幢幡、伎樂，持用供養娛樂佛。供養已，皆白佛言："極大施，天中天！菩薩摩訶薩漚惒拘舍羅乃作是施，極大德之功德。何以故？是菩薩摩訶薩學般若波羅蜜，於中勸助故。"

兜術天上諸天人，持天華、名香、搗香、澤香、燒香、天繒、華蓋、幢幡、伎樂，持用供養娛樂佛。供養已，皆白佛言："極大施，天中天！菩薩摩訶薩漚惒拘舍羅乃作是施，極大德之功德。何以故？是菩薩摩訶薩學般若波羅蜜，於中勸助故。"

尼摩羅提⑥天上諸天人，持天華、名香、搗香、澤香、雜香、

---

① 代劝助：即劝助，后来译为随喜。他人行善有成，而己喜悦，故可加用"代"字，以示其性质。

② 至此，言当如何劝助或随喜。

③ 娱乐佛：让佛欢娱快乐。

④ 辛校（149 页）谓金藏、石经、圣本、金刚寺钞本此处有"極"字，以有为是。

⑤ 极大德："德"读为"得"，所得极大。

⑥ 尼摩罗提：天名，梵 Nirmāṇarati，常译为化自在天、化乐天。欲界六天中之第五天，其上为他化自在天，下为兜率天。

燒香、天繒、華蓋、幢幡、伎樂，持用供養娛樂佛。供養已，皆
白佛言："極大施，天中天！菩薩摩訶薩漚惒拘舍羅乃作是施，極
大尊之功德。何以故？是菩薩摩訶薩學般若波羅蜜，於中勸助
故。"

波羅蜜尼和耶拔致①天上諸天人，持天華、名香、搗香、澤
香、雜香、燒香、天繒、華蓋、幢幡、伎樂，持用供養娛樂佛。
供養已，皆白佛言："極大施，天中天！菩薩摩訶薩漚惒拘舍羅乃
作是施，極大尊之功德。何以故？是菩薩摩訶薩學般若波羅蜜，
於中勸助故。"

梵天、梵迦夷天、梵富樓②天、梵波利產③天、摩訶梵天④、
瘟天⑤、波利陀天、瘟波摩那天、阿會亘修天、首訶天、波利首訶
天、瘟波摩首訶天⑥、首訶迦天⑦、比伊潘羅⑧天、阿比耶陀⑨天、
須陀施尼⑩天，乃至阿迦貳吒天等諸天人，悉以頭面著佛足，皆

---

① 波罗蜜尼和耶拔致：天名，梵 Paranirmita-vasa-vartin，译作他化乐天、他化自在
天，六欲天之第六天。此天假他所化之乐事以成己乐，故称他化自在天。"波罗蜜尼"
各本作"波罗尼蜜"，以梵文校之，作"波罗尼蜜"为是。

② 梵富楼：天名，梵 Brahma-purohita，译为梵辅天，色界初禅之第二天，为大梵
天之辅相。

③ 梵波利产：天名，梵 Brahma-pārisadya，色界初禅天之第一天。以其为大梵所
有、所化、所领之天众所住，故称梵众天。

④ 摩诃梵天：即大梵天，梵 Mahābrahmā-deva，色界初禅天之第三天。又称梵天
王、梵天、梵王。

⑤ 瘟天：中华藏校，资福藏、碛砂藏、普宁藏、南藏、径山藏皆作"廬天"。廬
天，色界二禅天初天之名。

⑥ 诃波摩首诃天：梵 Apramānaśubha，即阿波摩修天，前文已注。

⑦ 首诃迦天：梵 Śubha-krtsna，汉译遍净天。色界十八天之一。第三禅中最上位
之天。

⑧ 比伊潘罗：天名，梵 Brhatphala，汉译广果天，色界十八天之一，位于第四禅
天之第三。

⑨ 阿比耶陀：天名，梵本作 AvrhāAtpāh，罗什译作"无热天"（T08p0594b12）。
色界十八天之一，五净居天之一。位于第四禅之第四天。

⑩ 须陀施尼：天名，梵 Sudarśana，汉译善见天，色界十八天之一，五净居天之第
四。

言："甚善，天中天！菩薩摩訶薩學般若波羅蜜，極爲大施①之功德。何以故？是菩薩摩訶薩學般若波羅蜜，於中勸助故。"

佛語首陀衛諸天人："置②三千大千國土中菩薩摩訶薩，乃③如恒邊沙佛刹人，悉作阿耨多羅三耶三菩，復④有異⑤恒邊沙佛刹人，都共供養是輩菩薩摩訶薩，震越衣被、飲食、床臥具、病瘦醫藥，供養如恒邊沙劫，隨所喜樂，作是施與。若復過是者，不及菩薩摩訶薩勸助之所施爲，過去、當來、今現在佛，净戒身、三昧身、智慧身、已脱身、脱慧所現身，及諸聲聞在其中者所作功德，都共計之合之，不及勸助者。若勸助者，以是極尊，無能過者。作是勸助，勸助已，持作阿耨多羅三耶三菩。"

須菩提白佛言："屬⑥天中天所説，'都共計之合之，極尊無過勸助，悉代勸助。'勸助已，菩薩摩訶薩從是中得何等？"

佛語須菩提："菩薩道德之人，當知過去、當來、今現在，法無所取，亦無所捨，亦無所知，亦無所得。其法者，爲無所生法，亦無有滅法，亦無所從生法，亦無所從滅。於法中，了無有生者，法亦無所從有而滅。是者法之所法⑦。我代勸助之，是爲勸助。作是施者，疾得作阿耨多羅三耶三菩。是故，須菩提！菩薩摩訶薩勸助爲尊。

"復次，須菩提！菩薩摩訶薩於過去、當來、今現在佛所，代作布施者勸助之，代持戒、忍辱、精進、一心⑧、智慧而勸助之，

---

① 施：常义施舍，本经本章常作"回向"解，又有"奉献"意，这里便是。

② 置：搁置到一边。经中此字用法，是在讲述一事完结后，另起一个头以前，先将说过的事再提一下，然后说新的事情。意思与"刚才说过"相当。

③ 乃：资福藏、碛砂藏、普宁藏、南藏、径山藏、龙藏皆作"及"。作"及"是。

④ 复：与前面"置"相搭配，等于是"再说"。

⑤ 异：别的，另外的。

⑥ 属：刚才。

⑦ 法：此"法"为动词，据以为法。

⑧ 一心：后世译作"禅定"。

代已脱者勸助之，代脫慧所現身勸助之。作是代勸助，其脫①者是爲布施，其脫者是爲持戒，其脫者是爲忍辱，其脫者是爲精進，其脫者是爲一心，其脫者是爲智慧，其脫者是爲脫慧，其脫者是爲脫慧所現身，其脫者是爲已脫，其脫者代其勸助，其脫者是爲法。是故當來有②。如其脫者③，今阿僧祇刹土諸佛天中天現在者，其脫者是即諸佛弟子，其脫者以④過去諸佛弟子，其脫者今現在諸佛弟子，於是法中無著無縛無脫。如是法者，持作阿耨多羅三耶三菩，所施爲⑤從中無有能過者⑥，無有能壞者。是者，須菩提！菩薩摩訶薩勸助之爲尊。如恒邊沙佛刹中菩薩，悉壽如恒邊沙佛劫，恒邊沙佛刹人，都悉供養諸菩薩摩訶薩，震越衣被、飲食、床臥具、病瘦醫藥，乃至恒邊沙劫。須菩提！皆持戒，成忍辱，於精進而不懈，於禪悉得三昧，百倍、千倍、萬倍、億倍、若干巨億萬倍，不如勸助之功德，福最尊出其上。"⑦

摩訶般若波羅蜜道行經　泥犁⑧品第五

舍利弗白佛言："般若波羅蜜者多所成⑨，天中天！因⑩般若

---

① 脫：擺脫一切世俗煩惱束縛，包括認識上精神上的一切束縛。

② 當來有：將來有此情形，亦有此法。省去賓語，令人費解。羅什譯作："如解脫，未來未生法亦如是。"（T08p0548c13）

③ 如其脫者：當理解爲"其脫者，如"。經文往往有倒其語序的情形。

④ 以：同"已"。

⑤ 施爲：即施，近義連用，表達"施"這個意義的雙音形式。

⑥ 從中無有能過：無有能從中過者。"從中"，修飾"過"。

⑦ 至此，言隨喜福德所獲回報。

⑧ 泥犁：梵 niraya 音譯，意思是地獄。

⑨ 多所成：智慧圓融，所成辦之事多多。唐一作："甚深般若波羅蜜多，當知是一切智性，善能成辦一切智智。"（T07p0798c18）宋譯："般若波羅蜜多生出一切智智。"（T08p0613b15）辛校（157頁）改"多"爲"光"，作"光所成"，恐非。

⑩ 因：依靠。

波羅蜜無不得字①者，天中天！般若波羅蜜爲極照明，天中天！般若波羅蜜爲去冥②，天中天！般若波羅蜜爲無所著，天中天！般若波羅蜜爲極尊，天中天！無目者，般若波羅蜜爲作眼目，天中天！其迷惑者，般若波羅蜜悉授道路，天中天！薩芸若者，即般若波羅蜜是，天中天！般若波羅蜜者，是菩薩摩訶薩母，天中天！無所生，無所滅，即般若波羅蜜是，天中天！具足三合十二法輪③，爲轉是般若波羅蜜④，天中天！般若波羅蜜，其困苦者悉安隱之，天中天！般若波羅蜜於生死作護，天中天！般若波羅蜜於一切法悉皆自然⑤。⑥

菩薩摩訶薩當云何於般若波羅蜜中住？天中天！”

佛謂舍利弗：“世多羅⑦者，因般若波羅蜜住，其敬佛者，當自歸般若波羅蜜。”

釋提桓因心念：“尊者舍利弗何因發是問？”即時釋提桓因謂舍利弗：“何因尊者乃作是問？”

---

① 字：经中多用此表示“名”的意义。而这里的“名”，当释为美好的名声。《礼记·中庸》：“必得其名。”郑注：“名，令聞也。”《荀子·正名》：“無勢列之位而可以養名。”杨注：“名，美名也。”《孟子》：“先名實者爲人也。”朱集注：“名，聲譽也。”本经“无不得字者”，谓皆得美名，受人尊重。罗什译作：“般若波羅蜜所應敬禮。”（T08p0550a01）宋译作：“般若波羅蜜多所應敬禮，般若波羅蜜多所應尊重。”（T08p0613b18）

② 去冥：去除黑暗。

③ 具足三合十二法轮：佛三次重要的说讲一切经法的全部（内容）。具足，全部无缺。三合，三次，指佛说法最重要的三次。鹿苑之四谛说法为初转，般若皆空之说为第二转，深密中道之教为第三转。十二，十二个方面，指一切经教。一切经教的内容分为十二类，长行、重颂、孤起、因缘、本事、本生、未曾有、譬喻、论议、无问自说、方广、记别或授记。转法论，实质上是指佛说法。一说“三合十二转法轮”，是指佛于鹿野苑对声闻乘人说苦集灭道四谛各有示、劝、证三转，共十二转：示转，此是苦也，此是集也，此是灭也，此是道也；劝转，苦当知，集当断，灭当证，道当修；证转，苦者我已知，集者我已断，灭者我已证，道者我已修，佛自举己以为证。

④ 为转是般若波罗蜜：就是宣说此般若波罗蜜。

⑤ 自然：无性。此句唐二译作：“開示諸法無性爲性。”（T07p0883b21）

⑥ 本品从开始到这里，为称颂般若波罗蜜之辞。

⑦ 世多罗：梵 sāstr，大师，教授，尊者。

　　舍利弗謂釋提桓因：“拘翼！般若波羅蜜者是菩薩護，因其勸助功德福，持作薩芸若，過菩薩之所作爲，若布施、持戒、忍辱、精進、禪上。譬若如①人從生而盲，若百人、若千人、若萬人、若千萬人，無有前導，欲有所至，若欲入城者，不知當如②行。如是，拘翼！五波羅蜜者，亦如盲無所見，離般若波羅蜜者，如是欲入薩芸若中，不知當如行。般若波羅蜜者，即五波羅蜜之護，悉與眼目；般若波羅蜜是護，令五波羅蜜各得名字③。”④

　　舍利弗白佛言：“當云何守入⑤般若波羅蜜中？”

　　佛語舍利弗：“色者不見所入，痛痒、思想、生死、識亦不見所入，視五陰⑥亦不見所入，是爲守般若波羅蜜。”

　　“如是者，天中天！以爲守般若波羅蜜，作是守者爲還[逮]⑦何法？”

　　佛語舍利弗：“無所守是爲還[逮]法，守爲⑧般若波羅蜜。”

　　釋提桓因白佛言：“般若波羅蜜不還[逮]薩芸若者⑨，亦不能得逮⑩？”

　　“若所問般若波羅蜜不逮薩芸若，亦不能得還[逮]⑪，亦不

---

　　① 譬若如：三字同义连用，意思只是如，或譬如。

　　② 如：如何。参见李维琦《佛经续释词》第20页。

　　③ 名字：美名，见前“字”注。

　　④ 至此，说般若波罗蜜为其他五波罗蜜导向。

　　⑤ 守入：守，守之勿失，坚持。入，进入其中，深入领会掌握。

　　⑥ 五阴：本经色、痛痒、思想、生死、识之总称。其后译经常作五蕴，其细目称为色、受、想、行、识。

　　⑦ 还：大正藏校，宋本、元本、明本、宫本、圣本皆作“逮”。作“逮”是。大正藏于此又说“下同”，谓以下8个“还”都作“逮”。金藏下文“不还”亦作“不还”，余8处“還”均作“逮”不误。逮，逮得，获得。

　　⑧ 守为：当理解作“为守”。辛校（160页）改“守”为“字”，可商。

　　⑨ 般若……薩芸若者：般若波罗蜜不能获得萨芸若的原因。者，提顿语气助词，提示下面将说原因。

　　⑩ 亦不能得逮：不能逮得，不能有所得。亦，强调语气，不具“也”的意义。天帝此一提问，为与佛商酌，未知确否。

　　⑪ 若所问……不能得逮：此句肯定释提桓因所说，下面再作补充。

還［逮］守［字］①，於生死亦無所還［逮］②。”

“當云何還［逮］？天中天！”

佛言：“無所還［逮］故能爲還［逮］。”

釋提桓因言：“少有及者，天中天！如般若波羅蜜，於諸法③無所生、無所滅，當所可住，無所住④。”

須菩提白佛言：“菩薩或時作是念⑤，便離般若波羅蜜。”

佛語須菩提：“菩薩儻有所因⑥，於所因便念般若波羅蜜，知般若波羅蜜空無所有，無近無遠⑦。是故⑧爲菩薩摩訶薩般若波羅蜜。”⑨

須菩提白佛言：“信般若波羅蜜，爲信何法？”

佛語須菩提：“信般若波羅蜜者，爲不信色，亦不信痛痒、思想、生死、識有，不信須陀洹道，不信斯陀含、阿那含、阿羅漢、辟支佛、佛道。”

---

① 亦不逮字：佛谓般若不能成一切智，一因为不可有所得，再因为不可误立名相。字，抄经者误为“守”，大正藏校，圣本、宋本、元本、明本皆作“字”。作“字”是。“字”就是名，谓名相。

② 于生死亦无所逮：于促成生死轮回之力亦无所获。这是佛说般若波罗蜜不成萨芸若的第三个原因。唐一此处佛所说作：“如是！如是！如汝所説。甚深般若波羅蜜多亦不能成一切智智。何以故？憍屍迦！如有所得不能成故，如有名想不能成故，如有起造不能成故。”（T07p0799a29）

③ 于诸法：居于句首的介词结构，有时实以介词宾语为主语。此句主语就其实质来说，当为“诸法”。

④ 当所可住，无所住：当有所住而实无所住。此处天帝所言，宋译作：“希有，世尊！今此般若波羅蜜多，無所生、無所滅。彼一切法亦無生無滅、無住無著，是即般若波羅蜜多。”（T08p0614a27）

⑤ 是念：指认为般若波罗蜜与诸法皆无生无灭，无住无著。

⑥ 倘有所因：如果有某种原因，某种远离般若波罗蜜的原因。

⑦ 于所因……无远无近：由于那种原因，就想到般若波罗蜜，便认为般若波罗蜜无所有，远近都没有。

⑧ 是故：因此，因为知道了认为般若波罗蜜不存在就是远离般若波罗蜜。

⑨ 这里是佛所说，唐二作：“如是！如是！復有因緣捨遠般若波羅蜜多，謂生是想：‘甚深般若波羅蜜多空無所有。’即便捨遠甚深般若波羅蜜多。所以者何？菩薩般若波羅蜜多非空非有、無所分別。”（T07p0883c27）

须菩提白佛言："摩訶波羅蜜者，天中天！即般若波羅蜜是。①"

佛語須菩提："云何知摩訶波羅蜜因②般若波羅蜜是？"

須菩提言："於色無大無小③，不以色爲證④，亦不爲色作證⑤。痛痒、思想、生死、識，亦無大亦無小，於識不以爲證，亦不爲識作證，便於怛薩阿竭、阿羅呵、三耶三佛致十種力⑥，即不復爲弱。薩芸若者，無廣無狹。何以故無廣無狹？薩芸若知於般若波羅蜜無所行。所以者何？般若波羅蜜無所有，若人於中有所求，謂有所有，是即爲大非。何以故？人無所生，般若波羅蜜與人俱皆自然⑦；人恍忽，故般若波羅蜜俱不可計；人亦不壞，般若波羅蜜亦如是：人如般若波羅蜜者，便得成至阿惟三佛。人亦⑧有力故，怛薩阿竭現⑨而⑩有力。"⑪

舍利弗白佛言："般若波羅蜜甚深甚深，天中天！若有菩薩摩訶薩信深般若波羅蜜者，不說中短⑫，亦不狐疑，其人何所來而生是間？爲行菩薩道已來幾聞⑬解般若波羅蜜事，隨教入中者？"

---

① 即般若波罗蜜是：就是般若波罗蜜。宾语在副词"即"与动词"是"之间。

② 因：即，就。上文说"即般若波罗蜜是"，接着说"因般若波罗蜜是"，知"因"便是"即"。《词诠》卷七，"因"第五个义项："副词，与今语之'就'或'就着'同。"

③ 于色无大无小：般若波罗蜜不会使色大些，也不会使色小些。

④ 不以色为证：不认为通过色可证得佛理，证得阿耨多罗三藐三菩提。

⑤ 亦不为色作证：也不是为了色而证得阿耨多罗三藐三菩提。"不以色为证，亦不为色作证"这两句，在罗什译中作"（般若波罗蜜，於色不作大，不作小）不作合，不作散"。（T08p0550b14）以下各异译与此基本上相同。

⑥ 致十种力：言其强。十力，前已有注。

⑦ 自然：无自性。参见李维琦《佛经释词三续》，北京《古汉语研究》，2012年1期。

⑧ 亦：与"也"略同，表示趋同的副词，它被置于首句。

⑨ 现：显现。

⑩ 而：用在动词与宾语之间。

⑪ 至此，言般若波罗蜜无所生灭，亦无所住止，空无所有。

⑫ 中短：其中短处。

⑬ 几闻：几度听闻。辛校（165页）改"几闻"为"几间"，非是。

佛语舍利弗："從他方佛刹來生是間，是菩薩摩訶薩於他方供養佛已，從受、問、聞深般若波羅蜜故，以是復聞般若波羅蜜，自念言：'我如見佛無异。'"

須菩提白佛言："般若波羅蜜可得見聞不？"

佛言："不可得見聞。"

須菩提問佛："是菩薩隨深般若波羅蜜者，行已來爲幾聞？"

佛語須菩提："是非一輩學，各各①有行，若有已供養若干百佛若干千佛，悉見已，於其所皆行清净戒已。若有於眾中，聞般若波羅蜜弃捨去，爲不敬菩薩摩訶薩法。佛説深般若波羅蜜，其人亦弃捨去，不欲聞之。何以故？是人前世時聞説深般若波羅蜜用弃捨去故，亦不以身心②，是皆無知罪之所致。用是罪故，若聞深般若波羅蜜，復止他人不令説之。止般若波羅蜜者，爲止薩芸若。其止薩芸若者，爲止過去、當來、今現在佛。用是斷法罪故，死入大泥犁中，若干百千歲，若干億千萬歲，當更若干泥犁中具受諸毒痛不可言，其中壽盡轉生他方摩訶泥犁中，其壽復盡展轉復到他方摩訶泥犁中生。"

舍利弗白佛言："其罪爲隨③五逆惡④？"

佛謂舍利弗："其罪雖有所喻⑤，不可引譬⑥。若諷誦説⑦深

---

① 各各：每一輩，每一生。

② 不以身心：不以身心相和。省去动词。此处罗什译作"身心不和"（T08p0550c11），唐一译作"若身若心，不相和合"（T07p0800b22），唐二译同（T07po884b16）。

③ 隨：中华藏校，石经、资福藏、碛砂藏、普宁藏、南藏、径山藏、龙藏皆作"墮"。作"墮"为长。

④ 五逆惡：五逆罪。五逆，小乘五逆指：害母、害父、害阿罗汉、恶心出佛身血、破僧（破坏僧众团结）；大乘之五逆为：（1）破坏塔寺焚烧经像，或取佛物法物僧物，或教人作见他人作心生欢喜；（2）毁谤声闻、辟支、佛法及大乘法；（3）逼令沙门还俗，或断其命；（4）犯小乘五逆之一者；（5）谤无一切善恶业报，长行十不善业；不畏后世果报，自作或教唆他人行十恶业。

⑤ 喻：谓理解。

⑥ 不可引譬：不可与五逆类比。意思是说比五逆罪更重。

⑦ 讽诵说：背诵讲说。

般若波羅蜜時，其心疑於法者，亦不肯學，念：'是言非怛薩阿竭所説。'止他人言：'莫得學是。'爲以①自壞，復壞他人，自飲毒已，復飲他人毒，是輩人爲以自亡失，復亡失他人，自不曉知深般若波羅蜜，轉復壞他人，是曹人者不當見之。舍利弗！不當與共坐起、言語、飲食。何以故？是曹之人誹謗法者，自在冥中，復持他人著冥中，其人自飲毒殺身無异。斷法之人所語，有信用其言者，其人所受罪，俱等無有异。所以者何？用誹謗佛語故，誹謗般若波羅蜜者，爲悉誹謗諸法已。"

舍利弗白佛言："願聞誹謗法者，受形何等像類②，訖③不知其身大如④。"

佛語舍利弗："是誹謗法人，儻⑤聞説是事，其人沸⑥血便從面孔出，或恐，便死。因是被⑦大痛．其人聞之，心便愁毒⑧，如⑨自消盡⑩。譬如斷華⑪著⑫日中，即爲菱枯。"

舍利弗白佛言："願爲人故，當説之，令知其身受形云何，當爲後世人作大明⑬。其有聞者畏懼，當自念：'我不可誹謗斷法如

---

① 以：用同"已"。

② 像类：形状，样子。"何等像类"，犹如现在说什么样子。

③ 訖：终，始终。

④ 其身大如：他的身量大小如何。行文有省略。实指所受罪的程度如何。罗什译作"不说是人受身大小"（T08p0551a10），唐一译作"如是壞正法者，當墮惡趣所受形貌身量大小"（T07p0801b03），唐二译作"害正法者當來所受惡趣身量"（T07p0884c25），宋译作"是人當受苦身其量云何"（T08p0615b24）。

⑤ 儻：等于"倘"，如果。

⑥ 沸：如泉水涌出（的）。

⑦ 被：受。

⑧ 愁毒：愁苦。参见李维琦《佛经释词》第204页，岳麓书社，1993年版。

⑨ 如：《经传释词》卷七："猶'而'也。"

⑩ 消尽：干枯消瘦，以至于丧命。

⑪ 华：即"花"。

⑫ 著：置，放置。

⑬ 大明：如日月照耀一般的明亮。《管子·内业》："乃能戴大圜而履大方，鑒於大清，視於大明。"尹知章注："大明，'日、月也。'""大明"，异译作"大明戒"、唐一作"明诫"、唐二作"大明诫"。

彼人。'"

佛語舍利弗："是爲示人之大明，已①所因②罪，受其身③甚大醜惡，極勤苦，臭處誠不可説，其苦痛甚大如④久劇⑤。是善男子、善女人聞是語自足已⑥，不敢復誹謗。"

須菩提白佛言："善男子、善女人常當護身、口、意，人但坐⑦口所言乃致是罪。"

佛語須菩提："是愚痴之人於我法中作沙門，反誹謗般若波羅蜜，言非道。止般若波羅蜜者，爲止佛菩薩已⑧，止佛菩薩者，爲斷過去、當來、今現在佛薩芸若已，斷薩芸若者，爲斷法已，斷法者爲斷比丘僧已，斷比丘僧者，爲受不可計阿僧祇之罪。"

須菩提問佛："若有斷深般若波羅蜜者，天中天！爲有幾事？"

佛語須菩提："以爲魔所中⑨，是男子、女人不信不樂，用是二事故，能斷深般若波羅蜜。復次，須菩提！斷般若波羅蜜者，復有四事。何謂爲四？隨惡師所言，一、不隨順⑩學，二、不承⑪至法⑫，三、主行⑬誹謗，四、索⑭人短，自貢高。是爲四事。"

須菩提白佛言："少有信般若波羅蜜者，天中天！不曉了是法故。"

佛語須菩提："如是，如是！少有信般若波羅蜜者，不曉了是

① 已，同"以"；因，因为。"已所因罪"，秦译作"以所因罪"（T08p0523a28）。
② 因：因袭，积累。
③ 受其身：其身受。语序倒。
④ 如：犹"而"，上文已注。
⑤ 久剧：长久剧烈。
⑥ 自足已：已经自我感觉足够多了。已，表示完成的语气助词。
⑦ 坐：因。因……而获罪，叫坐。
⑧ 已：这里四个"已"，都同于"矣"。
⑨ 中（zhòng）：害，伤害。
⑩ 随顺：顺从，指顺从善师。
⑪ 承：承受，接受。
⑫ 至法：最高的法，真诚的法，指佛法。
⑬ 主行：专行。
⑭ 索：寻求。

法故。"

须菩提言:"云何深般若波罗蜜少有信者?"

佛语须菩提:"色无著、无缚、无脱。何以故?色之自然①故爲色,痛痒、思想、生、死识无著、无缚、无脱。何以故?识之自然故爲识。过去色无著、无缚、无脱。何以故?过去色之自然色故。当来色无著、无缚、无脱。何以故?当来色之自然色故。今现在色无著、无缚、无脱。何以故?色之自然色故。过去痛痒、思想、生死、识无著、无缚、无脱。何以故?过去识之自然故。当来识无著、无缚、无脱。何以故?当来识之自然故。今现在识无著、无缚、无脱。何以故?识之自然故。用是故,须菩提!般若波罗蜜甚深,少有信者。"②

摩訶般若波羅蜜道行經　清净品第六

须菩提白佛言:"般若波罗蜜少有晓者,将③未狎习④故。"

佛语须菩提:"如是,如是!般若波罗蜜少有晓者,用未狎习之所致。何以故?须菩提!色清净,道亦清净,故言色清净,道亦清净。痛痒、思想、生死、识亦清净,故言道清净,是故识亦清净,道俱清净。复次,须菩提!色清净,萨芸若亦清净,故言萨芸若清净,色亦清净。是故色清净,萨芸若亦清净,等无异。今不断前,前不断後,故无壞,以是故前爲不断。⑤ 故言痛痒思想生死识清净,萨芸若亦清净,是故萨芸若清净,识亦清净。萨芸

---

① 自然:无自性。
② 至此,言信与不信之因果。
③ 将:大概。
④ 狎习:亲近熟悉。
⑤ 今不断……为不断:从时间上说,现在是过去的继续,不割断与过去的联系;过去是现在的前阶段的表现,不割断与现今的联系。所以没有质变,过去与现在是永恒相续的。经中"前"所指似乎是色等,"后"是"道"、"萨芸若"。有前必有后,有后必有前,前者清净,后者亦清净,后者清净,前者亦清净。没有质变。这些话,罗什及其以后的异译所无。

若清净，識亦清净，等無异。今不斷前，前不斷後，故無壞，以是故前爲不斷。"

舍利弗白佛言："清净者①，天中天！爲甚深。"

佛言："甚清净②。"

舍利弗言："清净③爲極明，天中天！"

佛言："甚清净④。"

舍利弗言："清净無有垢，天中天！"

佛言："甚清净。"

舍利弗言："清净無有瑕穢⑤，天中天！"

佛言："甚清净。"

舍利弗言："清净無所有，天中天！"

佛言："甚清净。"

舍利弗言："於欲而無欲，清净⑥，天中天！"

佛言："甚清净。"

舍利弗言："於色而無色，清净⑦，天中天！"

佛言："甚清净。"

---

① 清净者：前文说，色等五蕴清净，道清净，萨芸若清净，这里"清净者"，就是指五蕴、道和萨芸若。尤其是指"道"，佛理佛法，般若波罗蜜等。

② 甚清净：佛所说，意思是般若波罗蜜等之所以甚深，是因为它们甚为清净的缘故。罗什译相应处作"净故"（T08p0551c07），唐一作"極清净故"（T07p0802a17），唐二同（T07p0885b16），宋译作"性清净故"（T08p0616b10）。

③ 清净：当理解为"清净者"，见上文"清净者"注。以下数句作主语的"清净"都当理解为"清净者"。

④ 甚清净：这里所有佛说"甚清净"，都当理解为"甚清净故"。见上一个"甚清净"注。

⑤ 瑕穢：原指玉的缺点瑕疵，这里是说不纯的杂质。

⑥ 于欲而无欲，清净：有省略，语序倒。应为：清净者于欲界而无欲界。般若波罗蜜等关于欲界的观点是无有欲界，意即般若波罗蜜不生欲界。

⑦ 于色而无色，清净：清净者于色界而无色界。般若波罗蜜等关于色界的观点是无有色界，意即般若波罗蜜不生色界。

舍利弗言："無所生，爲無色，甚清净①，天中天！"

佛言："甚清净。"

舍利弗言："於有智②而無智，甚清净③，天中天！"

佛言："甚清净。"

舍利弗言："於智如無智者，甚清净④，天中天！"

佛言："甚清净。"

舍利弗言："於色，如有智無有智者⑤，甚清净，天中天！"

佛言："甚清净。"

舍利弗言："於痛痒、思想、生死、識，如有智無有智者，甚清净，天中天！"

佛言："甚清净。"

舍利弗言："般若波羅蜜甚清净，薩芸若者不增不減，天中天！"

佛言："甚清净。"

舍利弗言："般若波羅蜜甚清净，於諸法無所取，天中天！"

佛言："甚清净。"

須菩提白佛言："我者清净，色亦清净，天中天！"

佛言："本清净。"

須菩提言："故曰我清净，痛痒、思想、生死、識亦清净，天

---

① 无所生，为无色，甚清净：甚清净者无所生的为无色界。意即般若波罗蜜不生无色界。此数句，从"于欲而无欲"，到此句，除呼语外，罗什译作"是净不生欲界，不生色界，不生無色界"（T08p0551c09），唐一译作"如是般若波羅蜜多不生欲界，不生色界，不生無色界"（T07p0802a27），唐二译作"如是清净不生三界"（T07p0885b20），梵本孔兹译作"There is absolutely no rebirth of perfect wisdom，whether in the world of sense-desire，or in the world of form，or in the formless world"。

② 智：读为"知"。《法言·问道》："智也者，知也。"《白虎通义·性情》："智者，知也"。

③ 于有智而无智，甚清净：甚清净者关于有知的观点是无知。般若波罗蜜认为无所知。

④ 于智如无智者，甚清净：此句似与舍利弗上句略同。但上句是讲"知"，这句是讲"知者"。般若波罗蜜认为无所知（上句），亦无知之者（本句）。

⑤ 如有智无有智者：似有知者，而实无知者。

中天!"

佛言:"本清净。"

须菩提言:"我者清净,道亦清净,天中天!"

佛言:"本清净。"

须菩提言:"我者清净,薩芸若亦清净,天中天!"

佛言:"本清净。"

须菩提言:"我者清净,無端緒①,天中天!"

佛言:"本清净。"

须菩提言:"我者清净,無有邊,色亦無有邊,天中天!"

佛言:"本清净。"

须菩提言:"我者清净,無有邊,痛痒、思想、生死、識亦無有邊,天中天!"

佛言:"本清净。"

须菩提言:"般若波羅蜜者,亦不在彼,亦不在是,亦不在中間,天中天!"

佛言:"本清净。"②

须菩提白佛言:"菩薩摩訶薩知是者,爲行般若波羅蜜,有想③者,便離般若波羅蜜遠已④。"

佛言:"善哉,善哉!須菩提!有字者便有想,以故著。"

---

① 无端绪:一点获得的头绪都没有。罗什译作"無得無果"(T08p0551c19),唐一译作"無得無現觀"(T07p0802b14),唐二译同(T07p0885c03),宋译作"無所得,無所證"(T08p0616c01)。

② 至此,言般若波罗蜜清净。

③ 想:读同"相"。有相便有想,所以"想"可读同"相"。

④ 已:读同"矣"。

　　须菩提白佛言：“难及①，般若波罗蜜②，天中天！安隐决於著③。”

　　舍利弗问须菩提：“何所爲著？”

　　须菩提言：“知色空④者，是曰爲⑤著，知痛痒、思想、生死、识空者，是曰爲著。於过去法知过去法⑥，是曰爲著；於当来法知当来法，是曰爲著；於现在法知现在法，是曰爲著。如法⑦者爲大功德，发意菩萨⑧，是即爲著。”

　　释提桓因问须菩提：“何谓爲著⑨？”

　　须菩提言：“心知⑩，拘翼！持是知心⑪施与作⑫阿耨多罗三

---

　　①　难及：难以达到。这是与“甚奇”、“希有”相类的对于佛的赞词。

　　②　般若波罗蜜：有省文，是佛说般若波罗蜜。

　　③　安隐决于著：妥当地分辨解说“著”的意思。决，有分辨判断的意思。《礼记·曲礼上》：“夫禮者，所以定親疏，决嫌疑，別同異，明是非也。”“難及，般若波羅蜜，天中天！安隱决於著”，相当于罗什译“希有，世尊！善説般若波羅蜜中著”（T08p0551c27），唐一“甚奇，世尊！希有，善逝！善爲菩薩磨訶薩衆，於深般若波羅蜜多，開示分別究竟著相”（T07p0802b24）。本经此“决”字，与罗什译“说”字、唐一“开示分别”相当。

　　④　知色空：意思是色为空。

　　⑤　曰为：称为。

　　⑥　于过去法知过去法：认为过去法是过去法。

　　⑦　如法：进入于法，即归依于法。

　　⑧　发意菩萨：开始下决心步上般若波罗蜜道路的人。它与前面“如法者”同位。“如法者为大功德，发意菩萨”，全句意思是：初发意菩萨归依于法本身就是大功德。辛校（180页）将“如”改为“知”，又加一“得”字于“大”字前，成为“知法者爲得大功德發意菩薩”，恐非是。

　　⑨　何谓为著：何以知道这样的行为就是著呢？“谓”字的意思在支公那里，义有小变，用同于“知”。

　　⑩　心知：心里认为，思想上认为。“知”字义有小变，用同于“谓”。

　　⑪　知心：认知的心理、思想，可译成“认识”。

　　⑫　作：意思是回向。

耶三菩心者。① 本清净，能可②有所作③？善男子、善女人④，以⑤离诸著，为弃本际⑥。”

佛言：“善哉，善哉！须菩提！令菩萨摩诃萨知本际，为觉著事⑦。复次，须菩提！有著甚深微妙⑧，我今说之，谛听，谛听！上、中、下⑨言悉善。”

须菩提白佛：“愿乐欲闻。”

佛言：“若善男子、善女人，于怛萨阿竭、阿罗呵、三耶三佛念欲作想⑩，随所想者，是故为著。过去、当来、今现在佛，天中天！于无馀法代劝助之⑪，是为劝助阿耨多罗三耶三菩⑫。于法者

---

①　“持是……心者”，后当有“是即为著”字。本经行文常有省略。

②　能可：即能，复用能愿动词。

③　能可有所作：能有所作？以反问表示否定。作，指回向。

④　善男子、善女人：大正藏校，明本与圣本此后有“其菩萨者劝人、教人为阿耨多罗三耶三菩，为正法，自于身无所失，于佛种有所造，是善男子善女人”39 字。检中华藏，与此同。秦译相应处亦有，并在“正法”前加“说”字，共 40 字。宫本、资福藏、碛砂藏并与大正藏同，无此 39 字。这些文字是说明下句“以离诸著，为弃本际”的条件或原因的，缺了意思就不完整了。但支公所译此经诸多缺损，此处若无此 39 字，亦属正常。“于佛种有所造”，是说对于成佛的功德有所成就。佛种，成佛的因素，这里实指功德。

⑤　以：同“已”。

⑥　为弃本际：乃是抛弃了本初、本志，谓发意回向。也就是彻底抛弃了诸著。诸著，著的多数形式。本际，本初，本故。

⑦　知本际，为觉著事：觉知本初之非，也就是彻底知悉诸著。这里的语法形式比较特别。A 为 B，B 对 A 作说明补充，两者合为一个意思，而以“为”系联。我们称之为用“为”系联的同位成分。上文“以离诸著，为弃本际”语法形式与此同。

⑧　有著甚深微妙：应为“有甚深微妙（之）著”，定语后置。唐一译作“复有此馀微细执著”（T07p820c18），唐二同（T07p0885c25）。

⑨　上、中、下：前一部分，中间部分和后面部分。

⑩　念欲作想：思想上产生关于事物印象的想法，即随心取相。

⑪　于无馀法代劝助之：随喜于无漏之法。无馀法，即无漏法，脱离了烦恼垢染之法，如涅槃、菩提等。金藏漏掉“无”字。代劝助，后世译作“随喜”。

⑫　三耶三菩：此后据文义当简省“是亦为著”。

而無法①。故曰無過去、當來、今現在②，以是不可有所作③，亦不可有想，亦不可作因緣④，有⑤不可見聞，如心可知⑥。"

须菩提白佛言："其本⑦甚深，清净，天中天！"

佛言："本清净。"

须菩提言："今自歸⑧般若波羅蜜。"

佛言："法無作者⑨故，得阿惟三佛。⑩"

须菩提言："諸法實無作⑪，阿惟三佛者⑫。"

佛語须菩提："無有兩法⑬，用之本净⑭，故曰爲⑮一。其净

---

① 于法者而无法故：关于法的实相就是无法。

② 故曰无过去、当来、今现在：所以说，诸法实相没有过去、将来、现在之分。

③ 作：回向。

④ 因缘：原因。不可作因缘，即不成为产生结果的原因。

⑤ 有：通"又"。

⑥ 如心可知：而从认识上说，也不可知。如，通作"而"。承前4个含"不"字的句子而来，简省"不"字，理解时就当把"不"字加进去，方合经意。"不可见闻，如心可知"，秦译作"不可见闻，不可知"（T08p0524b06），罗什译作"不可闻，不可觉，不可知，不可回向"（T08p0552a16），唐一译作"亦无见闻觉知事故"（T07p0802c28），唐二译同（T07p0886a02），宋译作"無見無聞，無覺無知"（T08p0617a15）。

⑦ 其本：诸法本性。

⑧ 自归：主动归依，献纳诚心，表达敬意。

⑨ 法无作者：无所造作的法。定语后置。

⑩ 法无作者故，得阿维三佛：阿维三佛得无作起之法故。主语在后，宾语在前。罗什译此处作："佛得是無作法故。"（T08p0552a19）阿维三佛，abhisambuddhas，意译现等觉，指成就正觉的人。辛校（184 页）按常序理解为"There is no creator of dharmas. There fore，they（can）become abhisambuddhas. 非是。孔兹译作"For the Tathagata has fully known all dharmas as notmade"，与原意合。

⑪ 诸法实无作：与"法无作者"同义。前文说无作无起的诸法，这里说诸法实无作无起。

⑫ 阿惟三佛者：句中是主语，后置。译成现代汉语，最好改成状语：对于阿惟三佛来说（诸法实无作无起）。

⑬ 无有两法：法性唯一。

⑭ 用之本净：因其本性清净。

⑮ 曰为：称作。

者①，於一切無有作者；乃至無净②，於一切亦無作者。"

佛語須菩提："是以離諸著，爲弃本際③。"

須菩提白佛言："般若波羅蜜者難了，天中天！"

佛言："如是，無有得阿惟三佛者④。"

須菩提言："般若波羅蜜不可計，天中天！"

佛言："如是，須菩提！非心之所知。"

須菩提言："爲無作者，天中天！"

佛言："無有作者故無所著。"

須菩提問佛："菩薩當云何行般若波羅蜜？"

佛言："不想色行⑤，爲行般若波羅蜜，不想痛痒、思想、生死、識行，爲行般若波羅蜜。不滿色⑥行，爲行般若波羅蜜⑦，不滿痛痒、思想、生死、識行，爲行般若波羅蜜。色不滿爲非色行，爲行般若波羅蜜，痛痒、思想、生死、識不滿爲非識行，爲行般若波羅蜜。"

須菩提白佛言："難及，天中天！於著無所著⑧，是著實爲不著。"

佛言："不著色行⑨者，爲行般若波羅蜜，不著痛痒、思想、

---

① 净者：指法性。

② 无净：无净者，指无性。

③ 离诸著，为弃本际：带"为"字的同位成分，同位成分的两个部分合起来理解，就是离弃诸著，乃是去除本初、本志的结果。本际，指本有的发意回向。

④ 无有得阿惟三佛者：这句不是泛指无有得阿惟三佛者，而是解释前文何以般若波罗蜜难知难了，是因为没有得阿惟三佛者，如得阿惟三佛，则为可知可了。此处佛之所语，唐一作"如是！無知者故"（T07p0803a17），唐二同（T07p0803a17），宋译作"無知者故"（T08p0617b04）。

⑤ 不想色行：不念想行色。色行，或行色，指于物质世界中行事。

⑥ 不满色：不圆满的色，或色的不圆满状态。

⑦ 不满色行，为行般若波罗蜜：这个意思，在后来的般若学说中有所调整。例如唐一译作："若不行色不圓滿相，是行般若波羅蜜多。"（T07p0803a28）这里说，行色不圆满，为行般若波罗蜜，那里说"不"行色不圆满，是行般若波罗蜜多。宋译作"不行色滿足、不滿足相，是行般若波羅蜜多"（T08p0617b14）。宋译似可取。

⑧ 于著无所著：关于执著，无所执著。

⑨ 不著色行：不行色，不执著于相。

生死、識行者，爲行般若波羅蜜。是爲菩薩摩訶薩行：於色爲不著，於痛痒、思想、生死、識爲不著，於須陀洹、斯陀含、阿那含、阿羅漢、辟支佛、佛道亦不著。所以者何？以過①諸著故。復出薩芸若中②，是爲般若波羅蜜。"③

須菩提白佛言："所説法甚深難逮，天中天！若所説者不減，不説者亦不減；若所説者不增，不説者亦不增。"

佛言："如是，如是！須菩提！譬如怛薩阿竭盡壽④稱譽空，空不增，若不稱譽空，空亦不減。譬如稱譽幻人者，亦不增，若不稱譽者，亦不減。聞善不喜，聞惡不怒。如是，須菩提！於法各各⑤諷誦學之，法亦不增不減。"

須菩提白佛言："菩薩摩訶薩甚謙苦⑥行般若波羅蜜，若有守⑦般若波羅蜜者，其不懈、不恐、不怖、不動、不還。何以故？守般若波羅蜜者，爲守空故。一切⑧皆當爲菩薩摩訶薩作禮，用被僧那大鎧⑨故，與空共戰。爲一切人故，著僧那鎧與空共鬪。是菩薩摩訶薩被極大鎧，用一切人故而舉空⑩，是菩薩摩訶薩爲大勇猛。天中天！用空法故，自致阿耨多羅三耶三菩，得成阿惟三佛。有異比丘心念之，當自歸般若波羅蜜，爲無所生法，亦爲無所滅法⑪。"

釋提桓因語須菩提："菩薩隨⑫般若波羅蜜教者，爲隨何教？"

---

①　以过：已超过，已超脱。既已超脱，自是不行。

②　出萨芸若中：从萨芸若中超脱出来，即是不执著于萨芸若。

③　至此，论著与不著。

④　尽寿：尽其寿命，即终生。

⑤　各各：众生各自。

⑥　谦苦：勤苦，艰难。

⑦　守：坚持修行。

⑧　一切：天龙鬼神等一切众生。

⑨　僧那大铠：大铠甲，音义合译词。下文"僧那铠"与此同义。僧那，梵samnāha音译，铠甲。"被僧那大鎧"，参前文注"摩訶僧那僧涅"。

⑩　举空：举虚空置于高处。

⑪　为无所生法，亦为无所灭法：主语为"般若波罗蜜"，承前省。

⑫　随：遵从。

須菩提言："爲隨空教。"

釋提桓因言："何所①爲隨空教者?"

須菩提言："其欲寂靜者②，是菩薩摩訶薩爲知般若波羅蜜。"

釋提桓因言："其學般若波羅蜜者，當護幾何間③?"

須菩提謂釋提桓因："云何，拘翼! 能見法當所護者不? 而言欲護之。"

釋提桓因言："不。"

須菩提言："隨般若波羅蜜教住者④，是爲以⑤得護，若人若非人⑥終不能得其便。"

須菩提言："若菩薩摩訶薩護空者，爲隨般若波羅蜜行已⑦。云何，拘翼! 能可護響不?"

釋提桓因言："不能。"

須菩提言："拘翼! 菩薩摩訶薩行般若波羅蜜者，其法亦如響。以知是者，亦復無想，以無想念爲行般若波羅蜜。⑧

用佛威神，三千大千國土諸四天王、諸釋梵及諸尊天，一切皆來到佛所前，爲佛作禮，遶竟三匝，各住一面。諸四天王、諸釋、梵及諸尊天，悉承佛威神，念諸千佛皆字釋迦文，其比丘者皆字須菩提，問般若波羅蜜者，皆如釋提桓因。⑨

---

① 何所：疑问代词，谁。

② 其欲寂静者：中华藏校，资福藏、碛砂藏、普宁藏、南藏、径山藏、龙藏皆作"其欲處寂静者"，多一"处"字。有"处"字为是。与此句相应，罗什译作"修習虛空"（T08p0552c02），孔兹译作"He would make effort sabout space"。据罗什与孔兹，则"处寂静"相当于"修習虛空"或"致力于太空"。支公将他人译为"修習"或"致力"的词语译为"处"，将"虛空"或"太空"译为"寂静"。意相近。

③ 几何间：本问时间有多长，这里问什么时候。语本陆机《长歌行》："俛仰逝將過，倏忽幾何間。""几何间"本问多少时间，诗里是说没有多长时间。

④ 随般若波罗蜜教住者：坚持遵从般若波罗蜜教诲的人。

⑤ 以：同"已"。

⑥ 若……若……：或……或……。

⑦ 已：同"矣"。

⑧ 至此，言法如空如响。

⑨ 此最后一段为结语。

道行般若經卷第四

後漢月支國三藏支婁迦讖譯

摩訶般若波羅蜜道行經 嘆①品第七

佛言："彌勒②菩薩摩訶薩作阿耨多羅三耶三菩阿惟三佛時，亦當於是處説般若波羅蜜。"

須菩提白佛言："云何③彌勒菩薩摩訶薩於是處説般若波羅蜜？"

佛語須菩提："彌勒菩薩摩訶薩於是成阿惟三佛時，不受色④説般若波羅蜜，不空色⑤説般若波羅蜜，不受痛痒、思想、生死、識説般若波羅蜜，亦不空識説般若波羅蜜，亦不脱色⑥説般若波羅蜜，亦不縛色⑦説般若波羅蜜，亦不脱痛痒、思想、生死、識説般若波羅蜜，亦不縛識説般若波羅蜜。"

須菩提白佛言："般若波羅蜜甚清净，天中天！"

佛言："色亦清净。"

須菩提言："故般若波羅蜜清净。"

---

① 叹：赞叹，赞扬。

② 弥勒：菩萨名，梵 Maitreya 音译，意译慈氏，原为佛弟子，先佛入灭，生于兜率宫，为一生补处菩萨。据言弥勒将于若干年后，继释迦佛之后，于此世为佛。

③ 云何：如何。为求理解不误，此词当置于"说般若波罗蜜"之前。

④ 不受色：不接受色存在的观念。

⑤ 不空色：不以色为空的观念。

⑥ 不脱色：不以色得解脱的观念。

⑦ 不缚色：不以色受束缚的观念。

佛言："痛痒、思想、生死、識亦清净。"

須菩提言："故般若波羅蜜清净。"

佛言："如是空之清净。①"

須菩提言："故般若波羅蜜清净。"

佛言："色清净無瑕穢，般若波羅蜜亦如是。痛痒、思想、生死、識清净無瑕穢，般若波羅蜜亦如是。"

佛言："如空無瑕穢，故般若波羅蜜亦清净。②"

須菩提白佛言："其受、學、誦般若波羅蜜者終不横死，若干百天③若干千天常隨侍之。若善男子、善女人爲法師者，月八日④、十四日、十五日⑤説法時，得功德不可復計。"

佛言："如是，如是！須菩提！得其功德不可復計。若守般若波羅蜜者，其功德出是上去⑥。何以故？須菩提！般若波羅蜜者，即是珍寶故。

"於法無有作者，亦無有得法者，亦無有持者⑦。何以故？法甚深故。亦不可見，亦不可得，亦無有得者。

"須菩提！亦不見般若波羅蜜。何以故？須菩提！亦不可名，亦無有見、得般若波羅蜜者。所索不可得，亦不⑧見。般若波羅蜜甚深如是，亦無有生處。

"般若波羅蜜無所行，亦無所不行。般若波羅蜜亦無有持法

---

① 如是空之清净：言般若波罗蜜清净，如同是虚空清净一样。是，判断词，不是指示代词。石经、圣本无"是"字，意思更为明显。

② 本章至此，言般若波罗蜜清净无瑕，照应上一章。

③ 天：天人、天神。

④ 月八日：每月的初八、十八、二十八。这三天说法礼佛，功德殊胜。后世有佛徒以为，初八说法礼佛帝道遐昌，十八法轮常转，二十八令众生时念无常。

⑤ 十四日、十五日：佛家以为这两天也是说法礼佛的好时机。十四日，摩醯首罗天王下降，按临人间，观察善恶。十五日，四天王太子下降，按临人间，观察善恶。

⑥ 出是上去：超过于此。

⑦ 于法……持者：本来是说，无作法者，无得法者，无持法者。行文语法格式避复。

⑧ 不：圣本、石经"不"后有"可"字，有"可"为长。

者，亦無有守法者，如空無所取，無所持①。無所見，亦不無觀，亦不無見②。"③

三千大千刹土諸天子飛在上，俱皆觀，便舉聲共嘆曰："於閻浮利地上再見法輪轉。"

佛謂須菩提："無兩法輪爲轉④，亦不想有一法輪轉⑤，不轉是⑥者，即般若波羅蜜。"

須菩提言："如是，天中天！極安隱⑦摩訶波羅蜜是⑧，於菩薩摩訶薩無所罣礙法。阿耨多羅三耶三菩阿惟三佛，是無有法成阿惟三佛者。何所⑨法輪，惟三佛⑩見⑪法爲轉？無所還⑫法爲轉。亦無法有恐者，無有法而憂者。⑬ 何以故？⑭ 若有兩法，爲不可得，何所法憂？亦無法轉者，故諸法如空。無所轉，亦無法有還

---

① 持：金藏、石经、丽本如此作。宫本、资福藏、碛砂藏、普宁藏、南藏、径山藏、龙藏皆作"收"。

② 亦不无观，亦不无见：两句是对"无所见"的否定。

③ 至此，言般若波罗蜜之效。

④ 无两法轮为转：没有第二次法轮转。这是针对上面"再见法轮转"而言。为转，即转。

⑤ 一法轮转：第一次转动法轮。

⑥ 是：指代法轮，指代法轮首转再转。

⑦ 安隐：安稳，妥善，精当。

⑧ 是：所带宾语为"无所罣礙法"。"於菩薩摩訶薩"是状语。

⑨ 何所：即何，什么。

⑩ 惟三佛：当是"阿惟三佛"。宫本、资福藏、碛砂藏、丽藏作"惟三佛"，金藏、石经，元明清各藏，皆作"爲轉無所"。今所不从。

⑪ 见：读为"现"。

⑫ 还：读为"旋"，旋转，回旋。《庄子·庚桑楚》："夫尋常之溝，巨魚無所還其體。"陆德明释文："還，音旋，回也。"

⑬ 亦无法有恐者，无有法而忧者：意思就是有无法而恐者，有无法而忧者。为避语法格式的重复而作如是表达。

⑭ 何以故：是问恐什么，忧什么？

者，乃至諸法亦爲無所有。①"②

佛語須菩提："空者無所轉，亦無轉還③，亦無想，亦無願，亦無生死，亦無所從生，亦不有轉，亦不轉還。作是說者，是爲說法無所說者④，亦無所得，亦無有證。作是說法亦不般泥洹，作是說法亦無有盡。"

須菩提白佛言："無極波羅蜜，如空無有極。天中天！一、等⑤波羅蜜者於諸法悉平等。天中天！二、恍忽⑥波羅蜜者爲本空。天中天！三、無上波羅蜜於諸法無所著。天中天！四、無人波羅蜜無有身。天中天！五、無所去波羅蜜無所至。天中天！六、無所有波羅蜜無所持。天中天！七、無有盡波羅蜜無有極⑦。天中天！八、無所從生波羅蜜無所滅。天中天！九、無作波羅蜜無有造者。天中天！十、不知波羅蜜無所得。天中天！十一、無所至波羅蜜無所到。天中天！十二、無垢波羅蜜用⑧净故。天中天！十三、無著波羅蜜無所得。天中天！十四、夢波羅蜜無有我。天中天！十五、清净波羅蜜無瑕穢。天中天！十六、不可見波羅蜜無有處。天中天！十七、定波羅蜜不動搖。天中天！十八、無念波羅蜜悉平等。天中天！十九、不動搖波羅蜜法不移。天中天！二十、無

---

① 何所法轮……为无所有：共72字，辛校（198页）作："何所法輪爲轉？無所見法爲轉，無所還法爲轉。何以故？若有兩法，为不可得，何所法憂？亦無法轉者。何以故？諸法無所轉，亦無法有還者，諸法亦爲無所有。"计59字。增4字，改"惟三佛"为"无所"，删16字。这样大量增删修改，实所罕见。意思是：阿惟三佛所转的是什么现法轮？是无所旋转的法轮。有为无法而恐者，有为无法而忧者。他恐怖他忧虑什么呢？如果说有再转法轮，那是不可能的事。所以就用不着恐和忧。无法可转，诸法如空。本无所转，当然诸法亦无所转，甚至连法本性都没有。

② 至此，言二转法轮。

③ 转还：等于说旋转。

④ 是为说法无所说者：这就是无所说的说法。

⑤ 等：同等，与真正的般若波罗蜜同等，即正般若波罗蜜。

⑥ 恍忽：虚幻不实，前已注。

⑦ 极：终极。

⑧ 用：以，因为。

欲波羅蜜本無故。天中天！二十一、無所生波羅蜜無所向①。天中天！二十二、寂波羅蜜無有想。天中天！二十三、無恚波羅蜜無有恨。天中天！二十四、無人波羅蜜本無故。天中天！二十五、不觀波羅蜜法無所從起。天中天！二十六、不至邊波羅蜜無所止。天中天！二十七、不腐波羅蜜無有敗。天中天！二十八、無不入②波羅蜜，諸羅漢、辟支佛所不及。天中天！二十九、不亂波羅蜜無有誤。天中天！三十、不可量波羅蜜無有小法。天中天！三十一、無形波羅蜜於諸法無所罣礙。天中天！三十二、不可得波羅蜜無所生。天中天！三十三、無常波羅蜜不有壞③。天中天！三十四、無苦波羅蜜諸法不相侵④。天中天！三十五、無我波羅蜜於諸法無所求。天中天！三十六、空波羅蜜於諸法不可得。天中天！三十七、無有想波羅蜜於諸法無所出。天中天！三十八、力波羅蜜於諸法爲有勝⑤。天中天！三十九、不可計佛法波羅蜜於諸法出計去⑥。天中天！四十、自然⑦波羅蜜，般若波羅蜜是。天中天！四十一、於諸法亦無自然⑧故。"⑨

---

① 向：面对。

② 无不入：即无入，不入。否定字叠加，加强否定。前已有注。不入，指不著，不取著。相对应的词语，罗什为"不著"（T08p0553b27），唐一译为"无取著"（T07p0805b08），唐二译同（T07p0887b24），宋译为"无著"（T08p0619c23）。

③ 不有坏：即无坏。

④ 无苦波罗蜜诸法不相侵：由于相侵逼，故有苦恼，今不相侵逼，故无苦恼。这是初期般若说的观点。至罗什，这一观点有变，此句作"苦波罗蜜是般若波罗蜜，诸法无苦恼故"（T08p0553c05）。至唐一，又小变，作"是名爲苦波罗蜜多，是逼恼法平等故"（T07po805b17）。辛校（204 页）据后改前，将"無苦"改为"苦"。

⑤ 于诸法为有胜：言胜过诸法。

⑥ 出计去：超出计算法之外，意思就是不可计量。

⑦ 自然：本真。

⑧ 于诸法亦无自然：般若波罗蜜如同诸法，亦无自性。

⑨ 至此，叹般若波罗蜜的美好特质。

摩訶般若波羅蜜道行經　持①品第八

　　釋提桓因作是念："其聞般若波羅蜜者，皆過去佛時人，何況學、持、諷誦？學、持、諷誦已如教住者，是人前世供養若干佛已②，今復聞深般若波羅蜜，學、持、諷誦如教住。其人從③過去佛時問事已④，是善男子、善女人爲更見過去三耶三佛，從聞深般若波羅蜜，以⑤不疑、不恐、不難、不畏。"

　　舍利弗白佛言："菩薩摩訶薩信受深般若波羅蜜者，當視之如阿惟越致。何以故？天中天！般若波羅蜜甚深，本用精進⑥信般若波羅蜜故，設有輕⑦般若波羅蜜，其人前世時亦輕般若波羅蜜已。所以者何？用不信樂深般若波羅蜜，爲不問佛及弟子之所致。以是故，當知之。"

　　釋提桓因語尊者舍利弗："般若波羅蜜者爲甚深，難及。其⑧有說深般若波羅蜜，若不信者，其人爲未行菩薩道，反持作難⑨。自歸⑩般若波羅蜜者，爲自歸薩芸若慧⑪已⑫。"

　　舍利弗語釋提桓因："如是，如是！拘翼！歸薩芸若慧者，以⑬爲自歸般若波羅蜜。何以故？從是中出怛薩阿竭、阿羅呵、三

---

① 持：保持，牢記于心。

② 已：表示动词"供养"是过去式，当置于动词"供养"之前。

③ 从：介词，用同"于"。支公特殊用法。

④ 已：当置于动词"问"之前，作"已问事"。与上"已"字用法相同。

⑤ 以：用同"已"。支公似乎有时用"以"表示"已"，而用"已"表过去式。

⑥ 精进：殚精竭虑，以求上进。

⑦ 轻：轻视。

⑧ 其：表示假设。

⑨ 作难：辩诘、批评。《后汉书·李育传》："嘗讀左氏傳……作難左氏義四十一事。"

⑩ 自归：自己信服、归依。

⑪ 萨芸若慧：即萨芸若，一切智。慧，就是智。

⑫ 已：用于句末，表示自归萨芸若在自归波罗蜜之前。

⑬ 以：已。用于动词前。

耶三佛、薩芸若。薩芸若慧者，是般若波羅蜜之所照明，於般若波羅蜜中住者無不解慧①。"

釋提桓因白佛言："菩薩摩訶薩、薩芸若云何行般若波羅蜜？云何於般若波羅蜜中住？云何解般若波羅蜜中慧？"

佛言："善哉，善哉！拘翼！乃作是問。今發②汝者，皆佛威神之所致。若菩薩摩訶薩行般若波羅蜜者，不住色中。如色不住者即爲行③。於痛痒、思想、生死識中不住，如是識不住者即爲行。於色中不究竟④，如色不究竟者，爾故⑤不於色中住。痛痒、思想、生死、識不究竟，如識不究竟者，爾故不於識中住。"

舍利弗白佛言："般若波羅蜜者甚深，天中天！般若波羅蜜者，難得見邊幅，天中天！"

佛語舍利弗："色亦甚深不住，如色甚深不住，如是色甚深不住者，是即爲解痛痒、思想、生死、識甚深不住，如識甚深不住。如是識甚深不住者，是即爲解色亦甚深不隨⑥。如是色甚深不隨，如是色甚深不住，如色甚深不住，是爲色甚深不隨，痛痒、思想、生、死識甚深不隨。如是識甚深不隨，如是識甚深不住。如⑦是識甚深不住，是爲識甚深不隨。"

舍利弗白佛言："般若波羅蜜甚深，天中天！當於阿惟越致菩薩前說之，聞是慧法不疑，亦不痴⑧〔厭〕之。"

釋提桓因問舍利弗："菩薩摩訶薩未受決者，於前說之，將有

---

① 解慧：理解、懂得、信服薩芸若。本章至此，闡釋过去的行为与现在的关系。

② 发：启发。

③ 行：承前省宾语"色"。"行色"，罗什作"习色"（T08p0554a12），唐一作"學色"（T07p0806a19），唐二同（T07p0888a18）。"色"怎么"行"，怎么"习"、"學"，孔兹英译作"makes efforts about form"（着力于色），较为具体可识。

④ 究竟：佛经中，此词多用来表示终极、彻底。这里是尽力的意思。"於色中不究竟"，即是不尽力于色。罗什作"不習色"（T08p0554a14），唐一作"於色不學"（T07p0806a22），唐二作"不學色"（T07p0888a21）。

⑤ 尔故：因此之故。犹如说因此。

⑥ 隨：随顺，习学。不随，不习学色亦甚深。

⑦ 如：各本此处皆有"如"字，惟大正藏及其所据本缺，当补。

⑧ 痴：大正藏及其所据本如此作，其他各本皆作"厭"，作"厭"是。厌，厌倦。

何等異?"

舍利弗言:"是菩薩求佛已來大久遠,爲已受決,若未受決聞之,便於中受決,亦復不久,若見一佛若見兩佛,便受決,作阿耨多羅三耶三菩。菩薩摩訶薩未受決者,聞是恐畏,即捨還去"①。

佛語舍利弗:"如是,如是!菩薩摩訶薩求佛道以來大久遠,若受決、未受決者,皆聞深般若波羅蜜。"②

舍利弗白佛言:"我亦樂喜聞是語,天中天!樂人令得安隱。"

佛語舍利弗:"若樂者,於我前説之。"

舍利弗言:"譬若是菩薩摩訶薩,天中天!自見於夢中坐佛座,知今近阿耨多羅三耶三菩成至阿惟三佛。如是,天中天!菩薩摩訶薩得聞深般若波羅蜜者,是菩薩摩訶薩學已來大久遠,今受決不復久,其功德欲成滿。菩薩摩訶薩當作是知,其得深般若波羅蜜者,其功德欲③成滿。"

佛言:"善哉,善哉!舍利弗!乃樂作是説,皆佛威神之所致。"

舍利弗白佛言:"譬如男子行萬里,天中天④!若數萬里者,到大空澤中。是人遙相見牧牛者、若牧羊者、若見界⑤、若見廬舍、若見叢樹,作是想念:'如見郡,如見縣,如見聚落。'若欲見聞。作是想,稍稍前行且⑥欲近之,不復畏盜賊。菩薩摩訶薩得深般若波羅蜜者亦如是,天中天!今受決不復久,亦不畏當墮阿羅漢、辟支佛道地。何以故?上頭⑦有想,以聞見得深般若波羅

---

① 菩薩摩訶……即舍還去:此爲説未受決者的另一種況。未受決者,聽聞深般若波羅蜜,一種情況是疾得授決,另一種情況是"即舍還去"。辛校(211頁)以爲多餘,刪去。

② 至此,言受決前的必經階段。

③ 欲:將要。

④ 天中天:插入語。

⑤ 界:地域。

⑥ 且:將。

⑦ 上頭:猶如説前面。

道行般若经卷第四 **115**

蜜。

譬若男子欲見大海，天中天！便行之①大海，若見樹有樹想，若見山有山想，當知大海尚遠。稍稍前行，不見樹亦無樹想，不見山亦無山想，心亦念知大海且至亦不久，於中道無復有樹亦無樹想，無復山亦無山想，是男子尚未見大海，是應且欲爲至，是菩薩摩訶薩當作是知。天中天！若聞得深般若波羅蜜，雖不見佛從受決者，是爲今作佛不久。

若聞得深般若波羅蜜者，譬如若春時樹，天中天！其葉稍稍欲生，如是不久當有華②實。何以故？是樹本之瑞應③，想知不久當有葉若華實，閻浮利人者皆大歡喜，曾見是樹，想知不久葉華實當成熟。如是，天中天！菩薩摩訶薩得見深般若波羅蜜者，其功德欲成滿，今於般若波羅蜜中自致成就，是菩薩摩訶薩當知之，過去世時學般若波羅蜜，其功德欲成滿之所致。以是故，復得聞深般若波羅蜜，天上諸天無不代喜者，想見過去菩薩摩訶薩受決時，知是菩薩摩訶薩今復受決，不久作阿耨多羅三耶三菩。

譬如女人有娠，天中天！稍稍腹大身重④，不如本故，所作不便，飲食欲少，行步不能，稍稍有痛，語言軟遲，臥起不安，其痛欲轉⑤，當知是婦人今產不久。菩薩摩訶薩亦如是，天中天！其功德欲成滿，若得聞見深般若波羅蜜，其念行者⑥，當知是菩薩摩訶薩今受決不久，得作阿耨多羅三耶三菩。”

佛言：“善哉，善哉！舍利弗！若所說者悉佛威神之所致。”⑦

須菩提白佛言：“難及也，天中天！怛薩阿竭！阿羅呵！三耶

---

① 之：至。

② 华：花。

③ 瑞应：先兆。

④ 身重（chóng）：怀孕。

⑤ 转：变得厉害些。

⑥ 其念行者：那些想念着要实行的人。孔兹译作“his thought delights in it, and he become desirous of it”。

⑦ 至此，说 5 个接近正觉的比喻。

三佛，悉豫①了了②署③菩薩摩訶薩。"

佛語須菩提："菩薩摩訶薩晝夜念世間，悉使得安隱④，傷念⑤天上天下，以是故，自致阿耨多羅三耶三菩，成作佛時，悉爲說法。"

須菩提白佛言："如是菩薩摩訶薩，天中天！行般若波羅蜜者，當云何行，得成就？"

佛語須菩提："菩薩摩訶薩行般若波羅蜜者，不觀色過⑥，爲行般若波羅蜜，不觀痛痒、思想、生死、識過，爲行般若波羅蜜。不觀色無過⑦，爲行般若波羅蜜，不觀痛痒、思想、生死、識無過，爲行般若波羅蜜。不見是法，爲行般若波羅蜜，亦不見非法，爲行般若波羅蜜。"

須菩提白佛言："天中天！所説不可計。"

佛語須菩提："色亦不可計，痛痒思想生死識亦不可計。不知色⑧者，是爲行般若波羅蜜，不知痛痒、思想、生死、識者，是爲行般若波羅蜜。"

須菩提白佛言："誰當信是者，天中天！是爲菩薩摩訶薩行？"

佛謂須菩提："何所爲行，正使菩薩摩訶薩行者，爲得字

---

① 豫：预先.

② 了了：清清楚楚，明明白白。

③ 署：付嘱，护视。此义当是从"安排，部署"义引申而来。

④ 安隐：安稳，平安。

⑤ 伤念：哀愍，哀怜。

⑥ 不观色过：看不到色有所增加。超过了应有的数量，就是增加。罗什（T08p0554c17）、唐一（T07p0807b16）、唐二（T07p0889a19）都译作"不见色增"。

⑦ 不观色无过：看不到色减。无过，指未及。数量未及，就是减少。罗什（T08p0554c18）、唐一（T07p0807b18）、唐二（T07p0889a19）都译作"不见色减"。

⑧ 不知色：不探知色的奥妙。罗什作"不分别不可思议"（T08p0554c23）。此处经意是说，色不可思议，但不作不可思议想。

耳①。是菩薩摩訶薩行般若波羅蜜者，於力②無所近③，於四事無所畏④亦無所近，於佛法亦無所近，於薩芸若亦無所近。何以故？力者不可計⑤，四事無所畏亦不可計，佛法亦不可計，薩芸若亦不可計，色亦不可計，痛痒、思想、生死、識亦不可計，諸法亦不可計，心亦不可計。正使菩薩摩訶薩作是行者，爲無所行，是爲行般若波羅蜜。正使作是行者，爲得字耳。"

須菩提白佛言："般若波羅蜜者，甚深，珍寶中王。天中天！般若波羅蜜者，大將中王。天中天！般若波羅蜜與空共鬭，無能勝者⑥。天中天！從是中不得斷。⑦"⑧

佛言："如是，如是！須菩提！欲疾書是經者，至一歲乃至竟⑨。何以故？是善男子於珍寶中，多有起因緣⑩，至⑪使中斷。"

須菩提言："於般若波羅蜜中，弊魔常使欲斷。"

佛語須菩提："正使弊魔欲斷是經者，會⑫不能得勝菩薩摩訶

---

① 为得字耳：只不过得一个空名而已。

② 力：如来十种智力（1）知一切事物的道理和非道理；（2）知三世因果业报；（3）知诸禅解脱三昧；（4）知诸根胜劣；（5）知众生种种知解力；（6）知众生种种境界不同；（7）知众生行道因果；（8）知众生生死及善恶业缘；（9）知众生宿命及知无漏涅槃；（10）知永断习气。

③ 无所近：无所接近而识知之。"於力無所近"，罗什作"不分別佛十力"（T08p0544c27），唐一作"不分別如來十力"（T07p0807c07），唐二同（T07p0889b05）。

④ 四事无所畏：四无畏，四无所畏，言佛于大众中说法，有四事无所畏惧，说已具备一切智无所畏；说已漏尽无所畏；说障道法无所畏；说尽苦道无所畏。

⑤ 不可计：不可量度。此处多个"不可计"，罗什（T08p9554c28）、唐一（T07p0807c11）、唐二（T07p0889b07）、宋译（T08p0622b18）皆作"不可思議"。知此"不可计"主要言其神妙不可测。

⑥ 与空共斗，无能胜者：般若波罗蜜如虚空一样极其清净。

⑦ 从是中不得断：佛之事业由般若波罗蜜而不致中断。吴译此处作"令佛行業傳之無窮"（T08p0490c15），与首译不异。

⑧ 至此，言修般若波罗蜜者应有之认识与态度。

⑨ 至一岁乃至竟：写此经写一年才写完。

⑩ 起因缘：出事故。宫本、普宁藏、南藏、径山藏、龙藏作"起魔因緣"，指因魔的破坏而出事故。

⑪ 至：通"致"。《尔雅·释诂上》："迄，至也。"郝懿行义疏即如是说。

⑫ 会：犹"定"，将会。

薩。"

舍利弗問佛言："持誰威神恩，弊魔不能中道斷之？"

佛告舍利弗："皆佛威神，及十方阿僧祇刹土現在諸佛，復假威神之恩，諸佛悉共念之，悉共授之，悉共護之。菩薩摩訶薩已爲得護，佛所授者，舍利弗！弊魔不能得中道斷之。何以故？十方阿僧祇刹土現在諸佛，皆共護般若波羅蜜。若有念、説、誦者，若有學、受、書者，皆是諸佛威神之所致。"

舍利弗白佛言："菩薩摩訶薩若有念、誦者，若持、學、書者，以爲諸佛威神之所擁護①。"

佛語舍利弗："皆是諸佛威神恩，是菩薩摩訶薩學般若波羅蜜者，當知之爲（護）②佛所護。"

舍利弗言："若有學、持、誦般若波羅蜜者，佛以眼悉視之。"

佛語舍利弗："怛薩阿竭以佛眼視學、持、誦般若波羅蜜者，最後若書持經卷者，當知是輩悉爲怛薩阿竭眼所見已。"③

佛語舍利弗："菩薩至德之人學、受、持是經者，是菩薩摩訶薩今近佛坐，爲阿耨多羅三耶三菩。最後若有書、持是經者，是輩人極尊，得大功德。如是，舍利弗！怛薩阿竭去後，是般若波羅蜜當在南天竺④。其有學已，從南天竺當轉至西天竺。其有學已，當從西天竺轉至到北天竺。其有學者當學之。"

佛語舍利弗："却後經法且欲斷絕時，我悉知持般若波羅蜜者，若最後有書者，佛悉豫見其人，稱譽説之。"

舍利弗問佛："最後世時，是般若波羅蜜當到北天竺耶？"

佛言："當到北天竺。其在彼者，當聞般若波羅蜜，復行問⑤

---

① 拥护：保护。

② 护：丽藏、金藏、石经有此"护"字。资福藏、碛砂藏、普宁藏、南藏、径山藏、龙藏皆无。此"护"当是衍文。圣本作"诸"，可通。

③ 至此，言修行般若波罗蜜者为佛所护。

④ 天竺：印度古称。相传是古伊朗语印度的音译。

⑤ 问：先是听闻，而后是请教，咨问疑难。

之。當知是菩薩摩訶薩作衍①已來大久遠，以故復受般若波羅
蜜。"②

舍利弗言："北天竺當有幾所③菩薩摩訶薩學般若波羅蜜者？"

佛語舍利弗："北天竺亦甚多菩薩摩訶薩，少有學般若波羅蜜
者。若有説者，聞之不恐、不難、不畏，是人前世時聞怛薩阿竭、
阿羅呵、三耶三佛，以④是菩薩至德之人，持净戒完具，欲爲一切
人作本⑤，多所度脱。是輩人索佛道者，我知是善男子、善女人，
今近薩芸若。作是學者，在所生處⑥，常學是法，便行阿耨多羅三
耶三菩。是善男子、善女人爲極尊貴，魔終無那何⑦，不能動還⑧
令捨阿耨多羅三耶三菩。是善男子、善女人聞是波羅蜜者，以⑨得
極尊、勸樂⑩摩訶衍功德，還⑪［逮］近阿耨多羅三耶三菩。'是
善男子、善女人雖不見我，後世得深般若波羅蜜者，爲已面見。'
佛⑫説是語無異。是爲菩薩行，當所施行。其有若干百人、若干千
人，索阿耨多羅三耶三菩者，當共教之，當共勸樂之，當爲説法，
皆令歡喜學佛道。"

佛語舍利弗："我勸助是善男子、善女人至德⑬學菩薩道。有
作是教⑭者，心心展轉相明。是善男子、善女人有代勸助⑮者，是

---

① 作衍：信受奉行大乘。衍，乘的音译，这里指大乘。
② 至此，预测般若波罗蜜的传播。
③ 几所：几许，多少。
④ 以：同"已"。
⑤ 作本：为众生做个垫底，以有利于他们修行，达到度脱的目的。
⑥ 在所生处：任凭生于何处。
⑦ 无那何：莫奈其何。
⑧ 动还：动，使之动摇。还，使之退转。
⑨ 以：因。
⑩ 劝乐：约当于鼓励。鼓励他，使之喜爱，动补式，或说动结式。
⑪ 还：丽藏、金藏、石经、圣本如是作。宫本、资福藏、碛砂藏、普宁藏、南
藏、径山藏、龙藏皆作"逮"。作"逮"是，谓获得。
⑫ 佛：过去诸佛。
⑬ 至德：至德之人，具备最高道德的人。
⑭ 教：受教。
⑮ 代劝助：后世这个意思译为"随喜"。

輩欲行菩薩道者，若干百人、若干千人，索阿耨多羅三耶三菩者，當共教之，當共勸樂之，當令歡①喜學佛道。是輩善男子、善女人心中踊躍歡喜者，願生他方佛刹，以生異方②者，便面見佛説法，復聞波羅蜜，皆悉了了知之，復於彼刹教若干百千人皆行佛道。"

舍利弗白佛言："難及也，天中天！以過去、當來、今現在法無所不了，悉知當來菩薩摩訶薩行，令是輩不懈精進學入六波羅蜜中。"

佛言："是善男子、善女人有行是法者，所求者必得，若所不求會復自得。是善男子、善女人本願之所致，不離是法，雖不有所索者，自得六波羅蜜。"

舍利弗問佛："從是波羅蜜中可出經卷耶？"

佛語舍利弗："是善男子、善女人深入般若波羅蜜者，於是中自解，出一一深法以爲經卷。何以故？舍利弗！其有如阿耨多羅三耶三菩教者，便能教一切人，勸助之，爲説法，皆令歡喜學佛道。是善男子、善女人自復學是法，用是故，所生處轉得六波羅蜜。"③

摩訶般若波羅蜜道行經　覺④品第九

須菩提問佛言："善男子、善女人於學中當有効驗⑤。天中天！當何以覺其難？"

佛語須菩提："心不樂喜⑥者，當覺知⑦魔爲；菩薩摩訶薩心

---

① 歡：大正藏原誤作"勸"，今径改。
② 异方：即上句所说"他方佛刹"。
③ 至此，言修学般若波罗蜜者，自力，自得，佛亦劝助之。
④ 觉：觉知魔之所行。
⑤ 效验：犹如我们现在说"反应"。
⑥ 心不乐喜：说经时，心不喜乐。
⑦ 觉知：知晓（是）。

卒妄起①者，覺知魔爲；菩薩摩訶薩書是經時，若有雷電畏怖②，當覺知魔爲；菩薩摩訶薩書是經時，展轉③調戲④，當覺知魔爲；菩薩摩訶薩書是經時展轉相形⑤，當覺知魔爲；菩薩摩訶薩書是經時左右顧視，當覺知魔爲；菩薩摩訶薩書是經時，心邪念不一，當覺知魔爲；菩薩摩訶薩心不在經上，數⑥從坐起，當覺知魔爲；菩薩摩訶薩自念：'我未受決在般若波羅蜜中。'心亂，便起去，當覺知魔爲；菩薩摩訶薩自念：'我字不在般若波羅蜜中。'心不喜樂，當覺知魔爲。菩薩摩訶薩自念：'我鄉里、郡國、縣邑不聞般若波羅蜜，及所生處，了不聞是。'其意欲悔，便即捨去。其人却後當復更劫數⑦，乃有所得，甫當⑧於若干劫中喜學餘⑨經，不住薩芸若。弃捨深般若波羅蜜去。⑩

若學餘經者，爲以捨本取其末；有學般若波羅蜜者，亦知俗法，復知道法⑪。譬若狗子⑫從大家⑬得食，不肯食之，反從作務

---

① 心卒（cù）妄起：突然心起妄念。孔兹译作“Or，after understanding has been generated，it will immediately again be disturbed”。

② 雷电畏怖：因雷电大作而震恐。

③ 展转：反复。

④ 调戏：玩耍。

⑤ 相形：作怪样子，以相戏谑。形，扮相，扮怪相，丑相。

⑥ 数（shuò）：多次。

⑦ 劫数：若干劫。

⑧ 甫当：将。

⑨ 馀：别的，其他的。

⑩ 本章开始到此为说种种魔事。

⑪ 有学……道法：般若波罗蜜既知俗法，亦知道法，既知世间法，亦知出世间法，是本，其余是末。波罗蜜是本这个意思，在“有学……道法”这个句子中，被译者简省了，没有明说。

⑫ 狗子：就是狗。

⑬ 大家：主人，老板。

者①索食。如是，須菩提！當來有菩薩弃深般若波羅蜜，反索枝掖②般若波羅蜜，爲隨异經術，便墮聲聞、辟支佛道地。譬若男子得象，觀其腳③，於須菩提意云何，是男子爲點④不?"

須菩提言："爲不點。"

佛言："是菩薩有德之人，爲二輩中⑤，有弃深般若波羅蜜去，反修學餘經，得阿羅漢、辟支佛道，於須菩提意云何，是菩薩爲點不?"

須菩提言："爲不點。"

佛言："如是當覺知魔爲。"

佛語須菩提："譬若男子欲見大海者，常⑥未見大海，若見大陂池水，便言：'是水將無⑦是大海?'於須菩提意云何，是男子爲點不?"

須菩提言："爲不點。"

佛言："如是菩薩有德之人，弃般若波羅蜜去，反學餘經，墮聲聞、辟支佛道地，於須菩提意云何，是菩薩摩訶薩爲點不?"

須菩提言："爲不點。"

---

① 作务者：打工的。

② 枝掖："相似"的音译，枝掖般若波罗蜜，似是而非的波罗蜜，伪般若波罗蜜。前文已有注。唯"枝掖"亦有可释为枝叶的证据。在此提及。一是宋译此处作"而返於彼聲聞、緣覺法中取其枝葉（T08p0625c02），但这里是说"声闻、缘觉法"的枝叶，不是首译中所说枝掖"般若波罗蜜"。一是孔兹译梵文，与此有关的译文为"some persons belonging to the vehicle of the Bodhisattvas will spurn this perfection of wisdom, which is the root of the cognition of the all-knowing, and decide to look for thecore, for growth, for Buddhahood, in the vehicle of the Disciples and Pratyekabuddhas, which really corresponds to branches, leaves and foliage"，谓声闻、缘觉乘相当于枝叶落花。我们只是不隐瞒不利于我们观点的证据，并不是放弃自己的观点。宋译和梵文所说并不能完全代表后汉时的般若学说。

③ 得象，观其脚：欲知象之形、色，不观象，反观其脚迹。

④ 點：聪慧。

⑤ 为二辈中：属于二辈中的人。二辈，指声闻和缘觉。

⑥ 常：日常，平常。宫本、资福藏、碛砂藏及丽藏作"常"，圣本、金藏、石经等各本皆作"尚"。

⑦ 将无：犹莫非。

佛言："是菩薩摩訶薩當覺知魔爲。譬若絕工之師①能作殿舍，意欲揆②作如日月宮殿③，令高無不見者，於須菩提意，乃能作不？"

須菩提言："日月宮殿甚高，終不能作。"

佛言："於須菩提意云何，是男子爲黠不？"

須菩提言："爲不黠。"

佛言："如是，須菩提！當來行菩薩道者，得聞深般若波羅蜜，不可意④便弃捨去，反明⑤聲聞、辟支佛法，於中求薩芸若。於須菩提意云何，是菩薩爲黠不？"

須菩提言："爲不黠。"

佛言："是菩薩摩訶薩當覺知魔爲。譬若男子欲見遮迦越羅⑥者，未見遮迦越羅，反見小王，想⑦其形容被服，諦熟觀之，便呼言：是爲遮迦越羅。於須菩提意云何，是男子爲黠不？"

須菩提言："爲不黠。"

佛言："如是，須菩提！甫當來有菩薩得聞深般若波羅蜜，反不可意，便弃去，入聲聞法中，欲求薩芸若。於須菩提意云何，是菩薩爲黠不？"

須菩提言："爲不黠。"

佛言："是菩薩摩訶薩當覺知魔爲。譬若男子大飢，得百味⑧

---

① 绝工之师：（技艺）独一无二的工匠。

② 揆：揆度，规划。

③ 日月宫殿：日宫殿、月宫殿，言其高大宏伟。

④ 可意：称意。

⑤ 明：求明，寻求通晓。

⑥ 遮迦越罗：梵 Cakravartin 音译，意译转轮圣王，佛家政治理想中的最高统治者。

⑦ 想：设想，想象。谓设想转轮圣王的相貌衣饰。辛校（237 页）改"想"为"相"，非是。

⑧ 百味：各种美味。

之食不肯食之，更食六十味之食①。於須菩提意云何，是男子爲黠不?"

須菩提言："爲不黠。"

佛言："如是，須菩提！甫當來有菩薩摩訶薩得聞深般若波羅蜜，而不可意，便弃捨去，入聲聞法中，求薩芸若，欲得作佛。於須菩提意云何，是菩薩摩訶薩爲黠不?"

須菩提言："爲不黠。"

佛言："是菩薩摩訶薩當覺知魔爲。譬如男子得無價摩尼珠，持水精②比之，欲令合同。於須菩提意云何，是男子爲黠不?"

須菩提言："爲不黠。"

佛言："如是甫當來有行菩薩道者，得聞深般若波羅蜜，反持比聲聞法，於聲聞法中欲得薩芸若作佛。於須菩提意云何，是菩薩摩訶薩爲黠不?"

須菩提言："爲不黠。"③

佛言："是菩薩摩訶薩當覺知魔爲。復次，須菩提！書般若波羅蜜時，若有財利起④，聞是言⑤便弃捨去，是菩薩摩訶薩爲自作留難⑥。"

須菩提問佛："如是得書成般若波羅蜜不?"

佛言："不能得書成之，是善男子當覺知魔爲。"

佛言："須菩提！若善男子多少⑦書是經者，其言：'我書般

---

① 六十味之食：罗什作"六十日饭"（T08p0556b12），宋译同（T08p0626a07），唐一作"兩月穀飯"（T07p0811a26），唐二作"六十日穀飯"（T07p0891b19）。孔兹译作"inferior and stale food"。至于何以用"六十味之食"代指劣等的、陈腐的食物，未知其审。

② 水晶：无色透明的石英结晶，亦称水玉。

③ 至此，言般若波罗蜜法与其他法的关系。

④ 财利起：财利贪欲之心产生。

⑤ 闻是言：犹如说起是心。

⑥ 留难：阻挠、艰难。

⑦ 多少：或多或少。

若波羅蜜。'於是中想聞其決①，欲有所得，當②覺知魔爲。其作想求③者，爲墮魔界。

"復次，須菩提！書般若波羅蜜時，意念鄉里，若念異方，若念異國，若念王者，若念有賊，若念兵，若念鬥，意念父母、兄弟、姊妹、親屬，復有餘念。魔復益其念，亂菩薩摩訶薩意，爲作留難。當覺知魔爲。

"復次，須菩提！若有財利——震越衣服、飲食、床臥具、病瘦醫藥——悉具足來，聞菩薩耳④，令意亂，不得學誦書成般若波羅蜜。當覺知魔爲。

"復次，須菩提！有佛深法，魔從次行亂之⑤，令菩薩摩訶薩不復樂欲得漚惒拘舍羅，便不可意⑥問般若波羅蜜。"

佛言："我廣説菩薩摩訶薩事，其欲學漚惒拘舍羅者，當從般若波羅蜜索之。其不可⑦般若波羅蜜，便弃捨去，爲反於聲聞道中索漚惒拘舍羅。於須菩提意云何，是菩薩爲黠不？"

須菩提言："爲不黠。"

佛言："如是，菩薩摩訶薩當覺知魔爲。⑧

"復次，須菩提！若受經之人欲聞般若波羅蜜，法師身得不安，如是菩薩摩訶薩當覺知魔爲。

"復次，須菩提！法師適安欲與般若波羅蜜，其受經者欲復轉去，兩不和合⑨，亦不得書成般若波羅蜜。如是，菩薩摩訶薩當覺知魔爲。

"復次，須菩提！學經之人來，欲受般若波羅蜜，其心歡悅，

---

① 決：何时何地成何佛的决定。
② 当：大正藏误为"常"，今径改。
③ 作想求：作求想，生起有所求的想法。
④ 闻菩萨耳：菩萨得耳闻。
⑤ 从次行乱之：从其间把它搞乱。
⑥ 不可意：不称意，不乐意。
⑦ 可：犹如说赞成。
⑧ 至此，续说魔种种所为。
⑨ 和合：等于说和谐。

法師欲至他方，如是兩不和合，不得學書成般若波羅蜜。如是，菩薩摩訶薩當覺知魔爲。

"復次，須菩提！法師意欲有所得，若衣服財利，受經之人亦無與心，兩不和合，不得學成般若波羅蜜。如是，菩薩摩訶薩當覺知魔爲。

"復次，須菩提！受經之人無所愛惜，在所索者①，不逆其意，法師所有經卷而不肯現，亦不順解，其受經者便不歡樂，兩不和合，不得學書成般若波羅蜜。如是，菩薩摩訶薩當覺知魔爲。

"復次，須菩提！法師適欲有所説，其受經之人不欲聞知，如是兩不和合，亦不得聞般若波羅蜜。如是，菩薩摩訶薩當覺知魔爲。

"復次，須菩提！法師若身疲極②，臥欲不起，不樂有所説，受經之人欲得聞般若波羅蜜，如是兩不和合，不得聞般若波羅蜜。如是，菩薩摩訶薩當覺知魔爲。

"復次，須菩提！若欲書般若波羅蜜，若欲説時，於眾中儻③有來者，反説誹謗：'用是爲學，多負勤苦。'言泥犁、禽獸、薜荔④甚大勤苦，語人言：'當早斷生死根⑤。'如是者，菩薩摩訶薩當覺知魔爲。

"復次，須菩提！若欲書般若波羅蜜，若欲説時，其有來人坐於眾中，稱譽天上快樂，五所欲⑥悉可自恣⑦。其作禪⑧者，可得

---

① 在所索者：任憑他要什麼。

② 疲極：疲倦。

③ 儻（tang）：或許，偶然。

④ 薜荔：梵 preta 音译，意译饿鬼。

⑤ 断生死根：死掉，一了百了。

⑥ 五所欲：即五欲，色、声、香、味、触五欲。

⑦ 自恣：随意，随意享受。"五所欲悉可自恣"，此言欲界之乐。

⑧ 作禅：修习禅定、静虑。

在色天中①。念空寂②者，可得在無色之天③。是皆無常、勤苦之法。不如於是索須陀洹道，斯陀含、阿那含、阿羅漢道，便不復與生死從事④。如是，須菩提！菩薩摩訶薩當覺知魔為。

"復次，須菩提！法師念：'我是尊貴，有來恭敬自歸者，我與⑤般若波羅蜜；若有不恭敬自歸者，我不與之。'受經之人自歸，作禮恭敬，不避處⑥〔劇〕難。法師意悔，不欲與弟子經，聞異國中穀貴⑦，語受經人言：'善男子知不？能與我俱至彼間⑧不？諦自念之⑨，莫得後悔。'弟子聞其所言，甚大愁毒⑩，即自念言：'我悉見經已，不肯與我，當奈之何。'如是兩不和合，不得學、書成般若波羅蜜。如是，須菩提！菩薩摩訶薩當覺知魔為。

"復次，須菩提！法師欲到極劇之處，語受經人言：'善男子能知不？其處無穀，有虎狼，多賊，五空澤⑪，我樂往至彼間。諦自思議，能隨我忍是勤苦不？'復以深好語與共語，弟子悉當⑫厭已，心不復樂，稍稍賜⑬還。如是，須菩提！乃作是礙⑭，不得學般若波羅蜜。如是，菩薩摩訶薩當覺知魔為。

---

① 在色天中：在色界得静虑之乐。

② 念空寂：修习虚空寂灭。

③ 在无色之天：在无色界享寂灭之乐。

④ 不复与生死从事：不再与生死打交道，超脱生死。

⑤ 与：授予。

⑥ 处：大正藏及其所据丽藏如是作。他本皆作"劇"，作"劇"是。"劇"亦难也。《后汉书·列女传·曹世叔妻》："執務私事，不辭劇易。"李贤注："劇，猶難也。"

⑦ 谷贵：粮食昂贵，就是说，那里是饥饿之乡。

⑧ 彼间：那里。

⑨ 谛自念之：自己仔细想想。

⑩ 愁毒：忧愁，烦恼。

⑪ 五空泽：言其处为五大空泽，空旷的沼泽地带。哪五大空泽，无记无传，不可得注。

⑫ 当：应当，表示一种推测。"悉当厌已"，应当是都已厌恶了。

⑬ 赐：尽。《玉篇·贝部》："賜……，空盡也。""賜還"，倒退尽，倒退光，不剩一人。

⑭ 碍：障碍，阻碍。

"復次，須菩提！法師健①行乞丐②，多有方略，殊不肯與弟子經，反欲懈墮、捨去，便語受經人言：'善男子知不？我當有所至，則有所問言③。如是兩不和合，不得學書成般若波羅蜜。如是，菩薩摩訶薩當覺知魔爲。④

"復次，須菩提！弊魔常索其方便，不欲令有學、誦、受般若波羅蜜者。"

須菩提問佛："弊魔何因常索其方便，不欲令有學、誦、受般若波羅蜜者？"

佛語須菩提："弊魔主行誹謗：是非波羅蜜。言：'我有一一深經⑤，快⑥不可言，是故爲波羅蜜。'如是，須菩提！弊魔主行誹謗之，令新學菩薩輩心爲狐疑，便不復學、誦、書是經。菩薩摩訶薩當覺知魔爲。

"復次，須菩提！魔事一起時，令深學菩薩爲本際作證⑦，便墮聲聞中，得須陀洹道。如是，菩薩摩訶薩當覺知魔爲。"⑧

---

① 健：善于。

② 丐：求。大正藏误作"匄"，今径改。

③ 则有所问言：前简省一"至"字。"问言"当作"問訊"。大正藏及其所据丽藏作"問言"，金藏亦如此作。宫本、圣本、资福藏、碛砂藏、普宁藏、南藏、径山藏、龙藏皆作"問訊"。"问讯"，问候、请教。

④ 至此，通过教与学双边关系，看魔之所为。

⑤ 我有一一深经：我所有的每部深经。

⑥ 快：犹如说好。《三国志·魏志·华佗传》："快自養，一月可小起，好自將愛，一年便健。"

⑦ 为本际作证：证悟本初，尚未及佛地之时，自然会堕入声闻之中。

⑧ 至此，言魔所为之真正目的。

道行般若經卷第五

後漢月支國三藏支婁迦讖譯

摩訶般若波羅蜜道行經　照明①品第十

佛言：“於般若波羅蜜中，多有起魔因緣②者，至使得斷③。”

須菩提白佛言：“如天中天所說，若有菩薩，多有危害④。所以者何？用極大尊爲難得故⑤，至使有害⑥。般若波羅蜜亦如是，天中天！多有起因緣⑦者，及新學發意者⑧所知甚少，其心不入大法，亦不諷誦般若波羅蜜，是人以爲魔所得。”

佛語須菩提：“如若⑨所言，新發意者所知甚少，其心不入大法，亦不諷誦般若波羅蜜，是爲魔所得已。自⑩起魔因緣，至使得

---

① 照明：显示，显现。
② 起魔因缘：因魔的缘故而出事。
③ 得断：学、书、持般若波罗蜜得以断绝.
④ 危害：罗什作“留難”（T08p0557b17），唐二也作“留難”（T07p0892c20）。句意是说菩萨修行，多会遭到魔的留难。
⑤ 用极大尊为难得故：因为修若波罗蜜是极为尊贵的事，很难办成。
⑥ 至使有害：致使有为作留难者。
⑦ 起因缘：起魔因缘，因魔的缘故而出事。
⑧ 新学发意者：新发意学者。
⑨ 若：汝，你。
⑩ 自：本是魔的缘故出事，就不好说“自”。但因自身所知甚少，未入大法，也就有自己的因素在内了。

斷。若善男子、善女人取、持、學般若波羅蜜，諷誦讀者①，悉是佛威神。何以故？弊魔不能制令②得斷。是者以爲怛薩阿竭、阿羅呵、三耶三佛之所制持③。譬若母人一一生子，從數至于十人，其子尚小，母而得病，不能制護④，無有視者。若母安隱無他，便自養長其子，令得生活，寒溫燥濕將護視之。是者即世間之示現⑤。

"如是，須菩提！怛薩阿竭、阿羅呵、三耶三佛念⑥般若波羅蜜，其所持者，若有諷誦、書者⑦；復十方現在諸佛常念般若波羅蜜。是者即怛薩阿竭、阿羅呵、三耶三佛於薩芸若而示現⑧。怛薩阿竭、阿羅呵、三耶三佛者，從是⑨中自致得薩芸若。其有以⑩成佛者，若未成佛，甫當成佛，皆從般若波羅蜜自致成阿惟三佛。怛薩阿竭、阿羅呵、三耶三佛，是薩芸若慧之所致，照明皆從般若波羅蜜⑪。以是故示現世間⑫。"⑬

須菩提白佛言："怛薩阿竭、阿羅呵、三耶三佛，於般若波羅蜜中照明於世間⑭。何謂般若波羅蜜照明於世間？何所是怛薩阿竭

---

① 若善男子……讽诵读者：若善男子、善女人取、持、学般若波罗蜜者，若善男子、善女人讽诵读般若波罗蜜者，把这两句合起来表述，就成了我们这里加以注解的话。

② 制令：强令。

③ 制持：勉强翻译为控制。实际意思是说佛对他有决定性的影响。

④ 制护：犹如监护。

⑤ 示现：显示，显现，与这里的"照明"同义。"世间之示现"，世间的显现，即向世间显示（母恩甚重）。

⑥ 念：护念。

⑦ 其所持者，若有讽诵、书者：都是"念"的宾语，如来佛护念般若波罗蜜，护念行之者，护念背诵、书写般若波罗蜜者。

⑧ 于萨芸若而示现：显现萨芸若。

⑨ 是：指般若波罗蜜。

⑩ 以：后省宾语"之"。"有以成佛者"，实即有以之成佛者，有条件成佛者。

⑪ 照明皆从般若波罗蜜：皆由般若波罗蜜显现。

⑫ 以是故示现世间：以此事显现于世间。故，事，事情。

⑬ 本章从开始至此，言过去、现在、将来诸佛皆由般若波罗蜜而取正觉。

⑭ 怛萨阿竭……照明于世间：这是佛上面最后一句话的重提。是说如来成佛，皆由般若示现于世间。

持於世間①?"

佛語須菩提:"怛薩阿竭持五陰②示現世間。"

須菩提言:"云何於般若波羅蜜示現五陰③?何所是般若波羅蜜示現於五陰者④?"

佛語須菩提:"無所壞者⑤,以是故得示現⑥,亦無無壞⑦而示現。空者無壞,亦無有壞⑧。亦無想亦無願⑨,亦無壞亦無有壞⑩。以是故示現於世間。"⑪

佛語須菩提:"及⑫不可計人、不可計心,怛薩阿竭悉曉知。皆是自然人⑬,如是自然人⑭。如是,須菩提!怛薩阿竭以般若波羅蜜,曉知不可計人、不可計心。怛薩阿竭以般若波羅蜜,示現持⑮世間。

---

① 何所是怛萨阿竭持于世间:什么是如来佛持以显现实相于世间。省略"示现"字。

② 五阴:即五蕴,色、受、想、行、识,亦本经的色、痛痒、思想、生死、识。

③ 示现五阴:显现五阴实相。

④ 何所是般若波罗蜜示现于五阴者:波罗蜜于五阴中显现实相,那实相是什么。

⑤ 无所坏者:五阴无所坏。

⑥ 得示现:得以显现实相。

⑦ 无无坏:无不坏。句意谓亦无不坏,显现诸法实相。

⑧ 空者无坏,亦无有坏:五蕴为空,空者不坏,亦无有坏。

⑨ 亦无想亦无愿:五阴无相无愿。

⑩ 亦无坏亦无有坏:此言"相"和"愿",皆不坏,皆无坏。

⑪ 至此,言如来何以知世界。

⑫ 及:连词,常规连接各项,置于最后一项之前。这里连接两项,而置于首项之前。

⑬ 皆是自然人:人都是自然而然的人。所谓自然而然,就是本无自性。句意谓人本无自性。参见李维琦《佛经释词三续》,《古汉语研究》2012年第3期。

⑭ 如是自然人:人皆如是,无自性。

⑮ 持:相当于介词"于"。"示现持世间",吴译作"示现於世"(T08p0491b16)。罗什译作"示世間"(T08p0557c16),省介词。"持"用同"于",他书未见,惟本经有6例,兹举其中1例:"怛薩阿竭因般若波羅蜜,自致成阿耨多羅三耶三佛,照明持世間,是爲示現。"(T08p0450a09)

"復次，須菩提！若疾心亂心①，怛薩阿竭悉知之。何謂怛薩阿竭悉知之疾心亂心？其法本者，無疾無亂，以是故知之。何謂知疾知亂？其有當盡者以盡②，以是故知之。其有愛欲心者，知是③爲愛欲心，其有瞋恚心者，知是爲瞋恚心，其有愚痴心者，知是爲愚痴心。知愛欲心之本，無愛欲心，知瞋恚心之本，無瞋恚心，知愚痴心之本，無愚痴心。是者，須菩提！令我得薩芸若者般若波羅蜜。何以故？怛薩阿竭無愛欲心，用無愛欲心，悉知其心之本，亦無愛欲心。以是故，怛薩阿竭心無有愛欲。何以故？怛薩阿竭無瞋恚心，用無瞋恚心，悉知其心之本，亦無瞋恚心。以是故，怛薩阿竭心無有瞋恚。何以故？怛薩阿竭無愚痴心，用無愚痴心，悉知其心之本，亦無愚痴心。以是故，怛薩阿竭心無有愚痴。如是，須菩提！怛薩阿竭、阿羅呵、三耶三佛因般若波羅蜜示現持④世間。

"復次，須菩提！怛薩阿竭用人故⑤，因⑥般若波羅蜜，其心廣大，無所不知。何謂怛薩阿竭用人故，因般若波羅蜜，其心廣

---

① 疾心乱心：这里所要表述的是聚集之心，散乱之心。罗什译作"亂心、攝心"（T08p0557c18），唐一译作"略心、散心"（T07p0815a02），唐二译作"散心、略心"（T07p0893b16），宋译作"攝心、亂心"（T08p0629a04）。梵作"saṃksiptāni cittāni（collected thoughts），vikśiptāni cittāni（distracted thoughts）"。但"疾"何以有聚集、收摄之义，不得其解。或者在支公那里，疾，假借为"集"，二字都是从纽，同声通假。但韵部不合，一是开口，一是闭口。而这种开口通于闭口之例，前人已有。《方言》卷十"激，清也"钱绎笺疏谓："疾，与急同义。"是说"疾"借为"急"，"急"在闭口，"疾"在开口。《韩非子·内储说上》："令下而人皆疾習射。"王先慎集解："疾，讀爲亟。""疾"和"亟"，韵部也是相隔甚远的。

② 当尽者以尽：当为无者，已为无。言无自性。尽，犹如说无。此重言法之根本。

③ 是：指无或尽。

④ 持：支公特殊用法，作用同"于"。前已注。

⑤ 用人故：据人心之广狭大小的实际情形。下文"其心广大"应提前到这里来理解。

⑥ 因：依，依靠。

大無所不知？其心者，亦無廣，亦無大①，亦無去，亦無所至來②。以是故，怛薩阿竭用人故，因般若波羅蜜其心廣大，無所不知。

“復次，須菩提！怛薩阿竭用人故，因般若波羅蜜，廣大其心③，無所不知。何謂怛薩阿竭用人故，因般若波羅蜜，廣大其心，無所不知？其心者，無所從來，亦無所住。如是，須菩提！怛薩阿竭用人故，因般若波羅蜜，廣大其心，無所不知。

“復次，須菩提！怛薩阿竭用不可計人、不可計心故，因般若波羅蜜無所不知。何謂怛薩阿竭用不可計人、不可計心故，因般若波羅蜜無所不知？其心者，無所住，亦無所從來，滅以④無餘，故無所不知。其心若空。故知。不可計人、不可計心，悉知。如是，須菩提！怛薩阿竭以般若波羅蜜，知不可計人、不可計心，悉知。

“復次，須菩提！怛薩阿竭用人故，因般若波羅蜜，知不可見心，悉知。何謂怛薩阿竭用人故，因般若波羅蜜知，不可見心悉知？其心者，本净故，亦無有想⑤。如是，須菩提！怛薩阿竭用人故，因般若波羅蜜知，不可見心，悉知。

“復次，須菩提！怛薩阿竭用人故，因般若波羅蜜，知不可見心，悉知。何謂怛薩阿竭用人故，因般若波羅蜜，知不可見心，悉知？其心者，不可以眼見，如所從來。如是，須菩提！怛薩阿竭用人故，因般若波羅蜜，知不可見心，悉知。

“復次，須菩提！怛薩阿竭用人故，因般若波羅蜜知：欲得是

---

① 亦无广，亦无大：有所简省，实际是说，亦无广，亦无狭，亦无大，亦无小。
② 至来：就是来。
③ 广大其心："其心广大"，是说实际情形。"广大其心"，是说其人欲使其心广大，过甚其词。
④ 以：已。
⑤ 想：相。

者致是①，悉知。何謂怛薩阿竭用人故，因般若波羅蜜知：欲得是者致是？知一切色從②不可得獲、而生生③；痛痒、思想、生死、識亦不可得獲、而生生。如是，須菩提！怛薩阿竭云何知：欲得是者因致是？從死至死，是即爲色④，從死至不死，是亦爲色，從不死至不死，是亦爲色，亦不有死，亦不無死，是亦爲色。⑤ 痛痒、思想、生死、識⑥，從死至死，是亦爲色⑦。識者，從死至不死，是亦爲色，識者⑧，從不死至不死，是亦爲色，識者，亦不有死亦不無死，是亦爲色。

"識⑨，有人、無我世⑩者，是亦爲色；無人、有我世⑪者，是亦爲色；有望、無望⑫、無我世者，是亦爲色；亦不有望、亦不無望、亦無我世，是亦爲色；有望、有我、有世，痛痒、思想、生死、識⑬，是亦爲色；無望、無我、無世、無識，是亦爲色；亦

---

①　欲得是者致是：欲得是知者，致是知。想知道什么，就知道什么。参见罗什译："如來因般若波羅蜜，知眾生諸出沒。云何知出沒？眾生所起出沒，皆依色生，依受、想、行、識生。"（T08p558a26）

②　从：从来。

③　生生：生其所生，意思是产生新的色。谓色不可得，也不可能产生新的色。

④　色：前文说色不可得，也不可能产生新的色，意思就是色即是空。

⑤　从死至死……是亦为色：这里有 4 项，从死至死；从死至不死；从不死至不死；亦不有死，亦不无死。在梵文（英译）中，作 "The Tathagata continues to exist after death"，"The Tathagata does not continue to exist after death"，"The Tathagata does and does not continue to exist after death"，"The Tathagata neither does nor does not continue to exist after death"，和这里所说的不同。各有所本，原不是同一表达。

⑥　痛痒、思想、生死、识：意思是以识而论。

⑦　是亦为色：本当说"是亦为识"，而说"是亦为色"。因为色也罢，识也罢，皆为空。故可以"色"概括"识"，这里可能也是支公行文特点之一。以下诸"是亦为色"，都当作如是观。参看下面"痛痒、思想、生死、识亦尔"注。

⑧　识者：相当于上一句"痛痒、思想、生死、识"，以识而论。

⑨　识：等于上文说"识者"。

⑩　无我世：无我，无世。

⑪　有我世：有我，有世。

⑫　有望、无望：有愿或无愿。

⑬　痛痒、思想、生死、识：有痛痒、思想、生死、识。承前省"有"字。

不無望、亦不有望、亦無我識①，是亦爲色；得我、世與無世②，是亦爲色；我、世不可極③，是亦爲色；我、世有極、無極，是亦爲色；我與世亦不有極、亦不無極，是亦爲色；痛痒、思想、生死、識亦爾④。我與世、識亦不可極，是亦爲色；我與世、識有極、無極，是亦爲色；我與世、識亦不有極、亦不無極，是亦爲色；是命是身⑤，是亦爲色；非命非身，是亦爲色；痛痒、思想、生死、識亦爾。

"如是，須菩提！怛薩阿竭知欲得是者因致是。何謂怛薩阿竭知欲得是者因致是？怛薩阿竭知色之本無，如知色本無，痛痒、思想、生死、識亦爾。何謂知識？知識之本無。何所是本無？是欲有所得者，是亦本無，怛薩阿竭亦本無，因慧如住⑥。何謂所本無？世間亦是本無。何所是本無者？一切諸法亦本無。如諸法本無，須陀洹道亦本無，斯陀含道亦本無，阿那含道亦本無，阿羅漢道、辟支佛道亦本無，怛薩阿竭亦復本無，一本無⑦無有異，無所不入，悉知一切。是者，須菩提！般若波羅蜜即是本無。怛薩阿竭因般若波羅蜜，自致成阿耨多羅三耶三佛，照明持世間，是爲示現。怛薩阿竭因般若波羅蜜，悉知世間本無，無有異。如是，須菩提！怛薩阿竭悉知本無，爾故號字爲佛。"

須菩提白佛言："本無甚深，天中天！是佛菩薩事悉自曉了。誰當信是者？獨有得阿羅漢道者，若阿惟越致，怛薩阿竭成阿惟三佛，乃能說之。"

---

① 无我识：无我无识。
② 得我、世与无世：有我有世与无我无世。
③ 极：穷尽。
④ 痛痒、思想、生死、识亦尔：这话是对"是亦为色"的补充，是说凡讲"是亦为色"，都包括"是亦为识"的意思在内。
⑤ 是命是身：是灵魂，是肉身。
⑥ 因慧如住：怛萨阿竭依一切智而存在。因，依。慧，一切智。如，而。住，存在。
⑦ 一本无：同一个本无。

佛語須菩提："本無無有盡時，怛薩阿竭所説亦無有極盡。"①

時釋提桓因與諸欲萬天子俱，梵迦夷天與二萬天子俱，前至佛所，頭面著佛足，却住一面，諸欲、梵天子俱白佛言："天中天所説法者甚深，云何作②其相？"

佛語諸天子言："且聽作相著［者］③！已無想，無願，無生、死、所生④，無所有、無所住⑤，是者作其相。其相者若如空住⑥，怛薩阿竭、阿羅呵、三耶三佛所住相⑦，諸天、阿須倫、龍、鬼神不能動移⑧。何以故？是相不可以手作，色者不能作相，痛痒、思想、生死、識亦不作相，是相若人若非人所不能作。"

佛語諸天子言："若説是空有作者，寧能信不？"

諸天子白佛言："不信有作空者。何以故？無有能作空者。"

佛言："如是，諸天子！其相者常住，有佛無佛相住如故。如是住者故，怛薩阿竭成阿惟三佛故，名怛薩阿竭，即是本無如來。"

諸天子白佛言："是相者甚深，怛薩阿竭從是成阿惟三佛，其怛薩阿竭所知，無所罣礙慧，皆從般若波羅蜜⑨，是者即佛之藏⑩。"

佛語須菩提：怛薩阿竭因般若波羅蜜示現持世間。如是，須菩提！怛薩阿竭恭敬承事是法，自致得成，皆從般若波羅蜜，是故怛薩阿竭之所恭敬，因是得佛故，是爲報恩。何謂是怛薩阿竭

---

① 至此，言如来何以知众生之心。
② 作：为。"云何作其相"，其相为何。
③ 著：辛校谓金刚寺钞本作"者"。"且聽作相者"，是说要大家聆听作相的说明。
④ 无生、死、所生：无生，无死，无所生。
⑤ 住：犹如说"在"。
⑥ 若如空住：像空一样存在。
⑦ 所住相：所在之相。
⑧ 动移：变更。
⑨ 从般若波罗蜜：照后世的行文规矩，当作"從般若波羅蜜出"。
⑩ 佛之藏：佛藏身之地，即佛居处。吴译相应处作："明度是如來自在道，是佛所居處也。"（T08po492a13）

之所報恩者？怛薩阿竭爲從是衍得阿耨多羅三耶三菩，成阿惟三佛，皆從是衍爲無所著，以是故現於報恩①。

"復次，須菩提！怛薩阿竭知識②法無有作者，以是故得阿惟三佛，亦不無作，故成阿惟三佛，是爲怛薩阿竭報恩，故示現般若波羅蜜③。怛薩阿竭、阿羅呵、三耶三佛，於諸法無所望，皆從般若波羅蜜，以是故示現持世間。"

須菩提白佛言："諸法不可知、不可見，何謂般若波羅蜜出怛薩阿竭示現持世間？"

佛語須菩提："所説諸法不可知不可見者，謂諸法悉空，以是故不可知；諸法不可獲持④，以是故不可得見。諸法不可知、不可見者，皆從般若波羅蜜。如是，須菩提！諸法不可知、不可見，爲從般若波羅蜜出怛薩阿竭，成阿惟三佛，示現持世間故。色爲不可見，痛痒、思想、生死、識亦不可見，是者般若波羅蜜示現持世間。"

須菩提言："何謂，天中天！色不可見？何謂痛痒、思想、生死、識爲不可見？"

佛言："不見⑤色因緣生識⑥，是故色爲不可見，亦不⑦痛痒、思想、生死、識因緣生識，是故識爲不可見。如色、痛痒、思想、

---

① 现于报恩：表现为报恩。有简省，意思本是表现为知恩报恩。知恩，指如来知成佛由是衍（指大乘）出，到达无著的境界也是由于衍；报恩，指知护念是衍。这后一意思，经中未出。罗什译此处作："云何佛是知恩、知报恩者？如来所行道，所行法，得阿耨多罗三藐三菩提，即护念是道是法。以是事故，当知佛是知恩、知报恩者。"（T08p0558c19）

② 知识：犹知。"识"，宫本、资福藏、碛砂藏、普宁藏、南藏、径山藏、龙藏作"诸"，丽藏、金藏、石经、圣本、金刚寺钞本等作"識"。

③ 故示现般若波罗蜜：意思是说因为要报恩，所以在般若波罗蜜中显现诸法实相。

④ 不可获持：不可得而持有。獲字，丽藏、金刚寺本如此作，他本皆作"護"。

⑤ 见：丽藏、金藏及石经有此"见"字，他本所无。有"见"字，通顺可读。

⑥ 色因缘生识：因色而生识。

⑦ 不：当理解为"不见"，"见"字承前省。

生死、識不見，是世間亦不見其相者，亦不見是世間示現所有①，皆從般若波羅蜜。何謂是般若波羅蜜示現持世間？其憂②世間是③亦爲空，其憂世間是亦爲恍忽，其憂世間是亦爲寂，其憂世間是亦爲净，是者即爲世間示現。"④

摩訶般若波羅蜜道行經　不可計⑤品第十一

須菩提白佛言："極大究竟⑥般若波羅蜜，不可計究竟，不可量究竟，無有與等者究竟，無有邊究竟。"

佛言："極大究竟般若波羅蜜，不可計究竟，不可量究竟，無有與等者究竟，無有邊究竟⑦，安隱⑧般若波羅蜜。⑨ 不可計究竟怛薩阿竭⑩、無師⑪、薩芸若⑫，是故般若波羅蜜不可計究竟。何等般若波羅蜜不可量究竟？不可量怛薩阿竭、無師、薩芸若，不可議、不可稱，是故般若波羅蜜不可量究竟。何等般若波羅蜜安隱究竟無有與等者？怛薩阿竭誰能過者？是故般若波羅蜜無有與等者究竟。何等般若波羅蜜無有邊究竟？無有邊怛薩阿竭、無師、

---

① 示现所有：有所显现。

② 忧：思念。《尔雅·释诂下》："悠，傷，憂，思也。"注："皆感思也。"《孟子·滕文公上》："堯獨憂之。"焦循正义："憂，念也。"

③ 是：复指世间。

④ 至此，谓法悉空。

⑤ 不可计：唐一作"不思議等"（T07p0818a4），宋译作"不思議"（T08p0632b13），孔兹作"unthinkable"。

⑥ 究竟：多用为形容词，终极的、最高的。这里用来修饰形容词，意思就是"最"，置于形容词之后。

⑦ 究竟：连续四个"究竟"之后，皆省"般若波罗蜜"。

⑧ 安隐：此后当简省"究竟"，意思是最平安。

⑨ 此处当有提问："何等般若波罗蜜不可计究竟"，因前后文可明，被简省掉。

⑩ 怛萨阿竭：如来法。

⑪ 无师：自然法。

⑫ 萨芸若：一切智法。

薩芸若，是故般若波羅蜜無有邊究竟。①"

須菩提白佛言："云何怛薩阿竭、無師、薩芸若，不可計、不可量、無邊?"

佛言："色、痛痒、思想、生死、識不可計，諸法亦不可計，諸法了無所法②，正是中不可計；色、痛痒、思想、生死、識不可思［量］③，諸法亦不可量；色、痛痒、思想、生死、識無有邊，諸法亦無有邊；色、痛痒、思想、生死、識邊幅了不可得，諸法邊幅了不可得。用何等故，色、痛痒、思想、生死、識無有邊幅，諸法無有邊幅；色、痛痒、思想、生死、識邊幅了不可得、無有盡處，諸法邊幅了不可得、無有盡處? 用何等故，色、痛痒、思想、生死、識諸法了不可得邊幅，無有盡處?"

時④，"云何⑤?"佛言，"空處⑥可計盡不耶?"

須菩提言："空不可計盡。"

佛言："諸法不可計、不可稱、無有邊幅，用是故，怛薩阿竭法如是比，不可計、不可稱、無有邊。怛薩阿竭發心起學，不可計、不可稱、無有邊。本無心無念。譬如空無心無念。有心有念，因隨是生死無有邊。怛薩阿竭法如空無有邊，是法如空不可計，

---

① 这里按四条来陈述：不可计，不可量，无与等，无有边。在罗什等译中，只作总的述说。罗什译："如來法，佛法，自然法，一切智人法，廣大不可思議，不可籌量。"（T08p0559a20）唐一译："謂諸如來、應、正等覺，所有佛性、如來性、自然覺性、一切智性，皆不可思議，無數量，無等等。"（T07p0818a12）唐二译同（T07p0895b26）。宋译："所謂如來法，佛法，自然界智法，一切智法，如是諸法不可思議。"（T08p0632b20）这里 4 种异译，是此上 3 个注解的根据。辛校（269 页）把"怛薩阿竭无师薩芸若"当做一个句子来译，"The tathāgatas, who are without teachers, being omniscient"，恐非是。

② 无所法：丽藏、金藏、石经如此作。碛砂藏、资福藏等皆作"無所有"。揆其本意，当是"無所有"。

③ 思：丽藏、金藏如此作。他本皆作"量"，作"量"是。

④ 时：当时。

⑤ 云何：罗什译作"須菩提，於意云何"（T08p0559b17），唐一作"於意云何"（T07p0818b09），唐二同（T07p0895c20），宋作"須菩提，於汝意云何"（T08p0633a06）。

⑥ 空处：指虚空。

作是説不可計、不可稱、無有邊。"

佛説是經時，五百比丘僧、三十①比丘尼，皆得阿羅漢，六十優婆塞、三十優婆夷，皆得須陀洹道，三十菩薩皆逮得無所從生法樂②，皆當於是婆羅劫③中受決④。⑤

須菩提白佛言："般若波羅蜜甚深、極大、安隱⑥、究竟⑦。"

佛言："般若波羅蜜甚深、極大、安隱、究竟，薩芸若、須陀洹、斯陀含、阿那含、阿羅漢、辟支佛道，悉從是經出。譬如遮迦越王⑧所當爲者，一切傍臣⑨、所有郡國人民皆屬王，亦無所復憂。阿羅漢、辟支佛、佛，若諸法，皆從般若波羅蜜中出，皆是經所立。"

佛言："色、痛痒、思想、生死、識，不受不入⑩，須陀洹、斯陀含、阿那含、阿羅漢、辟支佛、薩芸若道，不受不入。"

須菩提問佛言："何等薩芸若不受？何等薩芸若不入？"

佛言："云何，須菩提！見若⑪羅漢所入處不？"

須菩提言："不見，天中天！不見是法我所入處⑫。"

---

① 三十：辛校（273 页）据异译改为"二十"。下文"三十菩萨"也改为"二十菩萨"。

② 无所从生法乐：没有生处的快乐，即不生不灭的快乐。异译作"無生法忍"，安住于不生不灭之理，不动摇。

③ 婆罗劫：梵 Bhdra-kalpa 音译，后时译作贤劫。过去的劫叫庄严劫，将来的劫叫星宿劫，现时的劫叫贤劫，谓于此劫有千佛贤圣出。

④ 受决：从佛处接受将来必当作佛的预言。

⑤ 本章至此，言一切如空，不可思议，不可计量。

⑥ 安隐：即安稳，这里用为形容词，犹如说"根深蒂固"的。

⑦ 究竟：这里用为形容词，意思是彻底的。

⑧ 遮迦越王：转轮王，统治天下的皇帝。遮迦越，梵 cakravartī 音译，转动车轮。

⑨ 傍臣：近臣，大臣。

⑩ 不受不入：不接受，不进入。受而后可入，入而后能安住，安住就是执著了。从罗什始，作"不受不著"（T08p0559c09），宋同（T08p0633b08）。唐一作"不爲攝受執著"（T07p0818c29），唐二同（T07p0896a29）。

⑪ 见若：当理解为"若见"，你见过。

⑫ 不见是法我所入处：谓我不见是法所入处。

佛言：“善哉，須菩提！我亦不見怛薩阿竭所入處。如我①怛薩阿竭無所入，薩芸若無所入處。”②

愛欲天子③、梵天子④俱白佛言：“天中天！般若波羅蜜甚深難了。過去佛時所作功德，是輩人於是間聞深般若波羅蜜信者⑤，正使三千大千國土人，一切所當爲者皆信⑥，皆信已來，行過一劫⑦，於是深般若波羅蜜中樂一日念⑧，無量深出⑨彼德⑩有餘。”

佛語愛欲天子、梵天子：“正使復有人聞深般若波羅蜜，以得證決⑪，所信樂過一劫，其功德不及是輩。”

愛欲天子、梵天子皆前，以頭面著佛足，繞三匝而去，却行久遠，乃旋，各歸天上，歌歎⑫佛説功德⑬。

須菩提白佛言：“若有菩薩信深般若波羅蜜者，從何所來而生是間？”

---

① 如我：如我所见。

② 至此，一切皆从般若波罗蜜生出，一切不受不入，无可掌控。

③ 爱欲天子：住于欲天上者。欲天，欲界诸天。欲界共有六天，即四天王天、切利天、夜摩天、兜率天、乐变化天、他化自在天。

④ 梵天子：住于梵天上者。梵天，色界之初禅天。此天无欲界的淫欲，寂静清净。

⑤ 闻般若波罗蜜信者：闻说般若波罗蜜，闻后而又信奉实行的。

⑥ 一切所当为者皆信：凡按般若波罗蜜所当为者皆为皆信。

⑦ 此句到此为止，是比较的对象。

⑧ 于是深般若波罗蜜乐一日念：这是此句中相比较的另一项。乐一日念，谓忍乐（欢乐不疲）思念筹量一天。这后面又省去了“两相比较”这一类的话。

⑨ 深出：远远地超出。

⑩ 彼德：三千大千世界所有的人信行般若波罗蜜一劫时间所得功德。

⑪ 以得证决：确已得证悟。决，大正藏校，圣本作“訖”，宫本，宋、元、明本作“訣”。中华藏此处无校语。揆度各本，以圣本较为合理，“以得證決”，已得证毕。

⑫ 歌叹：歌颂。

⑬ 佛说功德：佛说经义之功德。

佛言："如是信者，心無有疑，不厭不喜①，樂聞，念不欲遠離經師，譬如新生犢子心終不遠離其母，是菩薩從人道中來生是間，前世學人，今來復得深般若波羅蜜，便信樂不遠離也。"

須菩提白佛言："若有菩薩有時逮②其功德，若復從他方佛刹來，若供養佛，乃有從彼來生是間者無?"

佛言："有，是輩菩薩於他方佛刹供養佛，復從彼來生是間，持是功德，於是間便逮得深般若波羅蜜。若復有菩薩從兜術天上來生是間，或從彌勒菩薩聞是深經中慧，今來生是間，持是功德今逮得深般若波羅蜜。若復有菩薩前世佛時，聞深般若波羅蜜，不問中慧，來生是間，聞深般若波羅蜜，心便有疑，不信樂，不問中慧。何以故? 前世有疑故。若復有菩薩，前世聞深般若波羅蜜，問中慧一日二日三日，若至七日。持是功德，今復逮得深般若波羅蜜，常樂聞、喜問，信受。若復有菩薩，有時欲聞般若波羅蜜，或不欲聞，其心亂，數數轉③，如稱④乍低乍仰⑤，是輩人適學未發⑥故，使⑦少信，不樂得深般若波羅蜜，便厭不欲學，弃捨去，如是終不成就，墮羅漢、辟支佛道中。"⑧

---

① 不厌不喜：一种对于科学、真理的态度。谓不因其于己不利而讨厌它，也不因于己有利而高兴。隋代宝贵所辑《合部金光明经》："復有五法，菩薩摩訶薩修行成就智波羅蜜。何等爲五? 一者於一切法分別善惡，具足智能。二者於黑白法遠離攝受，具足智能。三者於生死涅槃不厭不喜，具足智能。四者大福德行。大智慧行。得度究竟具足智能。"（T16p0373c25）大正藏校，谓圣本作"不厭所喜"可通。或者"不喜"的"不"，本表示转折，如英语的"but"，汉语的"而"，支公仓促，以否定词译转折词，亦未可知。

② 逮：大正藏据丽藏作"還"，其余各本皆作"逮"，作"逮"是，今径改。

③ 数（shuò）数转：常常动摇。

④ 称：秤。

⑤ 乍低乍仰：（秤杆）忽低忽高。

⑥ 适学未发：刚刚学习，其智尚未开启。

⑦ 使：致使。

⑧ 至是，言乐与不乐般若波罗蜜，皆有所自。

摩訶般若波羅蜜道行經　譬喻品第十二

佛言：“譬如大海中船卒①破壞，知中人皆當墮水沒死，終不能得度。是船中有板若②檣③，有健者得之，騎其上，順流，墮深得出。知是人終不沒水中死也。何以故？用得板、檣故。菩薩有信樂、有定行④、有精進，欲逮阿耨多羅三耶三菩，不得深般若波羅蜜，不學漚惒拘舍羅，是菩薩便墮阿羅漢、辟支佛道中。菩薩有信樂、有定行、有精進，欲逮阿耨多羅三耶三菩，得深般若波羅蜜，學漚惒拘舍羅，是菩薩終不中道懈惰，過出⑤阿羅漢、辟支佛道去，正在阿耨多羅三耶三菩中住。⑥

譬如有人持坯⑦瓶行取水，知是瓶不能久，當道⑧壞。何以故？瓶未成故。若有菩薩有信樂、有定行、有精進，欲逮阿耨多羅三耶三菩，不得深般若波羅蜜，不學漚惒拘舍羅，是菩薩終不能逮薩芸若，便中道厭却⑨，墮阿羅漢、辟支佛道中。譬若有人持成瓶⑩行取水，知當安隱持水來歸至⑪也。何以故？其瓶已成故。若有菩薩有信樂、有定行、有精進，欲逮阿耨多羅三耶三菩，得深般若波羅蜜，學漚惒拘舍羅，知是菩薩終不中道懈憧⑫，休止恣

---

① 卒：同“猝”，仓猝，突然。
② 若：连词。
③ 檣：桅杆。
④ 定行：其行为安住于理而不动摇。“有定行”，罗什译作“有忍”（T08p0560b06），宋译同（T08p0643b15）。
⑤ 过出：超出，后接趋向动词“去”。
⑥ 此以船遇海难为喻。
⑦ 坯（pī）瓶：坯，即坏，坯瓶为陶或瓷瓶的泥胎，尚未烧制的泥瓶。
⑧ 道：在半路上。
⑨ 厌却：厌弃而退却。
⑩ 成瓶：已烧制成功的陶瓶或瓷瓶。
⑪ 归至：犹如说归。
⑫ 憧：当与“惰”同。

心①，正上②阿耨多羅三耶三菩。③

譬若大海中有故壞船，不補治之，便推著④水中，取財物置其中，欲乘有所至，知是船終不能至，便中道壞，亡散財物。若有菩薩有信樂、有定行、有精進，欲逮阿耨多羅三耶三菩，不得深般若波羅蜜，不學漚惒拘舍羅，知是菩薩中道厭⑤，便亡失名珍寶，更弃大珍寶去。何所爲大珍寶？佛是也。是菩薩便中道墮阿羅漢、辟支佛道中。譬若有黠人，拖張⑥海邊故壞船，補治之，以推著水中，持財物置其中，便乘欲有所至，知是船不中道壞，必到所至處。若有菩薩有信樂、有定行、有精進，欲逮阿耨多羅三耶三菩，得學深般若波羅蜜、漚惒拘舍羅，知是菩薩終不中道懈惰，正在阿耨多羅三耶三菩中住。何以故？是菩薩一心有信樂、有定行、有精進故，終不復墮羅漢、辟支佛道中，正向佛門。⑦

譬若有人年百二十歲，老極⑧，身體不安，若病寒熱，寢臥床褥，此人寧能自起居不？"

須菩提言："不能也。何以故？是人老極無勢力⑨故，正使病愈，由⑩不能自起居行步。"

佛言："菩薩有信樂、有定行、有精進，欲逮阿耨多羅三耶三菩，不得學深般若波羅蜜、漚惒拘舍羅者，終不能至佛，當中道休，墮阿羅漢、辟支佛道中。何以故？不得學深般若波羅蜜、漚惒拘舍羅故。"

---

① 恣心：自恣随意之心。
② 上：提升到。
③ 此以持瓶取水为喻。
④ 著：到，入。
⑤ 厌：厌弃。
⑥ 拖张：从水面拖开，至于补治之处。宋、元、明、清各藏及丽藏作"拖张"。金藏、石经、圣本等作"施张"。
⑦ 此以补破船或不补为喻。
⑧ 老极：极度衰老。
⑨ 势力：力气。
⑩ 由：犹，尚。

佛言：“但①是人風寒病愈，身體强健，意欲起行，有兩健人各扶一掖各持一臂，徐共持行。其人語病者言：‘安意莫恐，我自相扶持，在所至到②，義不中道相弃。’如是人能到所欲至處不？”

須菩提言：“菩薩有信樂、有定行、有精進，欲逮阿耨多羅三耶三菩，得深般若波羅蜜，學漚惒拘舍羅，是菩薩終不中道懈惰，能究竟③於是中得阿耨多羅三耶三菩。”④

摩訶般若波羅蜜道行經　分別⑤品第十三

須菩提白佛言：“云何阿闍浮⑥菩薩學般若波羅蜜？”

佛言：“當與善知識從事，當樂善知識，當善意隨般若波羅蜜教。何等爲隨般若波羅蜜教？是菩薩所布施，當施與作⑦阿耨多羅三耶三菩，莫得著色、痛痒、思想、生死識。何以故？深般若波羅蜜、薩芸若無所著。若持戒、忍辱、精進、禪⑧、智慧，當持是作阿耨多羅三耶三菩，莫得著色、痛痒、思想、生死、識。何以故？薩芸若無所著，無得樂阿羅漢、辟支佛道。阿闍浮菩薩稍⑨入

---

①　但：金藏、丽藏如此作。那个120岁的老者先前有病卧床，现在病好了，所以用“但”来转折。此字石经作“如”，资福藏、碛砂藏、普宁藏、南藏、径山藏、龙藏作“若”，以为那老者只是一个比喻，现在说他病愈，乃是一种假设，所以用“若”或“如”。支公早期初译，用语较为生涩，当以“但”为近真。

②　在所至到：即在所至，任凭到何处。

③　究竟：终竟，最后总会。

④　此以人老病为喻。

⑤　分别：识别，量度。在这里就是认识的意思，认识新学者当做什么，认识如何帮助众生，认识关于空的一些道理。

⑥　阿闍（shé）浮：梵 ādikarmika 不精确的音译，新手，初学者。“阿闍浮菩薩”，罗什作“新發意菩薩”（T08p0561a08），唐一作“新學大乘諸菩薩摩訶薩”（T07p0820c13），唐二作“新學菩薩”（T07p0897b10），宋作“初學菩薩”（T08p0635b18）。

⑦　作：回向。

⑧　禪：静坐敛心，专注一境，佛家一种修行方法，为六度之一。

⑨　稍：渐渐。

般若波羅蜜中如是。"①

須菩提言："菩薩謙苦②，欲得阿耨多羅三耶三菩。"

佛言："菩薩謙苦，安隱③於世間護④，爲世間自歸⑤，爲世間舍⑥，爲世間度⑦，爲世間臺⑧，爲世間導⑨。何等爲菩薩爲世間護？死生勤苦悉護，教度脱，是爲世間護。何等爲世間自歸？生老病死悉度之，是爲世間自歸。何等爲世間舍？菩薩得阿耨多羅三耶三菩阿惟三佛，得怛薩阿竭名時，爲世間説經無所著，是爲世間舍。何等爲無所著？色無著無縛，是色無所從生、無所從滅，痛痒、思想、生、死識亦爾，諸法亦無著無縛如是。何等爲世間度？是色非色爲度，痛痒、思想、生死、識，是識非識爲度，度爲諸法⑩。"

須菩提言："如佛所説，度爲諸法，得阿惟三佛。何以故？無所著耶？"

佛言："如是。無所著菩薩爲謙苦，念法不懈，得阿耨多羅三耶三菩阿惟三佛，因説經，是亦爲世間度。何等爲世間臺？譬若水中臺，其水兩避行⑪，色、痛痒、思想、生死、識，過去、當來、今現在兩斷，如是斷者諸法亦斷。設使諸法斷者，是爲定，是爲甘露，是爲泥洹，菩薩念法不懈得阿惟三佛，是爲世間臺。何等爲世間導？菩薩得阿惟三佛，便説色、痛痒、思想、生死、識空，説諸法空，是亦無所從來，亦無所從去，諸法空，諸法無

---

① 本章以新学菩萨该如何做开始.

② 谦苦：勤苦，辛勤困苦。

③ 安隐：稳当地（做），可靠地（做）。

④ 于世间护：世人的救护（者）。

⑤ 自归：输诚于佛，自归佛门。

⑥ 舍：房舍，屋宇。

⑦ 度：渡过，超越。这里的意思是开示超越之法。

⑧ 台：高出的平地。这里指高出于水面的洲渚。

⑨ 导：导师。

⑩ 度为诸法：当读为"诸法为度"，诸法是超越之法，诸法皆是超法。

⑪ 其水两避行：此洲渚前面部分后面部分皆无水。

有想①，諸法無有處，諸法無有識，諸法無所從生，諸法空，諸法如夢，諸法如一②，諸法如幻，諸法無有邊，諸法無有是③，皆等④無有異。"

須菩提白佛言："般若波羅蜜甚深，誰當了是耶？"

佛言："菩薩求⑤以來大久遠，乃從過去佛時於其所作功德以來，如是輩人乃曉知深般若波羅蜜耳。"

須菩提言："何謂求以來大久遠？"

佛言："去離於色、痛痒、思想、生死識，無復有，爾乃⑥曉知是深般若波羅蜜。"

須菩提言："是菩薩爲世間導耶？"

佛言："如是菩薩得阿惟三佛，爲不可計阿僧祇人作導。"

須菩提言："菩薩爲謙苦，是爲摩訶僧那僧涅⑦？爲般泥洹不可計阿僧祇人？"

佛言："如是。菩薩爲謙苦，是爲摩訶僧那僧涅，是故爲僧那僧涅⑧無縛。色、痛痒、思想、生死、識無縛，亦不於阿羅漢、辟支佛⑨，亦不於薩芸若⑩，諸法無縛，是故爲僧那僧涅。"⑪

須菩提言："菩薩求深般若波羅蜜，不當索三處⑫。"

---

① 想：相。

② 一：无我。

③ 诸法无有是：诸法无有诸法，法无自性。是，指代诸法。

④ 等：同等，同样。

⑤ 求：求般若波罗蜜。

⑥ 尔乃：这样才。

⑦ 摩诃僧那僧涅：披大铠，为大乘精神所武装。前文已有注。

⑧ 僧那僧涅：即摩诃僧那僧涅。

⑨ 此处简省"缚"。句谓阿罗汉、辟支佛亦无缚。

⑩ 此处亦简省"缚"字。

⑪ 至此，言当如大乘所教，利益众生。

⑫ 三处：谓声闻地、辟支佛地、佛地。此处吴译作"闓士求深明度，不爱三处：應儀、緣覺至佛"（T08p0493c03）；唐一作"若菩薩摩訶薩能著如是堅固甲冑行深般若波羅蜜多，即於三處無所住著。何等爲三？一、聲聞地；二、獨覺地；三、如來地"（T07p0822b07）。

佛言："何因緣菩薩求深般若波羅蜜，不當索三處。"

須菩提言："般若波羅蜜甚深，亦不可有守①者，亦不不無守者，從般若波羅蜜中無所出法，守般若波羅蜜爲守空，守般若波羅蜜爲守諸法，守般若波羅蜜爲無所有，守般若波羅蜜爲守無所著。"

佛言："在般若波羅蜜中者，當知是阿惟越致菩薩，於深般若波羅蜜中無所適著②，終不隨他人語、不信餘道，心不恐畏、不懈怠，從過去佛問是深經中慧，今聞深般若波羅蜜，心續不恐畏、不懈怠。"

須菩提白佛言："若有菩薩聞深般若波羅蜜，心不恐畏、不懈怠，何因緣當念般若波羅蜜中觀視③?"

佛言："心向薩芸若，是爲觀視般若波羅蜜。"

須菩提言："何謂心向薩芸若?"

佛言："心向空，是爲觀薩芸若，觀薩芸若是爲不觀。不可計薩芸若，如不可計色爲非色，如不可計痛痒、思想、生死、識爲非識。亦不入，亦不出，亦不得，亦不知。亦不有知，亦不無知。亦無所生，亦無所敗，亦無所作者。亦無所從來，亦無所從去。亦無所見，亦無所在。如是不可限空，不可計薩芸若，不可計無有作佛者，無有得佛者，無有從色、痛痒、思想、生死、識中得佛者。亦不從檀波羅蜜④、尸波羅蜜⑤、羼提波羅蜜⑥、惟逮波羅

---

① 守：修持。

② 无所适著：无所希望，无所执著。适，往，向往，希望。

③ 何因缘当念般若波罗蜜中观视：应当如何思考观察般若波罗蜜。般若波罗蜜中观视，等于说观察般若波罗蜜。观视，即观，观察。

④ 檀波罗蜜：梵 dāna-pāpamitā 音译，汉译布施到彼岸。布施意即度过生死苦海到达彼岸之法。

⑤ 尸波罗蜜：梵 sīla-pāpamitā 音译，汉译持戒到彼岸。持戒意即度过生死苦海到达彼岸之法。

⑥ 羼提波罗蜜：梵 ksānti-pāpamitā 音译，汉译忍辱到彼岸。忍辱意即度过生死苦海到达彼岸之法。

蜜①、禪波羅蜜②、般若波羅蜜③得佛也。”

愛欲天子、梵天子白佛言：“般若波羅蜜甚深，難曉、難了、難知。”

佛語諸天子：“深般若波羅蜜甚深，難曉、難了、難知。怛薩阿竭安隱④，甚深是經悉知⑤。阿惟三佛，無有作阿惟三佛，亦無有阿惟三佛。是經如空，甚深，無有與等者。如諸法無所從來，無所從去。”

愛欲天子、梵天子等白佛言：“諸世間人希有信是深經者，世間人所欲皆著。愍念之故，當爲説是深經耳。”

佛言：“如是，諸天子！世間人希有信是深經者，所欲皆著，憫念是世間人故，當爲説深經耳。”⑥

摩訶般若波羅蜜道行經　本無⑦品第十四

須菩提白佛言：“諸法隨次⑧無所著，諸法無有想，如空。是經無所從生，諸法索無所得。”

愛欲天子、梵天子白佛言：“弟子須菩提所説如是，怛薩阿竭教，但説空慧。”

佛言：“如是，諸天子！隨怛薩阿竭教。”

諸天子問佛：“何謂怛薩阿竭教？如法無所從生，爲隨怛薩阿

---

① 惟逮波罗蜜：梵 vīrya-pāpamitā 音译，汉译精进到彼岸。精进意即度过生死苦海到达彼岸之法。

② 禅波罗蜜：梵 dhyāna-pāpamitā 音译，汉译禅定到彼岸。禅定意即度过生死苦海到达彼岸之法。

③ 般若波罗蜜：梵 prajñāpāranitā 音译，汉译智慧到彼岸。智慧意即度过生死苦海到达彼岸之法。

④ 安隐：安坐。

⑤ 甚深是经悉知：如来泰然自处，悉知此经甚深。

⑥ 至此，继续阐述空的学说。

⑦ 本无：唐一（T07p0823a20）、宋译（T08p0638a21）均作“真如”。真如，真相如实，指宇宙间真实不变的本体。真如本无，“本无”便是真如。

⑧ 随次：随顺，“诸法随次”，随顺一切法。

竭教乎？"

佛言："如是，諸天子！諸法無所從生，爲隨怛薩阿竭教。隨怛薩阿竭教，是爲本無①。本無亦無所從來，亦無所從去。怛薩阿竭本無，諸法亦本無。諸法亦本無，怛薩阿竭亦本無。無異②本無。如是，須菩提隨本無，是爲怛薩阿竭本無。怛薩阿竭本無住，如是，須菩提住，隨怛薩阿竭教。怛薩阿竭本無，無異，本無，無異③也。諸法是無異，無異。

怛薩阿竭本無，無所罣礙，諸法本無，無所罣礙。怛薩阿竭本無，諸法本無礙。一本無等④，無異本無。無有作者，一切皆本無，亦復無本無。如是怛薩阿竭本無，不壞亦不腐，諸法不可得。須菩提隨諸法教，怛薩阿竭本無，諸法本無，等無異，於真法中本無。須菩提隨怛薩阿竭教，怛薩阿竭本無，無有過去、當來、今現在，諸法本無過去、當來、今現在。須菩提隨怛薩阿竭教，怛薩阿竭本無，過去本無，當來本無，今現在怛薩阿竭本無。等無異。是等無異爲真本無。⑤

菩薩得是真本無如來名，地爲六反⑥震動。怛薩阿竭説本無，須菩提隨怛薩阿竭教。須菩提不受色、痛痒、思想、生死、識，不受須陀洹、斯陀含、阿那含、阿羅漢、辟支佛，如是，須菩提爲隨怛薩阿竭教。"

舍利弗言："是本無甚深，天中天！"

佛言："是本無甚深，甚深！"

當説本無時，二百比丘僧皆得阿羅漢，五百比丘尼皆得須陀洹道，五百諸天人皆逮無所從生法樂，於中立⑦六十新學菩薩，皆

---

① 本无：本来的意义是原本不存在。这里是专有名词，亦即真如。

② 无异：等于说一律，一概，同样。

③ 本无，无异：重言"本无，无异"，加以强调。

④ 一本无等：是说都是同一个本无。

⑤ 本章至此，说一切本无，如来亦本无。

⑥ 反：量词，义同"番"。

⑦ 于中立：参与其中听闻。

得阿羅漢道。①

佛言："是六十菩薩過去世時，各各供養五百佛，布施（求色）②，持戒、忍辱、精進（求色），禪（不知空，離空）③，不得般若波羅蜜、漚惒拘舍羅，今皆取阿羅漢道。菩薩有道，得空、得無色、得無願，是菩薩不得般若波羅蜜、漚惒拘舍羅，便中道得阿羅漢道，不復還。譬若有大鳥，其身長八千里、若二萬里，復無有翅，欲從忉利天上自投來下，至閻浮利地上。未至，是鳥悔，欲中道還上忉利天上，寧能復還不耶？"

舍利弗言："不能復還。"

佛言："是鳥來下至閻浮利地上，欲使其身不痛，寧能使不痛不耶？"

舍利弗言："不能也，是鳥來，其身不得不痛。若④當悶極⑤，若死。何以故？其身長大及無有翅。"

佛言："正使是菩薩如恒⑥中沙劫，布施（求色）⑦，持戒、忍辱、精進（求色），禪（亦不入空），不得深般若波羅蜜、漚惒拘舍羅，起心欲索佛道，一切欲作佛，中道得阿羅漢、辟支佛道。是菩薩於過去、當來、今現在佛所持戒、精進⑧、三昧、智慧，聞佛薩芸若，皆念求色，是爲不持怛薩阿竭戒、精進、三昧、智慧，

---

① 至此，言佛说真如时反应强烈。

② 求色：此二字辛校（295 页）以为多余。实为对布施作注，所以加上括号。意思是他布施为有所求，夹杂着私心。同是支公所译《般舟三昧经》："云何爲缺戒也？佛言：求色。云何爲求色？佛言：其人意念我持戒自守，使我後世生，若作天，若作遮迦越王。如是爲樂愛欲，是爲缺戒。"（T13p0900c21）下面"求色"二字，辛校也以为多余。

③ 不知空，离空：这也是对"禅"的注解。是辛校认为多余的。意思是说这 60 新学菩萨，他们修行禅定，也不纯正。不懂得"空"，离开了空的学说。

④ 若：或。

⑤ 闷极：极度昏迷。闷，通"惽"，通"昏"，昏迷。

⑥ 恒：恒河。

⑦ 这里连续三个括弧里的内容，都是经文本身所有，是注解，不是我们的校勘。

⑧ 进：大正藏误作"神"，今径改。

不曉知薩芸若，但想，如聞聲耳①，便欲從是作阿耨多羅三耶三菩，會不能得，便中道得阿羅漢、辟支佛道。何以故？不得深般若波羅蜜、漚惒拘舍羅故。"

舍利弗言："如佛所説，念中慧②，菩薩離般若波羅蜜漚惒拘舍羅故，便得阿羅漢、辟支佛道。若有菩薩莊嚴事③，欲得阿耨多羅三耶三菩阿惟三佛者，當點④學般若波羅蜜、漚惒拘舍羅。"⑤

愛欲天子、梵天子白佛言："般若波羅蜜難曉、難了、難知，欲求阿耨多羅三耶三菩難得也。"

須菩提白佛言："般若波羅蜜甚深，難曉、難了、難知，如我念是中慧，求阿耨多羅三耶三菩易得耳。何以故？無所有，當何從得阿耨多羅三耶三菩？諸法皆空，索之，了不可得當作阿惟三佛⑥。索法無所得，無有作阿惟三佛，亦無有得阿惟三佛者。若有聞諸法空，求阿耨多羅三耶三菩易得耳。"

舍利弗謂須菩提："如須菩提所説者，阿耨多羅三耶三菩難得也。何以故？空不念⑦'我當作阿耨多羅三耶三菩'，是法空。設易得者，何以故，如恒沙菩薩悉皆逮⑧［還］？"

---

① 但想，如闻声耳：秦译作"但聞空聲想之，如所聞"（T08p0525c26）。

② 念中慧：我思考其中的智慧。

③ 庄严事：庄重其事，这里作状语，郑重其事地，一本正经地。佛经中用"庄严事"表示庄重严肃的事，如"我今從佛聞，授記莊嚴事"（姚秦《妙法莲华经》；T09p0029b20）。

④ 點：聪明地。

⑤ 至此，言学般若波罗蜜，必须连同方便善巧一起学，才能达到预期目的。

⑥ 了不可得当作阿惟三佛：辛校（297页）"了不可得"句断，"當作阿惟三佛"就成了一个正面肯定的句子。实际上，经意本是否定的。参秦译："用法空故，於法亦不能得當作阿惟三佛者，故諸法悉空。"（T08p0526a12）

⑦ 空不念：虚空之说不会这样想。唐一作"譬如虛空不作是念"（T07p0824c13），唐二同（T07p0900a12）。

⑧ 逮：据辛校（298页），宫本、藤原夫人愿本、圣本和金刚寺钞本作"還"，作"還"是。本品以下各"逮"字，都当作"還"，退转。秦译作"轉還"（T08p0526a21），罗什译作"退轉"（T08p0563b13），唐译也作"退轉"（T07p0824c19/T07p0900a26），宋译同（T08p0639c18）。

须菩提言："云何，舍利弗！用色①逮［還］乎？不也。

離色法②逮［還］乎？不也。

痛痒、思想、生死、識逮［還］乎？不也。

色本無，寧③逮［還］不？不也。

色本無有法④，逮［還］不？不也。

痛痒、思想、生死、識本無，寧逮［還］不？不也。

離識本無有法⑤，逮［還］不？不也。

是本無使逮［還］不？不也。

離本無有法，使逮［還］不？不也。

設是法不可得，何所法使逮［還］者？"

舍利弗言："如須菩提所説法，無有菩薩逮［還］者。佛所説三有德之人⑥，求阿羅漢、辟支佛、佛，是三不計三⑦，如須菩提所説，爲一道耳。"

分漫陀尼弗⑧謂舍利弗："須菩提説一道，當問。"

舍利弗謂須菩提："須菩提所説一道，我用是故問。"

須菩提言："云何，於本無中見三道不？"

舍利弗言："不見也。何以故？從本無中不可得三事。"

須菩提言："本無一事得乎？⑨ 不也。云何，於本無中可得一道不？不也。設是諦⑩不可得者，故復説阿羅漢、辟支佛、佛。爲

---

① 用色：因色的作用或影响。

② 离色法：因离色之法的作用或影响。

③ 宁：表诘问语气词。全句是说因色本无的作用或影响而使得菩萨从修行的道路上退转吗？

④ 色本无有法：有色本无之法。

⑤ 离识本无有法：因有离识本无之法的作用或影响。

⑥ 三有德之人：求声闻、缘觉和佛的人。

⑦ 是三不计三：是三类却不算三类，因为如下面所说，"为一道耳"。

⑧ 分漫陀尼弗：梵 Pūrṇa Maitrāyaṇī-putra，佛十大弟子之一，说法第一。在本经中，曾译为"邠祁文陀弗"（T08p0277b29）、"邠祁文陀罗弗"（T08p0430a14）。他译有作"富楼那弥多罗尼子"，或意译为"满慈子"。

⑨ 本无一事得乎：凡说本无，就是一桩事情，可以吗。

⑩ 谛：道理，真理。

如是説，道本無，無有異。若菩薩聞本無，心不懈怠，是菩薩會當得佛也。"

佛言："如須菩提所説，皆持佛威神，使若説是耳。菩薩聞本無，等無異，心不懈怠，會當得佛。"①

舍利弗言："何等爲菩薩成阿耨多羅三耶三菩者？"

須菩提白佛言："何等爲成就於菩薩？"

佛言："一切人皆等視②中，與共語言，當善心，不得有害意向，常當慈心與語，不得瞋恚，皆當好心、中心③，菩薩當作是住④。"⑤

---

① 至此，言正觉即空，等同于空。
② 等視：平等对待。
③ 中心：衷心，诚恳。
④ 作是住：这样坚持。
⑤ 最后师徒三人的话是结语，谓走向正觉必备的若干条件。

道行般若經卷第六

後漢月支國三藏支婁迦讖譯

摩訶般若波羅蜜道行經　阿惟越致品第十五

須菩提白佛言："阿惟越致菩薩當何以比？當何以觀其行？當何以相①？當何從知是阿惟越致菩薩?"

佛言："阿惟越致菩薩，如逮得禪者不動搖。如羅漢、辟支佛地、佛地，是佛地，如本無，終不動②。佛説本無，聞不言非。空是中，本無，入本無，是所本無，如本無，亦不言非。如是入中，入中以③，聞是本無以，若轉於餘處聞，心終不疑，亦不言是，亦不言非。如是本無，如本無住④，其所語不輕，所言不説他事，但説他〔中〕⑤正，他人所作不觀視。用是比，用是相、行具足，知是阿惟越致菩薩。阿惟越致終不形相⑥沙門、婆羅門面類⑦，不

---

① 何以相：何以观其相，用什么来审察他的相貌。意思就是他的相是怎样的。

② 终不动：有三种水平，三种境界，其中唯佛的境界方得于本无之说始终不动摇。诸异译所说与此异。他们认为不论何种境界、水平，诸法实相，亦即真如皆一，没有两样。如罗什于此处说："所有凡夫地、聲聞地、辟支佛地、如來地，是諸地於如中不壞不二不別。"（T08p0564a01）

③ 以：同"已"。下"以"字同。

④ 如本无住：如住于本无。

⑤ 他：丽藏、金藏作"他"，余皆作"中"，作"中"是。中正，纯正的佛道。

⑥ 形相：这里指形相同（于）。

⑦ 面类：面貌。

祠祀①跪拜天，不持華香施於天，亦不教他人爲。身不生惡處，不作女人身，當持十戒②：不殺生、强盗、婬泆③、兩舌④、嗜酒、惡口⑤、妄言⑥、綺語⑦，不嫉妬、瞋恚⑧、罵詈⑨。不疑，亦不教他人爲，身自持十戒不疑，復教他人守十戒，於夢中自護⑩十戒，亦復於夢中面目見⑪十戒。阿惟越致心學諸法，皆安隱⑫爲世間人説經，持深經授與，令得分德⑬住⑭，悉致願使⑮得經，令用分德住。阿惟越致聞説深經時終不疑，不言不信⑯，亦不恐懼，所語柔軟，微妙至密⑰。少睡臥，行步出入，心安諦⑱無亂，時⑲徐⑳舉

---

① 祠祀：祭祀。

② 十戒：各家说法不完全一致。这里列举了 11 项，或者瞋恚、骂詈当合为一戒，未知其审。

③ 淫泆：淫荡，淫乐。

④ 两舌：所说前后不一。

⑤ 恶口：恶毒语言。

⑥ 妄言：谬论，胡说。

⑦ 绮语：关于妇女、爱欲等的华艳词语，及一切杂秽语。

⑧ 瞋恚：愤怒怨恨。

⑨ 骂詈：责骂。

⑩ 自护：自己遵守，复教他人遵守。

⑪ 于梦中面目见：梦见。目，圣本元本作"自"。

⑫ 安隐：蒙后简省宾语"世间人"。令世间人得平安快乐。此处罗什译作："我欲令眾生得安樂故，當爲説法"。（T08p0564a22）

⑬ 分德：以所修得的功德转以与人。语本《庄子·徐无鬼》："以德分人謂之聖，以財分人謂之賢。"

⑭ 住：一个构词成分，表示此词语的性质或动作恒久不衰。分德住，是说长期致力于分德，不是时作时辍。

⑮ 致愿使：致、愿、使三词近义连用，意思只是使。

⑯ 不言不信：不说不相信。

⑰ 至密：致密，细致周密。

⑱ 安谛：安详审慎。

⑲ 时：常时。

⑳ 徐：缓慢。

足蹈地，安隱①顧視。所斐服②衣被净潔，無垢坋③、無蟯蟲④，身中無八十種虫。所有功德稍稍欲⑤成滿⑥，心極清净，悉受得之，其功德過出⑦於世間。”

須菩提白佛言：“云何菩薩心清净？當何以知之？”

佛言："是菩薩所作功德轉增多⑧，其心極上自在，無所罣礙，悉逮得其功德，是心甚清潔，清潔過於阿羅漢、辟支佛道上。如是，阿惟越致，有來供養者，不受用喜⑨，一切無慳⑩貪。説深經時，未嘗於中有厭極⑪也。正在智中深入，若餘⑫所欲有問深經者，持是深般若波羅蜜爲説之；其有他道所不能正者，持是深般若波羅蜜爲正之；從是經中所出法，悉持無常之事相語之⑬；諸世間經書所不能解者，持是深般若波羅蜜爲解之。⑭

用是故，弊魔來到是菩薩所，便於邊⑮化作大八泥犁⑯，其

---

① 安隐：稳当地。

② 斐服：丽藏、石经，宫本如此作。余皆作"裴服"。裴服，读为披服。作"斐服"者，"斐"假借为"裴"。玄应《一切经音义》卷三："裴服：蒲来反，此言讹也。猶是披服也。音皮寄反，被帶袈裟也。經文作'斐'，音敷尾反。"海山仙馆丛书本载"星衍曰"："裴字从衣，说文：長衣貌。此言'裴服'，殆其本義。"今依孙说。

③ 垢坋：污垢尘埃。

④ 蟯蟲：蚤虱。

⑤ 欲：将。

⑥ 成满：成就，完满。佛经中常用词语。

⑦ 过出：超出。

⑧ 转增多：越来越多。

⑨ 受用喜，略同于欣赏。受用：享用，享受。

⑩ 慳（qiān）：吝啬。

⑪ 厌极：厌倦。

⑫ 余：其余。

⑬ 相语之：对他说。

⑭ 从本章起始到这里，言不退转菩萨的种种标志。

⑮ 边：处，是处，此地。

⑯ 大八泥犁：八大地狱。依后来的习惯，数词定语当置于形容词定语之前。

一①泥犁中有若干百千菩薩化作是②以③，便指示之言：'是輩皆阿惟越致菩薩，從佛受決以，今皆墮泥犁中。佛爲授若④泥犁耳。設若作阿惟越致受決菩薩者，若當受疾悔之⑤，言："我非阿惟越致。"若悔之言爾者，便不復墮泥犁中，當生天上。'"

佛言："設是菩薩心不動轉者，是阿惟越致。弊魔復化作其師，被服⑥往到菩薩所，詭語：'若前從我所聞受者，今悉弃捨，是皆不可用也。若自悔過，受疾悔之。隨我言者，我日⑦來問訊汝，不用我言者，終不復來視汝。若莫復説是事，我不復欲聞，是故⑧説是皆非佛所説，餘外⑨事耳。汝今更受我所語，我所説皆佛語。'"

佛言："菩薩聞是言，其心動轉者，不⑩從過去佛受決，未上菩薩舉⑪中，未在阿惟越致地。設是菩薩心不動轉者，知是深經空所致。作是思惟，終不信他人語。譬若比丘得阿羅漢⑫，不復隨他人語，悉明見經中證⑬，是爲空所致，終不可動，如阿羅漢⑭、辟支佛道所念法，終不可復還。是菩薩爲在阿惟越致地住，正住⑮，

---

① 其一：其中每一。

② 是：指代地狱中受罪者。

③ 以：同"已"，下"以"字同。

④ 若：本对称代词，这里灵活用为他称代词，约当于"其"。

⑤ 若当受疾悔之：你应当赶快接受悔过的劝告。"受"字承前"受决"而用，实际上只是你赶快悔过的意思，"受"无实义。

⑥ 被服：穿着，谓穿着如其师。

⑦ 日：日日，天天。

⑧ 是故：因此之故，本来后面当带结果句，这里却是表原因的句子。行文不尽合于规范。

⑨ 余外：外，近义词连用。

⑩ 不：本当用"未"，而用"不"。在支公这里，"不"用同"未"。

⑪ 举：推举，赞扬。

⑫ 阿罗汉：小乘中有阿罗汉，大乘中也有阿罗汉，这里当指大乘的阿罗汉，为得佛道者。

⑬ 证：证诸法相之证。

⑭ 阿罗汉：这里指得声闻道的阿罗汉。

⑮ 正住：居于佛地为正确的选择。

向佛門，終不可復還，是爲極度。用是比、用是相、行具足，知是阿惟越致菩薩。復有弊魔化作異人，往到菩薩所，作是語：'若所求爲勤苦①耳，不求佛法也。若空負是勤苦爲②？用是勤苦之難爲求乎③？若在惡道中以來大④久，適今得爲人，汝不當於是中思惟，不當自患厭⑤耶？當復於何所更索是軀？汝何不早取阿羅漢道，用佛爲求之⑥？'是菩薩心不動轉者，知是阿惟越致。

弊魔不能動轉，捨去，更作方便，化作若干菩薩在其邊住，因指示言：'若見不耶？是悉菩薩，皆供養如恒中沙佛以，皆與衣被、飲食、床臥具、醫藥，悉具足，皆從如恒中沙佛受行、法⑦，問慧⑧，當所施行，如法住、如法求，皆入中，作是學、作是受、作是行，悉以⑨，尚不能得佛。若學以來甫爾⑩，當何因得佛？'

菩薩聞是言，心不動轉者，弊魔復捨去，不遠，復化作諸比丘，示之言：'是悉阿羅漢，過去世時皆求菩薩道，不能得佛，今皆取阿羅漢已。如是，比丘，當何從得佛？'菩薩聞是語，心不動轉，當覺知魔爲。"

佛言："作是學、作是求、作是行，於是深般若波羅蜜中住，心不動轉者，如是比，相、行具足，知是阿惟越致。"

佛言："菩薩當作是學、作是求，護是教、受佛教，當念行於他方。聞魔語如是，心不動轉、不可移，覺知魔爲。菩薩作是學不得佛者，佛語爲有异⑪。佛語終不欺也。弊魔復往到菩薩所，作

---

① 为勤苦：为求勤苦。承前省"求"字。

② 为：疑问语气助词，约当于"吗"。

③ 用是勤苦之难为求乎：把这艰难困苦作为求的对象吗。

④ 大：与"太"同义。

⑤ 患厌：犹如说厌恶。

⑥ 用佛为求之：（乃）以佛为追求的目的。

⑦ 受行、法：接受行梵行的教诲，接受佛法佛理。

⑧ 问慧：请教佛智。

⑨ 悉以：皆已办到。

⑩ 甫尔：才这么一点点。

⑪ 佛语为有异：这句为虚拟语。如果这样品做了而不能得佛，那么佛之所说就与事实不符了，而实际上他一定会得佛。

是詭甥［嬲］① 言：'佛如空，是經不可得邊幅，不可得極②。是經中我悉知已，皆空耳。若爲是中勤苦？若不③？當覺知魔爲此事，魔作是經，云何欲於中欲得作佛？是非佛所説。'菩薩當諦④覺知是魔所爲。⑤

　　菩薩作第一禪⑥、第二禪、第三禪、第四禪三昧越⑦，阿惟越致不隨録⑧是四禪。是所⑨禪作三昧越⑩，用人入欲中故⑪，禪三昧⑫。是菩薩終不隨禪教，其功德極過禪上去。⑬

------

　　① 甥：当是"嬲（niǎo）"字。诡嬲，是说其言诡诈且烦扰人。大正藏校，宋本、宫本、圣本作"嬲"，元、明本作"嬈"。金藏作"嫐"，中华藏校，石经、碛砂藏、普宁藏、南藏、径山藏、龙藏作"嬈"。丽藏作"甥"。

　　② 得极：达到终极目的。

　　③ 若不：这是选择问句的后一句。（你是为此勤苦呢，）还是不为此勤苦？魔的意思是不当为此勤苦。

　　④ 谛：审谛，的确。

　　⑤ 至此，言魔种种破坏，阻止菩萨不退转。

　　⑥ 禅：梵 dhyāna，止息他想，专注一境，思维修习，弃恶从善，生诸功德。禅为大乘、小乘、外道乃至凡人所共修。这里指小乘的禅。小乘以禅分四等，据所修功力，依次为第一、第二、第三、第四禅。

　　⑦ 三昧越：超三昧。越，超越。三昧，梵 samādhy，将心定于一处的安定状态，汉译多样，其中以"正定"最为恰切好懂。句中"三昧越"是"作"的宾语，受第一、经二、第三、第四禅的修饰。句意是不退转菩萨进入了禅的境界，而又超越了禅的境界。

　　⑧ 录：采取，采用。不随录是四禅，谓虽可进入四禅，但不进而采用它，因为已超越其上。丽藏、金藏作"録"。其余各本皆作"缘"，作"録"是。"録"有采取、采用义。王充《论衡·别通》："古圣先贤遗后人文字……或观读采取，或弃捐不録。"

　　⑨ 是所：近指代词，这个，这些。

　　⑩ 是所禅作三昧越：把这些禅和三昧，当作是超禅、超三昧。

　　⑪ 用人入欲中故：因为要度人，菩萨进入欲界的缘故。

　　⑫ 禅三昧：缺连词"所以"，又缺动词。据上下文，所缺动词，当是"超越"。把所缺补上，这一表示结果的句子，意思就是所以就超禅，超三昧。

　　⑬ 菩萨第一禅……过禅上去：这一小段的意思，在罗什及其以后的异译中，已弃用"越"（即超越）的说法，因而经意便小有不同。例如唐一，此处作："一切不退轉菩薩摩訶薩，欲入初静慮乃至第四静慮，即随意能入。是菩薩摩訶薩雖入四静慮，而不受彼果。爲欲利樂諸有情故，随欲攝受所應受身，即随所願皆能攝受。作所作已，即能捨之。是故雖能入諸静慮，而不随彼勢力受生。爲度有情，還生欲界，雖生欲界而不染欲。"（T07p0827b22）

　　有共稱譽名字者不用喜，不稱譽者，亦不用作憂①，其心終不動亂，常念世間人善②。出入、行步、坐起，常端心正志③，少婬意。在家者與婦人相見，心不樂意，常懷恐怖。與婦人交接，念之④惡露⑤臭處，不净潔，非我法也，盡我壽命不復與相近，當脫是惡露中去。譬若有人行大荒澤中，畏盜賊，心念言：'我當何時脫出是阨道中去？' 當弃，遠是婬泆，畏懼，如行大荒澤中。亦不說其人惡。何以故？諸世間皆欲使安隱故也。"

　　佛言："如是菩薩，其福具足得之，是皆深般若波羅蜜威神力，使作是念。是菩薩，和夷羅洹⑥化諸鬼神隨後，亦不敢近附，菩薩終不失志，心不妄起，身體完具，無瘡癩，極雄猛，終不誘他人婦女。若有治道⑦、符祝⑧、行藥，身不自爲，亦不教他人爲，見他人爲者心不喜也。終不說男子若女人爲事⑨，亦不說非法

----

① 作忧：即"忧"。

② 善：归于善。

③ 端心正志：使心意端正。

④ 之：犹"其"。

⑤ 惡露：淫液、经液。

⑥ 和夷罗洹：梵 Vajrapāni，霹雳手，手执雷电之夜叉神，异译作"执金刚"。执金刚的职责为警卫诸天诸佛。

⑦ 治道：圣本作"蠱道"，巫蛊之术，邪门歪道。然经本作"治道"，而治道似乎是不可能解释为邪门歪道的。推原支公用"治道"之故，或是译者曾受佛教巫术化的影响，以为巫术便是正道。另一说，译者向当时汉语的权威著作《汉书》学语言，而在《汉书》中有两处"治道"，是有可能误会成邪门歪道的。一处在《汉书·文帝纪》："五月，詔曰：'古之治天下朝有進善之旌，誹謗之木，所以通治道，而來諫者也。今法有誹謗訞言之罪，是使衆臣不敢盡情，而上無由聞過失也。'"本来是说设进善之旌，诽谤之木，是为了履行治道、招致谏者，但接着说到诽谤妖言，就误以为所说"治道"便是指此。另一处在《汉书·文三王传》："今梁王年少，頗有狂病。始以惡言按驗，既亡事實，而發閨門之私，非本章所指。王辭又不服，狠强劲立，傅致難明之事，獨以偏辭成皋斷獄，亡益於治道，汙衊宗室以内亂之惡，披布宣揚於天下，非所以爲公族隱諱，增朝廷之榮華，昭聖德之風化也。"此"治道"当然也是指治国大道，言劾治梁王之大臣，片辞断狱，无益于治国大道，而有污蔑宗室的后果。对汉语了解不多的人或者以为，此"治道"上连"无益"，下连"污蔑"，认为它不是个好词，由此而误用。

⑧ 祝：同"咒"。

⑨ 为事：所做事。

之事，亦不生惡處。用是比、用是相、行具足，知是阿惟越致菩薩。"

須菩提白佛言："菩薩用何等故名爲阿惟越致？"

佛言："菩薩不與國王若世俗、城郭、聚落、會人①從事②，不與盜賊若軍師③、兵刃從事，不與男子、女人從事，不與餘道人若祠祀諸鬼神、酒肉、穀食從事，不與香及燒香若繒綵④、利業⑤、調戲⑥從事，不與海中若諸所欲⑦從事，不與弊惡、無反復⑧、好鬪亂人者從事。但與深般若波羅蜜從事，心終不遠離薩芸若，常在中不志⑨［忘］，常行中正，無不行時。常稱譽賢善者上頭⑩，常隨善知識，不與惡知識相隨，常求佛法，願欲⑪生異方佛剎。用是故，常與佛相見供養之。從欲處⑫、色處、空處，從彼間來生中國⑬，常於善人黠慧中生⑭，在工談語⑮曉經書家生。常不好豫⑯世俗之事，生⑰不犯法，常在大國中生，未常⑱在邊地生也。用是比、用是相、行具足，用是故名爲阿惟越致菩薩。終不言我

---

① 会人：聚会者。

② 从事：行事，办事；周旋，打交道。

③ 军师：军队。

④ 缯綵：彩色缯帛。

⑤ 利业：谋利的行业，做生意之类。

⑥ 调戏：戏耍，游艺。

⑦ 所欲：贪财利的事，如寻宝之类。

⑧ 无反复：忘恩负义。反复，回报。

⑨ 志：丽藏如此，他本皆作"忘"，作"忘"是。

⑩ 上头：居于前列，第一流。"称誉贤善者上头"，称赞贤者和善人是第一流的好人。

⑪ 愿欲：就是愿。

⑫ 欲处、色处、空处：欲界、色界、无色界。

⑬ 中国：国中。

⑭ 于善人黠慧中生：于黠慧善人中生。

⑮ 工谈语：善于说话。

⑯ 豫：干预，参与。

⑰ 生：一生，终生。

⑱ 常：通"尝"。

是阿惟越致，亦不言我非、亦不疑我非阿惟越致地，亦不言我是阿惟越致地。譬若有人得須陀洹道，在其地終不疑，魔事適起即覺知，魔稍稍來，不聽①隨。在阿惟越致地，終不疑，不懈怠。譬若有人作惡逆，盡其壽命，心終不可轉使作善不念惡，是惡心至死終不休。是菩薩住中正，在阿惟越致地，心不可移動，十方終不能復轉其心，自有道地，終不疑無阿羅漢、辟支佛，心不念佛難得，心大無有極，安隱堅住其地，無有能降之者。作是住，無有能過是黠者。用是故，弊魔大愁毒②，言：'是菩薩心如剛鐵不可轉。'便復更作佛形，往語菩薩言：'若何不於是間取阿羅漢證③？若未受決得阿耨多羅三耶三菩，若不得是比、不得是相，菩薩用是比、用是相、行具足，如是尚不得佛，若當何因得之？'"

佛言："設是菩薩聞魔語，若心不動者，是菩薩從過去怛薩阿竭受決，已得阿耨多羅三耶三菩，是故覺知魔作佛形像來言，是非佛也，魔耳。欲使我心搖，我心不可動。"

佛言："是菩薩心不可動轉者，從過去怛薩阿竭受決，已授阿耨多羅三耶三菩，住阿惟越致地。何以故？用是比、用是相、行具足故，知是阿惟越致菩薩悉得法者、悉行中正，當代④不惜身命，是菩薩一切法悉受得之，過去、當來、今現在佛所有法悉得持護。用是故，當爲不惜身命，未常懈怠，無有厭時。

怛薩阿竭及諸弟子說經時，心終不疑，亦不言非佛說。聞說深般若波羅蜜，終心不有疑⑤，亦不言非。如是菩薩逮無所從生法樂，於中立，持是功德悉具足⑥。用是比、用是相、行具足，是爲阿惟越致菩薩。"⑦

---

① 听：听任。
② 愁毒：忧愁，烦恼。
③ 取阿罗汉证：取得阿罗汉的证悟，成阿罗汉。
④ 代：支公将"代"作"为"用。本当说"当为不惜身命"，但下文又需说"当为不惜身命"，为修辞避复改用"代"字。
⑤ 终心不有疑：当说心终不有疑。此亦支公避复之处。因前已有"心终不疑"。
⑥ 悉具足：定语后置，持是悉具足功德。
⑦ 至此，续言菩萨不退转的标志。

摩訶般若波羅蜜道行經　怛［恒］竭①優婆夷品②第十六

須菩提白佛言："阿惟越致菩薩極從大功德起③。常爲菩薩説深法④，教入深。"

佛言："善哉，善哉！須菩提！若乃内⑤菩薩使入深，何等爲深？空爲深、無想、無願、無識、無所從生、滅⑥。泥洹，是爲限⑦。"

須菩提白佛言："泥洹是限，非是諸法？⑧"

佛言："諸法甚深，色、痛痒、思想、生死、識甚深。何等爲色、痛痒、思想、生死、識甚深？如本無。色、痛痒、思想、生死、識本無，爾故甚深。"

須菩提言："難及也，天中天！色、痛痒、思想、生死、識，妄消去⑨，便爲泥洹⑩。"⑪

---

① 怛竭：当作"恒竭"。各本皆误。吴译作"恒竭"（T08po495c25），秦译作"恒架调"（T08p0528c18），罗什译作"恒伽"（T08po568b07），唐一作"殑伽"（T07p0833b18），梵本作"Gaṅgā"。恒竭，恒河音译。

② 恒竭优婆夷品：吴译作"恒竭清信女品"，罗什作"恒伽提婆品"，唐一"殑伽天品"，殑伽，恒河音译。梵本（英译）以"the Goddess of Ganges"（恒河神女）为题。衡量诸说，以吴译较为稳当。恒竭，盖优婆夷之名。正如中国人有名长江的。

③ 极从大功德起：从极大功德兴起。成就了极大功德。

④ 常为菩萨说深法：这里简省了主语"世尊"。此处自秦译以下，皆出主语"世尊"，例如罗什"是阿毘跋致菩薩，成就大功德。世尊能説阿毘跋致菩薩，恒河沙等相貌。説是相貌，則是説深般若波羅蜜相"（T08p0566a08），秦译也出主语"天中天"（T08p0528c21）。

⑤ 内：同"纳"，纳入，引进。

⑥ 灭：无所从灭。句言空为深，无想、无愿、无识、无所从生、无所从灭亦为深。

⑦ 泥洹，是为限：涅槃为深之极限。

⑧ 泥洹是限，诸法非是：涅槃等在深的范围之内，诸法却不是？

⑨ 妄消去：世尊立本无之说，消除了迷妄。兼言色等和涅槃。妄，丽藏、金藏、石经如此作。他本作"安"，疑非是。

⑩ 便为泥洹：消除了迷妄，便是涅槃真相。此处唐一作："爾時，善現復白佛言：'世尊甚奇！微妙方便遮遣諸色，顯示涅槃，遮遣受、想、行、識，顯示涅槃。'"（T07p0829b01）遮遣，排遣了遮掩，揭露了真相。

⑪ 本章至此，言诸法甚深。

佛言："甚深與般若波羅蜜相應①，當思惟念②，作是住、學，如般若波羅蜜教。菩薩隨是行，當思惟念，如中③教，應④行一日，是菩薩⑤爲却幾⑥劫生死。譬如婬泆之人，有所重愛端正女人，與共期會，是女人不得自在⑦，失期不到，是人寧有意念之不耶？"

須菩提言："其人有念，思想當到，欲與相見，坐起、宿止、言語。"

佛言："其人未到之間，能有幾意起念⑧？"

須菩提言："是意甚多，甚多！"

佛言："菩薩念深般若波羅蜜，如是一日心不轉者，却生死若干劫。菩薩學般若波羅蜜，如中教、如中所說思念，隨是行一日，爲却惡除罪；若有菩薩遠離深般若波羅蜜，正使布施如恒中沙劫，不如是菩薩隨深般若波羅蜜教一日，其功德出彼上。若復有菩薩壽如恒中沙劫，并持前所布施與須陀洹、斯陀含、阿那含、阿羅漢、辟支佛、佛，不得深般若波羅蜜；若復有菩薩隨深般若波羅蜜中行，如中教，其功德出彼上。若復有菩薩壽如恒中沙劫，布施如前，持戒具足；若復有菩薩求深般若波羅蜜，從念起説經，其功德出彼上。若復有菩薩持經布施，其功德轉⑨上，得阿耨多羅三耶三菩。是菩薩持經布施以來，深入是中，隨是教，其功德出彼上；若復有菩薩以經布施，不深入是中，轉⑩不及也。若復有菩

---

① 甚深与般若波罗蜜相应：与甚深般若波罗蜜相应。宾语的定语提在动词前。

② 思惟念：三词同义连用，意思只是念。

③ 中：其中。

④ 应：此词当置于下面"为"字之前。

⑤ 是菩萨：也是前面"行一日"的主语。这两句疏通起来，当作"是菩萨行一日，应为却几劫生死"。

⑥ 几：不定数词，约与"若干"相当，不是疑问数词。

⑦ 自在：自由。

⑧ 几意起念：几起意念。

⑨ 转：更。

⑩ 转：较。

薩持經布施，復深入是中，未常①有離時，爲般若波羅蜜所護，其功德甚多甚多。"②

須菩提白佛言："所識③、有著④者，此二何所功德爲多⑤？"

佛言："菩薩所識，若求深般若波羅蜜，樂於空，樂無所有，樂盡，樂無常，念是爲不離般若波羅蜜，如是菩薩得功德不可計阿僧祇。"

須菩提白佛言："不可計，復言阿僧祇，有何等异？"

佛言："阿僧祇者，其數不可盡極也；不可計者，爲不可量計之，了不可得邊崖。爾故⑥爲不可計阿僧祇。"⑦

須菩提言："佛説不可計，色、痛痒、思想、生死、識亦不可計。"

佛語須菩提："汝所問者，有何因使色、痛痒、思想、生死、識不可計、不可量？"

須菩提問佛："何等爲不可量？"

佛言："於空中計之，爲不可量，無想、無願計之，如是不可量。"

須菩提言："空計是⑧，法不可計⑨？"

佛言："云何？我常不言諸法空？⑩"

須菩提言："如怛薩阿竭所説，法悉空。"

佛言："諸法悉空，不可盡、不可計。經無有各各慧⑪，無有

---

① 未常：未尝。
② 至此，言当注念、致力于般若波罗蜜．。
③ 所识：有所识别，皆非实有。
④ 有著：说有功德，便是执著。
⑤ 此二何所功德为多：这二说，哪一说才正确？
⑥ 尔故：犹如说是故。
⑦ 至此，言功德仍可成立，且不胜其多。
⑧ 空计是：于空中计之，为不可量，此言是。
⑨ 法不可计：一切法也不可计，也是空吗？
⑩ 我常不言诸法空：我不是常说诸法皆空吗？
⑪ 经无有各各慧：诸经没有各自的智慧，各自的内容。

各各異①，怛薩阿竭但分別説耳。空不可盡、不可量，是想②、是願、是識、是生、是欲、是滅、是泥洹。隨所喜，作是爲説③，作是現示④，作是爲教⑤，怛薩阿竭所説如是。"

須菩提言："難及也，天中天！經本空耳。云何復於空中説經？是經不可逮。如我了佛語，諸法不可逮。"

佛言："如是！諸法不可逮。"

佛言："如是！諸法不可逮，空耳，是爲不可逮。"⑥

須菩提言："如佛説，本無不可逮，願解：不可逮慧，有增有減。"

佛言："不也。"

須菩提言："若⑦有不可逮慧有增有減。檀波羅蜜、尸波羅蜜、羼提波羅蜜、惟逮波羅蜜、禪波羅蜜、般若波羅蜜，不增不減。若不增波羅蜜者，菩薩何因近阿耨多羅三耶三菩？何緣得阿惟三佛？設不減波羅蜜者，菩薩何因近阿耨多羅三耶三菩？何緣近阿惟三佛坐⑧？"

佛言："是不可逮慧不增不減。菩薩求深般若波羅蜜，若守者⑨，如是漚恕拘舍羅⑩，菩薩不念檀波羅蜜增，亦不念減。復作是念，但名檀波羅蜜所布施念⑪，持是功德施與⑫，作⑬阿耨多羅

---

① 无有各各异：并无各自不同。

② 是想：相也是这样，不可尽，不可量，皆空。

③ 作是为说：为如是之说。

④ 作是现示：如是显现。

⑤ 作是为教：为如是的说教。

⑥ 至此，言诸法空，故不可计、不可逮。

⑦ 若：似乎。此字所在句是须菩提坚持自己的意见。他请佛解释为何有增有减。佛给他以否定的回答。他没有弄懂，所以坚持说，似乎是有所增减。

⑧ 坐：同"座"。

⑨ 若守者：若得而守之者。守，坚持不懈。

⑩ 如是沤和拘舍罗：得深般若波罗蜜而守之者，同时亦得善巧方便。

⑪ 但名檀波罗蜜所布施念：但念所布施名为檀波罗蜜。

⑫ 施与：奉献。

⑬ 作：等于说回向。

三耶三菩。施如是，尸波羅蜜、羼提波羅蜜、惟逮波羅蜜、禪波羅蜜。① 菩薩求般若波羅蜜，若守者，得漚惒拘舍羅，不念般若波羅蜜有增有減，是但名爲般若波羅蜜，求之，若守者，發心念，持是功德施與，作阿耨多羅三耶三菩。”

須菩提白佛言：“何等爲阿耨多羅三耶三菩？”

佛言：“本無是也。是本無不增不減，常隨是念不遠離，是即爲近阿耨多羅三耶三菩坐、不可逮法、不可逮慧。若般若波羅蜜皆不增不減，菩薩念是不遠離，爲近阿耨多羅三耶三菩。”②

須菩提白佛言：“菩薩持初頭意③，近阿耨多羅三耶三菩，若持後頭意近之。”

佛言：“初頭意、後來意，是兩意無有對④。”

須菩提言：“後來意、初頭意無有對，何等功德出生、長大？”

佛言：“譬如然燈炷，用初出明然炷？用後來明然炷？”

須菩提言：“非初頭明然炷，亦不離初頭明然炷，亦非後明然炷，亦不離後明然炷。”

佛問須菩提：“云何，如是不？”

須菩提言：“如是，天中天！”

佛言：“菩薩不用初意得阿耨多羅三耶三菩，亦不離初意得，亦不用後意得，亦不離後意得也。”

佛言：“云何？是爲得阿惟三佛不？”

須菩提言：“阿惟三佛甚深是因緣⑤，菩薩不用初意得阿耨多羅三耶三菩，亦不離初意得，亦不用後意得，亦不離後意得也。”

佛言：“云何，心前滅後復生耶？”

須菩提言：“不也。”

---

① 施如是……禅波罗蜜：布施波罗蜜如是，持戒、忍辱、精进、禅定诸波罗蜜亦如是。简省“亦如是”三字。

② 至此，言诸法无增无减。

③ 初头意：初意。

④ 无有对：不相对应，不一致。

⑤ 阿惟三佛甚深是因缘：是阿惟三佛缘起法甚深。

佛言："心初生可滅不？"

須菩提言："可滅。"

佛言："當所滅者，寧可使不滅不？"

須菩提言："不也。"

佛言："本無，寧可使住不？"

須菩提言："欲住本無，當如本無住。"

佛言："設令在本無中住，寧可使發①堅固不？本無，寧有心無心不？離本無，寧有心不？見本無不？作是求，爲深求不？"

須菩提言："天中天！作是求爲無所求。何以故？是法了不可得，亦不可見。"

佛言："菩薩求般若波羅蜜，爲求何等？"

須菩提言："爲求空。"

佛言："設不空，爲求何等？"

須菩提言："爲求想②。"

佛言："云何？去想不？"

"不也，是菩薩爲不去想③。"

須菩提言："不作是求：忘［亡］想④。何以故？求想盡者，設想滅者，即可滅也，便得阿羅漢⑤。是爲菩薩漚惒拘舍羅：不滅想，得證⑥，向無想⑦，隨是⑧教。"⑨

舍利弗謂須菩提："若有菩薩有三種事⑩，向三昧門，守三昧

① 发：产生。
② 想：相。
③ 不去想：不去除相。去，去除。想，相。
④ 忘想：无相。忘，宫本、金藏、钞本作"亡"，丽藏作"妄"，资福藏、碛砂藏、普宁藏等，皆作"忘"。作"亡"是，无也。
⑤ 阿罗汉：小乘阿罗汉。
⑥ 得证：得证阿惟三佛。
⑦ 向无想：心向无相，以无相为目标。
⑧ 是：指代无相。
⑨ 至此，论前意与后间及其相关事。
⑩ 三种事：如下所说，一空，二无相，三无愿。

門：一者空，二者無相，三者無願。是三者有益於般若波羅蜜，不但晝日益，夜夢中亦當復益。何以故？佛説晝夜夢中，等無异。”

須菩提言：“若有菩薩晝日有益於般若波羅蜜，夜夢中亦復有益。”

舍利弗言：“云何？若夢中有所作，寧有所得不？佛所説經：如夢中所有。”

須菩提言：“夢中所作善，覺，大喜，爲益。夢中所作惡，覺，不喜，爲减。”

舍利弗言：“設於夢中殺人，其心喜，覺，以言：‘我殺是人，快乎！’如是云何？”

須菩提言：“不殑［然］①爾②，皆有所因緣，心不空爾，會有所因緣。若③見、若聞、若念，爲因緣，爾故知耳。從是中令人心有所著，令人心無所著④，是爲不忘⑤爾，皆有所因緣故。”

舍利弗言：“所作皆空耳，何因心有所因緣？”

須菩提言：“想因緣，是故心因緣從是起。”

舍利弗言：“菩薩夢中布施，持是施與作阿耨多羅三耶三菩，如是有施與無？”

須菩提言：“彌勒菩薩近前在，且暮⑥當補佛處⑦，是故知，當從問⑧。”

舍利弗⑨白彌勒菩薩：“我所問，須菩提言：‘彌勒菩薩能解之。’”

---

① 殑：各本如此作。唯金藏、石經、聖本作“然”，作“然”是。
② 尔：表肯定的语气助词。
③ 若：或。
④ 令人心无所著：或令人心无所著。或然之辞。
⑤ 不忘：不忘所见、所闻、所念。
⑥ 旦暮：早晚，短时间内。
⑦ 当补佛处：会补入佛的位子。
⑧ 从问：向他问，问他。
⑨ 弗：原误作“佛”，今径改。

彌勒言："如我字彌勒當解乎？當以色、痛痒、思想、生死、識解慧乎？持是身①解耶？若空，若色、痛痒、思想、生死、識解慧，色痛痒思想生死識空，無力當所解。是法了不見也，亦不見當所解者，是法了不見當得阿耨多羅三耶三菩者。"

舍利弗言："彌勒菩薩所說爲得證②？"

彌勒言："不也，我所說法不得證。"

舍利弗便作是念："彌勒菩薩所入慧甚深。何以故？常行般若波羅蜜以來，大久遠矣。"

佛問舍利弗："云何，若自見作阿羅漢時不？"

舍利弗言："不見也。"

佛言："如是菩薩不作是念：'我受決是法，當於中得阿惟三佛。'亦無有得阿惟三佛者。菩薩作是行，爲求般若波羅蜜，終不恐我不得阿惟三佛，隨是法中教，求般若波羅蜜，用是故我無所畏。菩薩至大劇難③虎狼中時，終不畏怖，心念言：'設有啖食我者，爲當布施行檀波羅蜜，近阿耨多羅三耶三菩。願我後作佛時，令我刹中無有禽獸道。'菩薩至賊中時終不怖懼，設我於中死，心念言：'我身會當弃捐，正令④我爲賊所殺，我不當有瞋恚，爲具忍辱行羼提波羅蜜，當近阿惟三佛。願我後得佛時，令我刹中無有盜賊。'菩薩至無水漿中時，心不畏怖，自念言：'人無德，使是間無水漿。願我後得阿惟三佛時，使我刹中皆有水漿，令我刹中人悉得薩芸若八味水⑤。'菩薩至穀貴中時，心不恐怖，自念言：'我當精進得阿惟三佛，使我刹中終無穀貴，令我刹中人在⑥所願，所索飲食悉在前，如忉利天上食飲。'菩薩在疾疫中時，心

---

① 身：身形。

② 得证：得到见证。

③ 大剧难（nàn）：大难。

④ 正令：即使。

⑤ 八味水，当是指八功德水，言其水具有八种特性：澄净、清冷、甘美、轻软、润泽、安和、除饥渴、长养诸根。

⑥ 在：任，任凭。

念言：'我終無恐懼，正使我身死是中，會當行精進，得阿惟三佛，令我刹中無有惡歲疾疫者，必當降伏魔官屬。'"

佛言："菩薩聞是阿耨多羅三耶三菩阿惟三佛，却後大久遠，乃得佛者，心不恐怖，從本際①起意學以來，用不爲久也。譬如人意一轉頃耳。何以故？無有本際故。"②

佛說是時，有優婆夷③從坐起，前至佛所，爲佛作禮，長跪④白佛言："我聞是不恐不怖，必降恐怖之處，索阿耨多羅三耶三菩，得阿惟三佛已，當説經。"

佛笑，口中金色光出，優婆夷即持金華散佛上，持佛威神，華皆不墮地。阿難從坐起，更斐⑤袈裟，前爲佛作禮，長跪問佛言："佛不妄笑，既笑當有所説。"

佛言："是怛⑥［恒］竭優婆夷，却後當來世，名星宿劫⑦，是中有佛名金華佛，是優婆夷後當弃女人身，更受男子形。却後當生⑧阿閦⑨佛刹，從阿閦佛刹去復到一佛刹，從一佛刹復生一佛刹，如是無終極。譬如遮迦越王⑩從一觀復遊一觀，從生至終足不蹈地。是優婆夷從一佛刹復到一佛刹，未嘗不見佛。"

阿難心念："如阿閦佛刹諸菩薩會者，是爲佛會耳。"

佛知阿難心所念，佛言："是諸菩薩會者，悉度生死已。是優婆夷後當作金華佛，度不可計阿羅漢令般泥洹。是時佛刹中無有禽獸盜賊，無有斷水漿，若穀貴、病疫者，其餘惡事悉無有。"

阿難問佛："是優婆夷從何佛已來作功德？"

---

① 本际：本初，本始。
② 至此，言一空二无相三无愿，当守此三昧门。
③ 优婆夷：梵 upāsikā，清信女，奉事三宝、受持五戒的女居士。
④ 长跪：直腰而跪。
⑤ 斐：通"裴"，披也。
⑥ 怛：是"恒"之误，见前品名注。
⑦ 星宿劫：将来的大劫。现时劫为贤劫。
⑧ 生：大正藏误为"世"，今径改。
⑨ 阿閦（chù）：梵 Akṣobhya，东方如来名。閦，大正藏误为"閦"，今径改。
⑩ 遮迦越王：梵 cakravatī，意译转轮圣王、飞行皇帝。

佛言："乃昔提和竭羅佛①所作功德，初發意求佛。提和竭羅佛時，亦復持金華散佛上，願言：'持是功德施與，作阿耨多羅三耶三菩者。'"

佛言："如我持五華散提和竭羅佛上，即逮得無所從生法樂，於中立，授我決言：'却後無數劫，若當爲釋迦文佛。'是優婆夷，爾時見我從佛授決，其心亦念：'我亦當授決得阿耨多羅三耶三菩，如是菩薩受決。'"

佛語阿難："是怛〔恒〕竭優婆夷於提和竭羅佛所，初發起本②阿耨多羅三耶三菩阿惟三佛。"

阿難白佛言："是怛〔恒〕竭優婆夷所求已度③？"

佛言："已度。"④

---

① 提和竭罗佛：梵 Dīpaṃkara，意译燃灯佛，锭光如来，为释迦佛的授记者。
② 本：本愿。
③ 度：渡过，达到。
④ 至此，言佛说经，恒竭得度。

道行般若經卷第七

後漢月支國三藏支婁迦讖譯

摩訶般若波羅蜜道行經　守空①品第十七

須菩提白佛言："菩薩行般若波羅蜜，何等爲入空②？何等爲守空三昧③？"

佛言："菩薩行般若波羅蜜，色、痛痒、思想、生死、識空觀④。當作是觀，一心作是觀，不見法。如是不見法⑤，於法中不作證⑥。"

須菩提言："佛所説不於空中作證⑦，云何菩薩於三昧中住，於空中不得證？"

佛言："菩薩悉具足念空，不得證。作是觀，不取證，作是觀，觀入處⑧，甫欲⑨向是時，不取證，不入三昧，心無所著，是

---

① 守空：坚持空的学说，守之勿失。宋译作"善巧方便"（T08p0649a11）。一从哲学角度命名，一从教义角度命名。

② 入空：先进入，然后学习。罗什作"習空"（T08p0568c14），宋译作"學空"（T08p0649a13）。

③ 守空三昧：坚持空的学说，心定于此而不散乱。

④ 空观：观色等皆空。

⑤ 如是不见法：有法而不见法。

⑥ 于法中不作证：不于不见法之中证悟最高佛理。

⑦ 不于空中作证：不以空之说证悟佛理之最上者。

⑧ 观入处：观察入口，以便进入。

⑨ 甫欲：刚刚。

時不失菩薩法本，不中道得證。何以故？本願悉護薩和薩故，爲極慈哀故。自念言：‘我悉具足於功德，是時不取證。’菩薩得般若波羅蜜獲①［護］，得極大功德，悉得智慧力。譬若人能勇悍却敵，爲人極端正猛健，無所不能，能曉兵法，六十四變②皆知習之，爲眾人所敬。若有所至處，無不得其力者。有所得者轉分布與人，其心歡欣。若有他事，與父母妻子俱去，過大劇道③厄難之中，安隱④父母，語其妻子言：‘莫有恐懼，當俱出是難中。’既出，得送父母妻子歸鄉里，不逢邪惡，到家，莫不歡欣者。何以故？用是人勇悍、多智慧、黠健故。是菩薩行極大慈，心念十方薩和薩，是時持慈心悉施人上，是菩薩過阿羅漢地，出辟支佛地。於三昧中住，悉愍傷薩和薩，無所見，於是中不取證。入空中深，不作阿羅漢。菩薩作是行時，爲行空三昧，向泥洹門⑤，不有想，不入空取證。譬若飛鳥飛行空中，無所觸礙。菩薩行，甫欲⑥向空，至空，向無想，不墮空中，不墮無想，悉欲具佛諸法。譬若工射⑦人射空中，其箭住於空中，後箭中前箭，各各復射，後箭各各中前箭。其人射欲令前箭墮，爾乃墮。菩薩行般若波羅蜜，爲漚惒拘舍羅所護，自於其地，不中道取證，墮阿羅漢、辟支佛地，持是功德逮得阿耨多羅三耶三菩，功德盛滿，便得佛。爲菩薩於經本⑧中觀，不中道取證。”⑨

須菩提白佛言：“菩薩謙苦作是學，不中道取證。”

---

① 获：丽藏、金藏、石经、圣本、金刚寺钞本作“獲”或“穫”，资福藏、碛砂藏、普宁藏、南藏、径山藏、龙藏皆作“護”。作“護”是。

② 六十四变：各种变化、技能。

③ 大剧道：大难之路。

④ 安隐：使……平安无事。

⑤ 向泥洹门：向涅槃之门行进。

⑥ 甫欲：犹如说开始。

⑦ 工射：善射。

⑧ 经本：契经之本，即诸法实相。于经本中观，指观于诸法实相。

⑨ 本章至此，由守空论不中道取证——从哲学角度。

佛言："是菩薩悉爲護薩和薩，守空三昧，向泥洹門，心念分別①。何等爲分別？守空三昧、無相三昧、無願三昧，是爲分別②。漚惒拘舍羅，使是菩薩不中道取證。何以故？漚惒拘舍羅護之故，故心念一切薩和薩。持是所念故，得漚惒拘舍羅，不中道取證。若菩薩深入觀，守空三昧向泥洹門，無想三昧向泥洹門，無願三昧向泥洹門，用是故分別：久遠已來，人所因緣想中求③。得阿耨多羅三耶三菩，爲説經，當使遠④是因緣⑤，守空三昧、守無想三昧、守無願三昧，向泥洹門，皆不中道取證。菩薩如是念：久遠⑥人呼⑦常有想，常有安想，常有我想，常有好想，各各本［求］⑧。我作阿耨多羅三耶三菩時，用人⑨故，爲説經，使斷有想、有安想、有我想、有好想，悉斷求。云何斷？是常無常，是樂皆苦，是身非身，是好皆醜。菩薩自心念：'爲得漚惒拘舍羅，守空、守無想、守無願三昧，向泥洹門，不中道取證。'若有菩薩心念：'人發⑩遠⑪已來，求因緣，求想，求欲，求聚⑫想，求空

————————

① 心念分别：思量考校。"心念"、"分别"，同义连用。分别，思维量度。

② 是为分别：这些就是思量考校的内容。

③ 人所因缘想中求：于人们所缘起之相之中求取。缘起之相，即众生相。意即于众生相中求取，以众生相求取。罗什作"著眾生相，著有所得"（T08p0540b02），唐二作"起有情相，執有所得"（T07p0907c12），宋译作"著眾生相，起有所得見"（T08p0650a08）。辛校（349 页）作"People seek after the conception of causes and conditions"，疑非是。

④ 远：远离，抛弃。

⑤ 是因缘：众生相，求得心。

⑥ 久远：久远以来。

⑦ 呼：呼叫；认为。

⑧ 各各本：吴译此处作"各各求"，作"各各求"是，各有所求。求有相、安相、我想、好想。本经下文即说断有相、安相、我相、好相，"悉斷求"。改"本"为"求"，辛校（350 页）如此。

⑨ 用人：因为度人。

⑩ 发：从。

⑪ 远：久远。丽藏、金藏作"远"，资福藏、碛砂藏、普宁藏等各本皆径作"久远"。

⑫ 聚：和谐聚会。

想，求是想，皆現在①。’菩薩言：‘我一切欲使世間無有是。’用是念人故，得漚惒拘舍羅。是法觀空、想、願、識，無所從生、齊限②，是菩薩不中道取證，法當作是知。③

云何菩薩求般若波羅蜜，當曉習於法中④？心當何緣求⑤？心當云何入？守空三昧、守無相三昧、守無願三昧，向泥洹門，皆不中道取證。守無識三昧，守無所從生三昧，是菩薩不得決故⑥。守空三昧、無相三昧、無願三昧、無識三昧、無所從生三昧，念是三昧竟⑦，有來問者，不即持不可計心⑧爲解者，知是非阿惟越致菩薩。何以故？阿惟越致心無央數悉知⑨，用是比⑩，行不具足，知是菩薩未得阿惟越致。”

須菩提白佛言：“若有菩薩能解是者，便爲阿惟越致。”

佛言：“聞深般若波羅蜜，若⑪不聞，能解者，即是阿惟越致。”

須菩提言：“不可計人求菩薩道，少有能解者。”

佛言：“能解者以⑫受決，以於是功德中極姝［殊］⑬。所知法者，阿羅漢、辟支佛所不能及，諸天、阿須倫、龍、鬼神所不及，是爲阿惟越致相。”⑭

---

① 皆现在：现时皆存在，现在都有。

② 齐（jì）限：极限，终点。此“齐限”承前“无”字，当理解为没有极限。

③ 至此，由方便善巧论不中道取证——从教义角度。

④ 晓习于法中：知晓修习于法。

⑤ 缘何求：根据什么来求法。就是说，如何求法。

⑥ 是菩萨不得决故：其人只说要坚持无识三昧，坚持无所从生三昧，而未说向泥洹门和不中道取证，那是因为他未得受决的缘故。

⑦ 念是三昧竟：如果有人来请教，就把所要坚持的三昧都说一遍。

⑧ 不可计心：空心，空的思想，空的学说。不可计，谓空。

⑨ 无央数悉知：无数人都知道阿惟越致思想，只是不知道不要中道取证。

⑩ 用是比：用这来比照。

⑪ 若：或。

⑫ 以：同“已”。下“以”字同。

⑬ 姝：金藏、石经、圣本作“殊”。作“殊”是。极殊，极其特别，非常突出。

⑭ 至此，由学法论不中道取证——从道人修习角度。

摩訶般若波羅蜜道行經　遠離①品第十八

佛言："復次，須菩提！夢中菩薩摩訶薩不入阿羅漢地，不入辟支佛地，不樂索②其中，亦不教他人入其中。心亦不念般若③中，諸法夢中視④，不般若中爲證，心悉常在佛。如是，須菩提！阿惟越致菩摩訶薩，當知是阿惟越致相。

"復次，須菩提！菩薩摩訶薩夢中與若干百弟子共會，在中央坐；不可數⑤千弟子，不可數百千弟子共會，在中央坐，説經；與比丘僧相隨，最在前頭。怛薩阿竭、阿羅呵、三耶三佛説經，悉見。亦復是⑥，須菩提！阿惟越致菩薩摩訶薩，當知是阿惟越致相。

"復次，須菩提！菩薩摩訶薩夢中在極高虛空中坐，爲比丘僧説經，還自見七尺光，自在⑦所變化，於餘處所作，爲如佛説經。

----

① 远离：远离尘嚣，静心修行。一种修方法。似乎学者少有言及。英译为"detachment"，或"isolated"。

② 索：求取。辛校（353 页）以"乐索"为一词，《词典》释为"seek"，"look for"。其实，"乐"当作常解，喜乐。乐，或音 yào。

③ 般若：辛校（353 页），金藏、石经作"邪"，敦煌一个写本、圣本作"那"，金刚寺钞本作"般"，元本缺，其余各本皆作"般若"。辛校改此"般若"为"那"。测度古人今人改为"那"的理由是，本经正讨论般若波罗蜜，而又心不念之为不合理，改为"那"，代阿罗汉地和辟支佛地，那就可通了。但下文马上就有"心悉常在佛"之句，心既在佛，心不常念般若完全理顺，不是非改不可。改为"那"的根据在秦译《钞经》，那里说"不那中有所索"，"不那中作证"。但此处前"那"代三界，后"那"代"诸法"，与本经用"那"代阿罗汉地和辟支佛地，完全不同，说的不是一回事。再则，"那"用作代词，起源于前秦时期，或稍早一些，现在还没有汉时就已有代词用法的证据。石经和金藏不满意"那中"的说法，以为"那""邪"形近，改为"邪"就稳当可靠了。其误就更不待言。吕叔湘《近代汉语指代词》没有说"那"最早见于何处。由佛经知，最早见于苻秦。若据辛校所改，则早在东汉就已有"那"作代词了。恐不可信。

④ 诸法梦中视：视诸法如梦。

⑤ 不可数：犹如说无数。

⑥ 亦复是：后接"阿惟越致菩萨摩诃萨"，中间插呼语"须菩提"。

⑦ 自在：自如，任意。

菩薩摩訶薩於夢中作是，亦復是，須菩提！阿惟越致菩薩摩訶薩，當知是阿惟越致相。

"復次，須菩提！菩薩摩訶薩夢中，不恐、不怖、不難、不畏。夢中若見郡縣，其中兵起，展轉相攻，若火起，若見虎狼師子及餘獸，若見斷人頭者，如是餘變化大勤苦者，多困窮者，飢者、渴者，都以厄難①。悉作是見，其心不恐、不怖、不驚、不搖。於夢中見，以覺即起坐，作是念：'如夢中所見，都是三處②，我作佛時悉爲説經遍教。'亦復是，須菩提！阿惟越致菩薩摩訶薩，當知是阿惟越致相。

"復次，須菩提！何從知是菩薩摩訶薩得阿耨多羅三耶三菩成作佛時，其境内一切無有惡心？是時，須菩提！菩薩摩訶薩夢中若見畜生相噉、人民疾疫時，其心稍稍生，逮得是願，作是念：'我會當作佛，如我作佛時，使我界中一切無有惡。'用是故知，亦復是，須菩提！阿惟越致菩薩摩訶薩，當知③阿惟越致相。諸惡悉除賜④，亦復是，須菩提！阿惟越致相。

"復次，須菩提！是菩薩摩訶薩於夢中覺已，若見城郭火起時，便作是念：'我於夢中所見，用是比、用是相，見不怖。用是比，用是相、行具足，菩薩摩訶薩如是，是爲阿惟越致相。持是比，持是相、行具足，是爲阿惟越致菩薩摩訶薩。今我審⑤，應審⑥，至審⑦，是所向⑧者，當無異。今是城郭火起，用我故，悉當滅，悉當消，悉當去，不復現。'"

佛言："假令火賜滅已、賜消已、賜去已，知是，須菩提！菩

---

① 都以厄难：都以困厄灾难呈现，都显现出困厄灾难。有所简省。
② 三处，即三界，欲界、色界、无色界。
③ 知：按文理，"知"后当有"是"字。然丽藏本无。CBTEA径加"是"字。检金藏等，大都有"是"字。
④ 赐：通"澌"，尽。
⑤ 审：审实，核实，落实。
⑥ 应审：应该审实，加以确认。
⑦ 至审：详加核实。
⑧ 向：走向，趋向。

薩摩訶薩受決已，過去怛薩阿竭阿羅訶三耶三佛，授阿耨多羅三耶三菩①，知是阿惟越致相。假令火不滅、不消、不去，知是菩薩摩訶薩未受決。設火神燒一舍，置②一舍，復越，燒一里，置一里，知是，須菩提！其家人前世時斷經故所致。是輩之人③所作宿命悉自見，宿命所作惡，於是悉除賜，從是以來斷經餘殃悉盡，是宿命惡悉消。如是，須菩提！知是菩薩摩訶薩未得阿惟越致、阿耨多羅三耶三菩。

"復次，須菩提！用是比、用是相、行具足，菩薩摩訶薩當作是視④。持是比、持是相，當爲說⑤，令知之。或時，須菩提！若男子、女人爲鬼神所下⑥，若爲所持⑦，是彼⑧菩薩作是念：'或我⑨受決，如過去怛薩阿竭、阿羅訶、三耶三佛授我阿耨多羅三耶三菩阿惟三佛，是阿耨多羅三耶三菩所念悉净潔故。設我⑩當作阿耨多羅三耶三菩阿惟三佛，所念皆净潔，是阿耨多羅三耶三菩，却阿羅漢心，却辟支佛心。設却阿羅漢心以，設却辟支佛心以，阿耨多羅三耶三菩會當作佛，不得不作佛。阿耨多羅三耶三菩當作佛者，十方阿僧祇刹現在諸佛，無不知者、無不見者、無不證⑪者。今怛薩阿竭、阿羅訶、三耶三佛，悉知我所識念，我審⑫當作阿耨多羅三耶三菩阿惟三佛，審如我所語，審如我所爲，審如我所言，是鬼神當用我故去。'便告言：'是男子、女人，何等鬼神所取持乎？'鬼神即爲去。設是不去者，是菩薩摩訶薩說是時，當

---

① 授阿耨多罗三耶三菩：其后当简省"决"字。
② 置：搁置，不烧。
③ 是辈之人：被烧者。
④ 作是视：这样看。就是要如是比，具是相，具是行。
⑤ 为说：向修行者说之。
⑥ 为鬼神所下：鬼神使他屈居于下，被鬼神所屈。
⑦ 持：执。为鬼神所下，为鬼神所持，言其人为鬼类所控，为鬼类所迷。
⑧ 是彼：指示代词连用。这个，那个。
⑨ 我：泛指任何人，非专指自我。下一"我"字同。
⑩ 我：此"我"为自我，已非泛指。
⑪ 证：可证。
⑫ 审：诚，真。

知，須菩提！是菩薩摩訶薩未受決，過去怛薩阿竭、阿羅訶、三耶三佛，不①授阿耨多羅三耶三菩。”

佛語須菩提：“其人審至誠者，弊魔往到是菩薩摩訶薩前住，作是語言：‘若本作是住，若本字某，若以受決。’欲以亂之。是菩薩當説是語：‘時我是真者，鬼神當隨我語，我審受決，爲阿耨多羅三耶三菩。審如我至誠者，是鬼神即當去。’是弊魔便作是念：‘我當使鬼神去。’何以故？弊魔極尊有威神，鬼神不敢當。魔作是念，鬼神用魔威神故便捨去。如是菩薩作是念：‘用我威神故，鬼神即去耳。’”②

佛言：“不知用魔威神故去也，是彼菩薩摩訶薩以自謂審然，便自貢高，輕易人，形笑③人，無所錄④，語人言：‘我於過去怛薩阿竭、阿羅訶、三耶三佛所受決，其餘人悉未受決。’用是故自可⑤、自貢高，反瞋恚起，恚怒稍稍增多，則離薩芸若大遠，失阿耨多羅三耶三菩智。是輩菩薩無有漚惒拘舍羅，瞋怒更生，起是兩地⑥：當墮阿羅漢地，若墮辟支佛道地。是輩，須菩提！持不成⑦，是菩薩摩訶薩當覺知魔爲。

捨善知識去，亦不與善知識語，亦不與善知識從事，亦不錄善知識，用是故知爲魔所固⑧。如是，須菩提！菩薩摩訶薩當知魔爲。

何以故？當覺是事，知魔來，在菩薩前，魔時時變服，往作是語言：‘過去怛薩阿竭、阿羅呵、三耶三佛授⑨，若受阿耨多羅

---

① 不：用同“未”。
② 本章至此，言梦境种种。
③ 形笑：做样子嘲笑。
④ 录：尊重，敬重。
⑤ 自可：自以为不错。
⑥ 两地：两处所堕之地。
⑦ 持不成：后省“作成”二字，持不成作成。资福藏、碛砂藏、宫本、圣本、普宁藏、南藏、径山藏、龙藏皆有此“作成”二字。
⑧ 固：蔽。《论语·学而》：“學則不固。”孔安国曰：“固，蔽也。”
⑨ 授：后简省“记”。

三耶三菩。若本字某，若母字某，若父字某，若兄字某，若姊字某，若弟字某，若親厚字某，若知識字某，若父母兄字某，若七世祖父母字某，若母外家字某，若父外家字某。若在某城生，若在某國生，若在某郡生，若在某縣生，若在某鄉生。若常軟語，若今作是語，若乃前世時亦復作是軟語。'或時高才①，便復隨形②言：'若前世時亦復高明。'或見自字③，或見乞食，或時一處飯④，或時就飯者⑤，或時先噉果菜却⑥食飯，或時在丘墓間，或時路靖⑦，或時在樹間⑧止，或時有受請者，或時不受請，或時少多取足⑨，或時麻油不塗身，或時語聲好，或時巧談語。魔見如是，因底［依］⑩ 詭言：'若前世時亦復巧談語如是，若前世時施行法亦復如是。何以故？若前世時净潔行，今還［逮］⑪ 得若前世時行净潔故功德所致⑫，今若還［逮］是功德耳。若前世時某家子，若種姓亦復字某，前世有是行，若今世亦復净潔得是。'彼菩薩心便作是念想：'我得無⑬爾乎？'是弊魔便復作是語言：'若

① 高才：表現出高的才能。
② 隨形：隨形勢，隨機。
③ 自字：言談間，说到自己時，自称其名。
④ 一處飯：單獨一人在一個地方吃飯。
⑤ 就飯者：就施飯者而食。飯者，施飯者。
⑥ 却：後。
⑦ 路靖：于露地定心靜坐，思維修習。路，麗藏、金藏、石經、金剛寺鈔本如此作。余本皆作"露"。此"路"，蓋借為"露"，露地，無遮蓋之處。靖，資福藏、磧砂藏、普寧藏、南藏、徑山藏、龍藏皆作"地"。"靖"，無由誤為"地"，當系改作。今謂"靖"，義為安定，又通作"靜"，定心靜坐，一種修習方式，道家正謂修煉之處為"靖"，無須改作。
⑧ 樹間：林中。
⑨ 少多取足：取多或取少。
⑩ 底：麗藏、金藏、石經、金剛寺鈔本如此作。余本皆作"依"，作"依"是。因依，即因。
⑪ 還：参考前文多處"逮"誤為"還"之例，此處"還"亦當是"逮"之誤。下"逮"字同。
⑫ 今逮得若前世時行净洁故功德所致：當作"故今逮得若前世時行净洁所致功德"。
⑬ 得無：疑辭。"得無爾乎"，莫非真是這樣。

以受决阿惟越致，過去怛薩阿竭、阿羅訶、三耶三佛①，若授決已，用是故若得净潔。'"

佛語須菩提："我所説阿惟越致菩薩摩訶薩，持是比、持是相、持是行，用占之②。我所説者不具足得，反自用是③，當知是菩薩輩終不成就，當知爲魔所壞。何以故？用是比、用是相，阿惟越致菩薩摩訶薩，知是了不得④，用⑤魔説其功德故，説其字故。是輩菩薩摩訶薩聞魔所語，心歡欣，自謂審然⑥，便行形調⑦人，輕易同學人，自貢高。彼菩薩用受是字⑧故，便失其本行，墮魔羅網。

"復次，須菩提！用受是字故，菩薩摩訶薩不覺魔爲，反自呼得阿耨多羅三耶三菩。魔復作是語言：'若當作阿耨多羅三耶三菩，若作佛時當字某。'是菩薩聞是字，心中作是念：'我得無然乎？我亦先時念如是，我本作是生意⑨以⑩，我本作是念已。'"

佛言："是菩薩如是於智中少⑪，是菩薩無有漚惒拘舍羅，反作是念：'是所言我字，當作佛時，亦如我先時所念，我定當作阿耨多羅三耶三菩，字如是。'"

佛言："如魔所教，若魔天共作⑫，是比丘爲魔所迷。"

---

① 过去怛萨阿竭、阿罗诃、三耶三佛：此言时间，当于此后加"时"字，这里行文简省。

② 用占之：以是比、是相、是行掂量他。用：以。占：瞻视，看待，估量。

③ 自用是：自以为是。用：以，以为。

④ 了不得：完全不可能得到阿惟越致菩萨摩诃萨。

⑤ 用：因。

⑥ 审然：真的如此。

⑦ 形调：做怪样子调笑。与"形笑"义同。

⑧ 字：称号。

⑨ 生意：起意，产生一个新想法。

⑩ 以：同"已"。上句用"以"，下句用"已"，交互为用。

⑪ 于智中少：少智，缺少智慧。

⑫ 魔天共作：魔与魔所部合作，愚弄此人。

佛語須菩提：“我所署①菩薩，用是比、用是相，我不教令作是爲，我所教了不得，亡是比、失是相，反用是字②故，自意念：‘我是阿惟越致。’便輕餘菩薩，用是輕易故，離佛，遠離薩芸若，遠離阿耨多羅三耶三菩智，遠是漚惒拘舍羅，亡以③，般若波羅蜜！亡以，善知識！以④更得惡知識，是菩薩會墮阿羅漢、辟支佛道中。若後大久遠勤苦，能復求佛者，用般若波羅蜜恩故，當復得阿耨多羅三耶三菩，自致作佛。”

佛言：“爾時發意受是字時，不即覺，不即改，不即悔，如是當墮阿羅漢、辟支佛道。”

佛言：“若有比丘教⑤重禁四事法⑥，若復他事所犯⑦，毀是禁，不復成沙門，不復爲佛子，是壞菩薩輩罪，過於比丘四事法。是菩薩言：‘我於某國、某郡、某縣、某鄉生。’作是意，生念時，其罪最重⑧，當作是知。置⑨是四事重法，是爲五逆惡⑩，當意⑪生是念時，其罪重。是菩薩用受其字故，意信⑫，生是念故，其罪

① 署：标记的，标明的。玄应《一切经音义》卷三《放光般若经》“署”：“位也，表也，謂表識也。”查《放光般若經》：“如來已見是輩人、已稱譽是人，我已署是人所在；十方現在諸佛亦復稱譽，亦見是人，亦署是人已。”（T08p0027a23）用“表识”（标记，标明）来解释这里的“署”，确当无误。署，由题署义，引申为标明义。

② 是字：这些称号。

③ 亡以：亡，同“无”。以，通“矣”。

④ 以：后省介词宾语，代词“此”。因为无波罗蜜，无善知识。

⑤ 教：效，仿效。说文：教，上所施下所效也。

⑥ 四事法：四事，谓杀人、劫盗、淫女人、言谈妄说。犯了这四条，就要绳之以法，所以说四事法。这四条为佛门所严禁，所以说“重禁四事法”。

⑦ 他事所犯：犯了他事。在支公译经中，有些“所”字，并无实际意义，只凑一个音节。

⑧ 其罪最重：其人已犯四事，又自骄门第与成佛虚名，傲视他人，故说其罪最重。

⑨ 置：搁置，且不说。

⑩ 是为五逆恶：罪之极重者为五逆之恶。五逆：五种极逆于理的罪恶，即杀父、杀母、杀阿罗汉、出佛身之血、破和合之僧。

⑪ 意：心。

⑫ 意信：内心相信。

大①，當作是知。如是，須菩提！用是字故，爲魔入深罪②。③

"復次，須菩提！遠離之德④菩薩摩訶薩⑤，弊魔復往，作是語言：'遠離法，正當爾，怛薩阿竭、阿羅訶、三耶三佛所稱譽。'"

佛語須菩提："我不作是說遠離：教菩薩摩訶薩於獨處止、於樹間止、於閑處止。"

須菩提白佛言："云何，天中天！菩薩摩訶薩遠離？何所⑥復有異遠離乎，亦不於獨處止，亦不於樹間止，亦不於閑處止？何等爲异遠離？"

佛語須菩提："正使各各有⑦阿羅漢隨是行念⑧，各各有辟支佛隨是行念，各各有菩薩摩訶薩城外行遠離。各各行⑨菩薩摩訶薩，一切惡不得犯，各各行菩薩摩訶薩，若當於獨處止，若於樹間止，若於閑處止，了了⑩行菩薩摩訶薩是遠離法⑪。我樂使作是行：不使遠行絕無人處於中⑫也。菩薩摩訶薩持是遠離，當晝夜行，當了了行，是故菩薩摩訶薩遠離，於城傍⑬行。持是比，菩薩摩訶薩當各各行，若於獨處止，若於樹間止，若於閑處止，各各行菩薩摩訶薩。我所說遠離法如是。

---

① 罪大：前面说"罪重"，此说"罪大"，前后照应。言其罪重大，几可拟于五恶。

② 为魔入深罪：被魔陷于深重之罪。

③ 至此，言魔事种种。

④ 德：心意，情意。《诗经·氓》"二三其德"，指其人心意不专。

⑤ 远离之德菩萨摩诃萨：菩萨有远离之心。主语后置，又简省谓语动词。

⑥ 何所：哪里。

⑦ 各各有：各处都有。

⑧ 随是行念：照此想，照此行。是说他们都这样想，都这样做，于独处止，于树间止，于闲处止。

⑨ 各各行：各行各的。有于独处止的，有于树间止的，有于闲处止的。

⑩ 了了：明白无误地。

⑪ 了了行菩萨摩诃萨是远离法：菩萨摩诃萨明确无误地实行这远离法。

⑫ 不使远行绝无人处于中：不使远行于绝无人处之中。

⑬ 傍：同"旁"，城旁，城市附近，城郊。

爾時弊魔，當①往教行遠離法，語言：'若當於獨處止，若於樹間止，若於閑處止，當作是行。'是菩薩隨魔教，便亡遠離法。魔語言：'道等取［耳］②，阿羅漢法，作是念，無有異，當隨是行；辟支佛道作是念，無有異，亦當隨是行；菩薩道作是念，無有異，亦當隨是行。般若波羅蜜難了知、入中③。若當作是行，捨般若波羅蜜。'"

佛言："是菩薩所願未得，反隨其行，於法中未了知，是菩薩摩訶薩反自用是，當④輕易餘菩薩，自念：'誰能過我者。'輕易城傍行菩薩。城傍行菩薩，了了净潔，心無⑤所念，不入阿羅漢法中住，不入辟支佛法中住，所有惡，心不受，禪、悅［脫］⑥、弃⑦、定，於三昧中悉逮得所願，悉具足度⑧。"

佛言："是無有漚惒拘舍羅菩薩，正使於百千由旬⑨空澤中，在其中行，禽獸所不至處，賊所不至處，羅刹⑩所不至處，在彼間止，若百歲、若百千歲、若百千萬歲，正使復過是，不知是遠離法，會無所益。是遠離菩薩不具足⑪，自念自用⑫悉得以⑬，了不自知爲亡也。自用在遠離中立，是爲兩舌⑭耳，不得遠離也。我不喜是菩薩心爾也，我所道遠離菩薩摩訶薩不爾也。是所⑮遠離不具

---

① 当：猜度之词。
② 取：金藏、石经、圣本作"耳"，作"耳"是。
③ 入中：承前省"难"字，谓难深入其中。
④ 当：通"常"。
⑤ 无：丽藏、金藏、石经、圣本有此字。他本所无。直作"心所念"。
⑥ 悦：宫本、圣本、金刚寺钞本作"脱"，作"脱"是，解脱。
⑦ 弃：弃舍不净心观。
⑧ 度：救度，度脱。悉具足度，禅、脱、弃、定各项救度之法皆充分、到位。
⑨ 由旬：梵 yojana，印度里程单位，传说为一日行程。一由旬合多少里，有多种说法，以说四十里为较多。
⑩ 罗刹：梵 rākṣasa，印度神话中恶鬼名。
⑪ 不具足：不完善。菩萨行远离法不完善。
⑫ 自用：自以为。用，以，以为。
⑬ 以：同"矣"。
⑭ 两舌：搬弄是非，挑拨离间，破坏彼此间的良好关系。
⑮ 是所："是"的双音形式，即是。

足知①，於是遠離中了不得，如是爲三［亡］②遠離耳。如是弊魔便往，飛在虛空中立，作是語：'善哉，善男子！是真遠離法，怛薩阿竭、阿羅訶、三耶三佛所說，正當隨是遠離行，如是疾得阿耨多羅三耶三菩阿惟三佛。'是菩薩聞是語，喜，便從遠離起去，往到城傍遠離菩薩所，是菩薩比丘成就有德人也，反往輕言：'若所行法，非也。'"

佛言："如是諸仁者③中，有了了隨行菩薩摩訶薩，反呼非，中有反行反呼是，不當敬者而敬之，當所敬者反瞋向④，語是菩薩言：'我行遠離，有飛人來語我言："善哉，善哉！若審是遠離法，正當隨是行。"用是故我來相語耳。今若當隨我所行，如我所行無有比，若有城傍行，誰當來語若，誰當來告若善哉？'"⑤

佛言："是菩薩有德之人，而反輕如是。須菩提！菩薩當作是知，如擔死人種⑥，無所復中直⑦，反呼是菩薩有短，是爲菩薩怨家，是爲厭菩薩，以是爲天上天下之大賊也；正使如沙門被服，亦復是賊無异也；於菩薩有德人中，亦復是賊也。是曹輩，須菩提！不當與共從事也，不當與共語言也，亦不當恭敬視也。何以故？多瞋怒起，敗人好心。是輩人也，當作是知。何所，須菩提！菩薩摩訶薩不捨薩芸若？不置阿耨多羅三耶三菩？是所菩薩摩訶薩不捨薩芸若故，是阿耨多羅三耶三菩阿惟三佛，爲一切護薩和薩⑧。是彼壞菩薩輩，不當與從事，不當敬，不當與會。所當護

---

① 不具足知：所知不完備，不完全知曉。

② 三：丽藏此字，金藏、石经、圣本作"亡"，作"亡"是，亡失。余本作"忘"。

③ 仁者：仁爱的人，对修行者的礼貌称呼。

④ 瞋向：怒目相向，是说对人态度不好。

⑤ 至此，言远离之正与误。

⑥ 担死人种：负尸者那一族，为人所轻贱。

⑦ 中直：与中正同义，正道。

⑧ 为一切护萨和萨：为所有众生卫护一切。

法，一①當自堅持，常當急持，净潔心，立心②。所狎習③，常當諦④持，常當正心，常當怖畏勤苦處，無得入其中，無得入三處，是彼壞菩薩輩，所在彼處，常當持慈心向⑤，常當哀之，令安隱，愍傷之、慈念之，常當自護自念：‘使我無得生是惡心，一切使我心無瑕穢，我設有是不善，疾使我弃。’如是，須菩提！菩薩摩訶薩所有行極上，當作是知。⑥

摩訶般若波羅蜜道行經　善知識品第十九

“復次，須菩提！菩薩摩訶薩在事⑦，欲得阿耨多羅三耶三菩阿惟三佛，是彼⑧當與善知識從事，恭敬承事⑨。”

須菩提問佛：“菩薩摩訶薩善知識，當何以知之？”

佛語須菩提：“佛，天中天，是菩薩摩訶薩善知識；若有説般若波羅蜜者，教人入是經中，是菩薩摩訶薩善知識；六波羅蜜是菩薩摩訶薩善知識。當作是知。六波羅蜜是舍怛羅⑩，六波羅蜜是道，六波羅蜜是護，六波羅蜜是一［臺］⑪，六波羅蜜是將，過去怛薩阿竭、阿羅訶、三耶三佛，皆從六波羅蜜出；甫當來怛薩阿

---

① 一：全部。

② 立心：立常住于佛道之善心。

③ 所狎习：所亲近熟习之佛理。

④ 谛：仔细，认真。

⑤ 向：犹如对待。

⑥ 至此，言当护法，不与贼人从事。

⑦ 在事：在职。在职者多慎于职守，精勤事功，经用其义，谓菩萨摩诃萨精进勤劳，欲收修行之效。《后汉书》中用“在事”数例：《循吏传》：“許荊和帝時遷桂陽太守，……在職十二年，父老稱歌。”《馬成传》：“在事五六年，帝以成勤勞，征還京師。”《冯勤传》：“在事精勤，遂見親識。”《崔瑗传》：“瑗舉茂才，遷汲令，在事數言便宜，爲人開稻田數百頃。”

⑧ 是彼：代词连用，即彼。

⑨ 承事：承命办事。

⑩ 舍怛罗：梵 sātr，教师，导师。

⑪ 一：辛校（378 頁）校为“臺”。他的意思“臺”误为“壹”，“壹”又写作“一”。秦译此处作：“六波羅蜜，是即爲臺。”台，洲渚。

竭、阿羅訶、三耶三佛，皆從六波羅蜜出；今現在十方阿僧祇刹
怛薩阿竭、阿羅訶、三耶三佛，亦皆從六波羅蜜出，成薩芸若。
皆於四事中取道，用四事護薩和薩。何等四事？一者，布施於人，
二者，歡樂於人，三者，饒益於人，四者，等與①。是爲四。如
是，須菩提！菩薩摩訶薩是故爲舍怛羅，是故爲母，是故爲父，
是故爲舍，是故爲臺，是故爲度②，是故爲自歸，是故爲導，是故
爲六波羅蜜，是故爲薩和薩之度。何因菩薩摩訶薩學六波羅蜜？
用無有極處③人民故，悉欲斷其根④，是菩薩摩訶薩皆於般若波羅
蜜中學。"⑤

　　須菩提問佛："何所是般若波羅蜜相？"

　　佛語須菩提："無所罣礙是般若波羅蜜相。"

　　須菩提言："是所相得般若波羅蜜，如是相得諸法。"

　　佛言："如是，須菩提！無所有相得般若波羅蜜，是所相得諸
法。何以故？須菩提！諸法各各⑥异，諸法各各虛空。如是，須菩
提！是所相各各虛空，是爲般若波羅蜜相，諸法各各虛空。如是，
須菩提！是所相般若波羅蜜各各虛空，隨是相諸法各各虛空。"

　　須菩提問佛："正使⑦，天中天！諸法各各虛空，何緣人民欲
生⑧無有盡時？各各⑨無有減時，各各無有盡處、時⑩？虛空無有
增時，虛空無有息時。各各虛空，無有阿耨多羅三耶三菩阿惟三
佛。不從是中各各虛空⑪，是法不得阿耨多羅三耶三菩阿惟三佛。

---

① 等与：平等相待（于人）。

② 度：救度。

③ 无有极处：没有终极，言其广大。

④ 根：犹疑不信之根。

⑤ 本章至此，论益友。

⑥ 各各："各"的重叠形式，强调所有个体的周遍性。《词典》释为"solitary"，
"alone"，"isolated"，恐非。

⑦ 正使：假设。

⑧ 欲生：欲望产生，产生欲望。

⑨ 各各：此言诸法。

⑩ 无有尽处、时：无有尽处，无有尽时。

⑪ 不从是中各各虚空：不从是各各虚空之中。方位词置于方位词修饰语之前。

云何，天中天！是法當何以知、決①？"

佛語須菩提："爾，須菩提！晝夜人民欲得是因致是②，作是求③。"

須菩提言："如是，天中天！晝夜人民欲得是因致是，作是求。"

佛言："云何，須菩提！若見我欲得是空不？"

須菩提言："不也，天中天！"

佛言："如是不？須菩提！自作是得是空不？④"

須菩提言："如是，天中天！空。"

佛言："云何，須菩提！但用是故，欲得是因致是，人民用是故勤苦，無有解已⑤時。"

須菩提言："如⑥，天中天！極安隱人民⑦。欲得是因致是，勤苦無有休息時。"

佛言："如是，須菩提！人民所欲故，便著。當作是知：人民所生本從是⑧生，從是中無可取。無可取者，不作是得。是了無所有。如是，須菩提！無有減盡時，從是中了無有生、增益者。作是曉知，是爲菩薩摩訶薩行般若波羅蜜。"

須菩提白佛言："作是曉知者，菩薩摩訶薩爲不求色，不求痛痒、思想、生死、識。作是曉知，行般若波羅蜜菩薩摩訶薩，爲

---

① 知、決：知晓、解说。

② 欲得是因致是：想执著于我和我所，便导致执著我和我所。"是"，指代执著于我和我所。参见罗什译："须菩提，於意云何？眾生長夜著我、我所不？""如是如是，世尊！眾生長夜著我、我所。"（p571c23）

③ 作是求：有所求取，便是如此。

④ 全句意为：我自己做了得此空这件事么？是，指代"得是空"这事。

⑤ 解已：懈怠，完结。解，通"懈"。

⑥ 如：圣本、金刚寺钞本作"如是"。作"如是"，有可读性。如果没有"是"字，只有"如"字，亦当理解为"如是"。

⑦ 安隐人民：使人民得平安幸福。

⑧ 是：所指代与下文"是"同一。全句是说，人之所生，是从那无可取之处生的。

悉等行①，諸阿羅漢、諸辟支佛所不能及。有德之人所行道，是彼極過上②，是所得愛無有能逮者。是菩薩摩訶薩當作是念：'得般若波羅蜜已，當作是行。'菩薩摩訶薩晝夜行，疾近阿耨多羅三耶三菩、阿惟三佛。"③

佛言："云何，須菩提！閻浮利人民，及四面④蜎飛⑤蠕動⑥悉令作人，各各得人道已，皆令求阿耨多羅三耶三菩，以⑦發意索佛道，各各盡壽⑧作布施，持是布施施與，作阿耨多羅三耶三菩。於須菩提意云何，是菩薩摩訶薩作是布施，其福寧多不？"

須菩提言："甚多，甚多！天中天！"

佛言："不如是菩薩摩訶薩得般若波羅蜜已，守一日，正使最後守一日，如般若波羅蜜中教，作是念行，其福過彼上⑨。或時菩薩摩訶薩得般若波羅蜜已，如是法作是念行，是都盧⑩於眾中極尊。何以故？其餘人無有能及是慈者，捨⑪諸佛，是菩薩摩訶薩無有與等者。是善男子深入知［智］⑫中，曉了是智，悉具足，悉見世間勤苦者。爾時極大愍傷念⑬，眼徹視⑭，見不可計人民，悉具足無有懈時，用不懈故，得是行。當爾時，極大感念，悉念薩

---

① 等行：同样行。等，等同，同样。
② 极过上：是无以复加的最高级的说法。上，上等，高级。过，超过。极，最。极过上，极度的超高级。
③ 至此，言空为般若波罗蜜的要诀。
④ 四面：四方。
⑤ 蜎飞：飞翔，飞翔的动物。
⑥ 蠕动：爬行，爬行动物。
⑦ 以：同"已"。
⑧ 尽寿：终生。
⑨ 过彼上：超过其上。
⑩ 都卢：全部。
⑪ 舍：除……之外。
⑫ 知：丽藏、金刚寺本如此作。余本皆作"智"，佛智，萨芸若智。
⑬ 悯伤念：怜念。
⑭ 彻视：透彻地看，看透。

和薩。不用是相住，亦不用餘住①。是所，須菩提！菩薩摩訶薩其智極大明，雖未作阿耨多羅三耶三菩，明如是。隨是行，一切剎土皆共尊舉②，正上阿耨多羅三耶三菩，終不逮。若受人衣被、飲食、床臥具、醫藥悉具足。是般若波羅蜜者，心在其中立③，所受施悉除去④，近薩芸若。如是，須菩提！菩薩摩訶薩所噉⑤，無有罪，益於薩和薩，悉示道徑⑥，無有邊，無有極處，悉明照；諸在牢獄中者，悉欲⑦度脫；薩和薩悉欲示眼⑧。是般若波羅蜜中法，當念行，當隨是教。用是念行，是般若波羅蜜有入中者，不動行，不搖行。何以故？隨是不動搖行，莫念想、莫得作異念，持短入般若波羅蜜中。當作是行，晝夜入般若波羅蜜中，莫懈止。譬若，須菩提！男子得摩尼珠，前時未得，却後得是摩尼珠，歡欣踊躍。得是摩尼珠已，却後復亡之，用是故大愁毒，坐起憂念想，如亡七寶，作是念：‘云何我直⑨亡是珍寶？’如是，須菩提！菩薩摩訶薩欲索珍寶者，常當堅持心無得失薩芸若，常當入是中念。”

須菩提白佛言：“設使所念用身亡乎⑩，云何菩薩摩訶薩念薩芸若不亡？”

佛語須菩提：“設是菩薩摩訶薩作是知：無爲⑪不失般若波羅蜜。何以故？須菩提！般若波羅蜜虛空，是般若波羅蜜亦不增亦不減。”⑫

---

① 不用……余住：不执著于此相，也不执著于其他的相。意思就是不住于相，不执著于相。

② 尊举：尊崇。

③ 心在其中立：心在般若波罗蜜中立，即已进入般若波罗蜜，已得般若波罗蜜。

④ 所受施悉除去：已得般若波罗蜜，对施主之施，其恩已报，故云“悉除去”。

⑤ 噉（dàn）：同“啖”，吃，享用。

⑥ 道径：成佛之路。

⑦ 欲：将。

⑧ 示眼：视眼，眼看。悉欲示眼，都将看在眼里（将它当成学习的榜样）。

⑨ 直：副词，竟然，却。

⑩ 句意为所念本身都会亡失。用身亡乎，即亡乎身。

⑪ 无为：非因缘造作、离生灭变化之法。按此法可不亡失。

⑫ 至此，言当视般若波罗蜜如珍宝。

须菩提言："是般若波罗蜜虚空，云何生菩萨摩诃萨，般若波罗蜜成就其行，近阿耨多罗三耶三菩①？"

佛言："不也②，须菩提！菩萨摩诃萨亦不增亦不减。③ 正使，须菩提！是经中说时④，菩萨摩诃萨闻是亦不恐，亦不怖，当作是知，是善男子则为行般若波罗蜜。"

须菩提白佛言："如是，般若波罗蜜为空行⑤乎？"

"不，须菩提。"

"有离般若波罗蜜行得⑥？"

"不，须菩提。"

"空行⑦？"

"不，须菩提。"

"离空行⑧？"

"不，须菩提。"

---

① 云何生……三耶三菩：（既然般若波罗蜜为空，无增无减）为什么会产生（这种现象）：般若波罗蜜成就菩萨摩诃萨的修行，并且菩萨摩诃萨因而近于最高至正的觉悟呢？

② 不也：此所否定，否定有增有减。

③ 本句谓菩萨行般若波罗蜜不增亦不减。

④ 说时：说此不增不减时。

⑤ 空行：不借助于任何其他事物而行般若波罗蜜。只是般若波罗蜜行般若波罗蜜。唐一此句作："即般若波罗蜜多能行般若波罗蜜多不？"（T07p0841c15）

⑥ 离般若波罗蜜行得：离开般若波罗蜜，另有他法得行般若波罗蜜。"得"，要调到"行"字前。罗什译此句作："离若波罗蜜复有法行般若波罗蜜不？"（T08p0572b21）

⑦ 空行：般若波罗蜜为空，能行般若波罗蜜？唐一此句作："即般若波罗蜜多空，有法可得，能行般若波罗蜜多不？"（T07p0841c18）

⑧ 离空行：离般若波罗蜜空，能行般若波罗蜜多？唐一此句作："离般若波罗蜜多空，有法可得，能行般若波罗蜜多不？"（T08p0841c19）

　　"敗色行①？"

　　"不，須菩提。"

　　"敗痛痒、思想、生死、識行②？"

　　"不，須菩提。"

　　"離色，頗所有行③？"

　　"不，須菩提。"

　　"離痛痒、思想、生死、識，頗所有行？

　　"不。"

　　須菩提言："云何④，天中天，行般若波羅蜜？"

　　佛言：　"云何⑤，須菩提！見是法不？何所法行般若波羅蜜？⑥"

　　須菩提言："不見也，天中天！"

　　佛言："云何，須菩提！遍見不？見般若波羅蜜何所菩薩摩訶

---

　　① 敗色行：行色，是行般若波蜜？羅什译此句作："行色是行般若波羅蜜不？"（T08p0572b24）说"行色"，为什么要把"色"说成"敗色"呢？"敗"当是常义，即破败、损坏的意思。"色"就是色，为什么要说成破败损坏之色呢？其原意或许是其人已有一定的修养，其所见之"色"已不完全，但仍然是色。后来的般若学者，认为没有必要特别指出其为敗色，多勾掉了那个"敗"字。佛经中言"敗色"的，以苻秦僧伽跋澄之所译较有参考意义，"敗色"，他译为坏敗色："云何彼作壞敗色想？或作是說：彼無有壞敗想，然彼色未盡，設色盡者，彼謂壞敗想也。或作是說，彼有壞敗想，彼不修色想。若以離色想，以離謂之壞敗色想。復次，彼非壞敗色想：彼不入無色界定。若入無色界定成就彼定，彼謂壞敗色想。"（《尊婆須蜜菩薩所集論》；T28p0744c06）说敗色有三种情况，一层比一层高。一种是色未尽，一种是已离色，一种是入无色界定。《道行经》所说"敗色"，当指第一种情形，谓其色尚未尽。
　　② 敗痛痒、思想、生死、识行：行痛痒、思想、生死、识，是行般若波罗蜜？
　　③ 頗所有行：可有行般若波罗蜜？頗，疑问语气助词。行，行般若波罗蜜。此处罗什译作："（離色）有法可行般若波羅蜜不？"（T08p0572b26）
　　④ 云何：如何，做状语。
　　⑤ 云何：怎么样。独立成句，征求意见，探求看法。
　　⑥ 见是法……行般若波罗蜜：这两句实为一句，见过什么法行般若波罗蜜不？这两句可以叫做包孕复句。前一称为母句，后一称称为子句。而以代词"是"与"何所"相关连，"何所"可称为关联代词。

薩行?①"

須菩提言："不見也，天中天！"

佛言："設使②，須菩提！遍見不？是菩薩摩訶薩行般若波羅蜜③。"

須菩提言："不見也，天中天！"

佛言："設使，須菩提！不遍見，法有所生處不？"

須菩提言："不見也，天中天！"

佛語須菩提："是菩薩摩訶薩逮無所從生法④樂，如是樂⑤悉具足，無所從生。受決阿耨多羅三耶三菩，是怛薩阿竭、阿羅訶、三耶三佛所至處，無所復畏，悉作是護，菩薩摩訶薩作是求、作是行、作是力⑥，爲逮佛慧、極大慧、自在慧、薩芸若慧、怛薩阿竭慧。設見不得佛，佛語爲有異。"

須菩提白佛言："設使諸法無所從生，受決阿耨多羅三耶三菩。"

佛語須菩提："不也。"

須菩提白佛言："云何菩薩摩訶薩得阿耨多羅三耶三菩?"

佛語須菩提："見不，所當受決阿耨多羅三耶三菩?"

須菩提言："我不見法當作阿耨多羅三耶三菩。"

佛言："如是，須菩提！如是諸法無，無從中得。菩薩不作是念：'持是法當受決，不受決。'"⑦

---

① 见般若……摩诃萨行：见过菩萨摩诃萨行般若波罗蜜否？宾语在主语述语之前。

② 设使：设使遍见，有简省。

③ 由宋译知，这里当简省"之处"二字。宋译作："汝見般若波羅蜜多是菩薩摩訶薩所行處不？"（T08p0656a13）

④ 无所从生法：诸法无生无灭。高境界的修行者才能获得此法。

⑤ 乐：无所从生之乐。"乐"的定语"无所从生"，在下文。语序颠倒情形之一。

⑥ 力：努力。

⑦ 至此，论行空与行般若波罗蜜。

道行般若經卷第八

後漢月支國三藏支婁迦讖譯

摩訶般若波羅蜜道行經　釋提桓因品第二十

釋提桓因於眾中白佛言："甚深般若波羅蜜，難了難知。是人民①功德不小，聞是深般若波羅蜜，書者、持者、學者②。"

佛語釋提桓因："云何，拘翼！閻浮利人民，是都盧皆持十戒，悉具足，其功德寧多不？持是功德，百倍、千倍、萬倍、億萬倍、巨億萬倍，不如是善男子、善女人聞是般若波羅蜜書、持、學者。"

時坐中有一异比丘語釋提桓因："出拘翼上去已③，是善男子善女人功德乎？④"

釋提桓因報是比丘言："持心一反念⑤，出我上去已，何況聞般若波羅蜜書、持、學者？聞般若波羅蜜以，隨是法，隨是法教，作是立⑥，都盧出諸天、阿須倫、世間人民上，都盧於諸天、阿須倫、世間人民中極尊。菩薩摩訶薩行般若波羅蜜，不獨過諸天、

---

① 是人民：这些人。代指下文"聞是深般若波羅蜜，書者、持者、學者"。

② 闻是深般若波罗蜜，书者、持者、学者：这是句子的从属成分，它对句子的某一部分（在这里是"是人民"）进行说明、补充或解释。

③ 出拘翼上去已：已超过拘翼。出……上去，超过……。已，表示完成的语态助词。

④ 出拘翼……功德乎：这善男子善女人的功德超过拘翼了吗？谓语在前。

⑤ 一反念：想一次。一反，一次。持般若波罗蜜之心，想它一次。

⑥ 作是立：依般若波罗蜜而立身。

阿須倫、世間人民上也，乃至須陀洹、斯陀含、阿那含、阿羅漢、辟支佛，都復過是上。菩薩摩訶薩行般若波羅蜜，不獨過阿羅漢、辟支佛上也，亦復至菩薩行檀波羅蜜，設無般若波羅蜜，無漚惒拘舍羅，亦復過是上①。不獨過檀波羅蜜，亦復乃至尸波羅蜜、羼提波羅蜜、惟逮波羅蜜、禪波羅蜜，菩薩摩訶薩失般若波羅蜜，失漚惒拘舍羅，亦復過是上去②。菩薩摩訶薩行般若波羅蜜，正使菩薩摩訶薩狎習般若波羅蜜中行③，都盧合會諸天、諸阿須倫、諸世間人民，終不得勝是菩薩摩訶薩。行般若波羅蜜菩薩摩訶薩，如中④所狎習般若波羅蜜⑤，作是堅持，是菩薩摩訶薩疾近薩芸若；是菩薩摩訶薩離怛薩阿竭名不遠；是菩薩摩訶薩如是護，離佛坐不遠；是菩薩摩訶薩所有懈怠不復生；是菩薩摩訶薩作是學；爲學佛，不學阿羅漢法，不學辟支佛法。當作是學菩薩摩訶薩。⑥

　　四天王當作問訊，言：'疾學是，四部弟子⑦！當作所度⑧，當於佛座上坐，作阿耨多羅三耶三菩。'作是學菩薩摩訶薩，四天王常自往問訊，何況餘天子？薩阿竭、阿羅呵、三耶三佛當［常］⑨念菩薩摩訶薩行般若波羅蜜，當作是行菩薩摩訶薩般若波

---

①　这句是说，行般若波罗蜜功德，也超过单行布施波罗蜜。

②　这句是说，行般若波罗蜜功德，也超过行持戒、忍辱、精进、禅定波罗蜜。

③　正使菩萨摩诃萨狎习般若波罗蜜中行：哪怕菩萨只是亲近于行般若波罗蜜，言较之于行般若波罗蜜虽则稍逊。

④　如中：如其中所教。

⑤　所狎习般若波罗蜜：亲近于般若波罗蜜者。或者支公以为，用"所"与用"者"同，都是表示其所组合为名词性结构。

⑥　本章至此，言学般若波罗蜜功德至上。

⑦　四部弟子：比丘、比丘尼、优婆塞、优婆夷。自罗什以下各异译，此处有"奉四钵""奉上四钵"或"持宝钵奉上"之类的字眼，辛校（398 页）便以为支公错认了梵文，将"四钵"当成了"四部"。实则各有所本，本言四部"弟子"，无由与奉"四钵"相混。

⑧　作所度：做修行到彼岸之事。

⑨　当：丽藏如此作，余皆作"常"，作"常"是。

羅蜜①。或時②世間所有勤苦之疾③，是身了無有怨［恐］④，是爲菩薩摩訶薩般若波羅蜜。"

阿難作是念："是釋提桓因自持智説耶？持佛威神説乎？"

釋提桓因知阿難心所念，語阿難言："持佛威神，我所説乎⑤！"

佛言："如是，阿難！持佛威神，釋提桓因所説乎！正是忠［中］⑥，阿難！或時菩薩摩訶薩深念般若波羅蜜，行般若波羅蜜行，學般若波羅蜜。當是時，三千大千國土中弊魔，一切心中皆愁毒，欲共壞亂是菩薩摩訶薩，自共議言：'當何以使是菩薩便中道取證阿羅漢、辟支佛道，莫使成作佛？'"⑦

摩訶般若波羅蜜道行經　貢高品⑧第二十一

佛語阿難："菩薩隨時欲學般若波羅蜜，隨法欲行般若波羅蜜，是時一⑨佛界中魔，各各驚，自念言：'欲使菩薩中道得阿羅漢果，莫疾使得阿耨多羅三耶三菩，疾使得佛。'

"復次，阿難！弊魔愁毒爲憂⑩，見菩薩習行於般若波羅蜜。

---

① 当作是行菩萨摩诃萨般若波罗蜜：菩萨摩诃萨当作是行般若波罗蜜。原语序为述语＋主语＋宾语。

② 或时：某个时候。或，不定代词。

③ 疾：痛苦，困苦。

④ 怨：宫本、资福藏、碛砂藏作"恐"。艰难困苦降于自身，沙门当无怨，还是无恐？疑以古本为长。

⑤ 乎：约当"吧"，表示商度。

⑥ 正是中：正于其中，在这中间。忠，丽藏、石经、金刚寺钞本如此作。他本皆作"中"，作"中"是。

⑦ 至此，言修学般若波罗蜜大有益，而魔大为忧愁。

⑧ 贡高：骄傲自大。

⑨ 一：全体，整个。某一个。

⑩ 为忧：为之忧愁。"愁毒为忧"，言因此忧愁痛苦。

"復次，阿難！是時諸弊魔四面放火風①，恐怖是菩薩，若令②畏懼，衣毛當起③，使心一反④，亂念轉復。"

佛語阿難："魔不遍行亂菩薩，若⑤有行亂者，有不行亂者。"

阿難白佛言："何等菩薩爲魔所亂？"

佛語阿難："若有菩薩聞深般若波羅蜜不樂者，弊魔便行住［往］⑥壞。

"復次，阿難！若有菩薩聞深般若波羅蜜心狐疑者，自念：'若有，無有耶？⑦'如是，阿難！菩薩爲弊魔所得便⑧。

"復次，阿難！若有菩薩遠離於善師，是菩薩所聞般若波羅蜜深事不欲聞也，亦不了也，亦不知也，何因守般若波羅蜜？用是故，阿難！是菩薩弊魔所得便者。

"復次，阿難！若有菩薩與惡師從事，用是故，弊魔得菩薩便。是菩薩言：'正是我所喜［善］⑨師也，當成我所願，餘多有菩薩，非我善厚也。'用是故，弊魔便復得菩薩⑩。

"復次，阿難！聞是深般若波羅蜜時，教餘菩薩：'用是爲學⑪，用是爲寫⑫，我尚不了其事，汝能了耶？'若有時菩薩與异

---

① 四面放火风：四面八方煽风点火。罗什译作"放火雨雹，雷電霹靂"（p573b02）。梵本英译作"letting loose a shower of meteors in all directions, causing the impression that the horizon is all aflame"。应是各有所本，不便以此正彼，或以彼正此。

② 令：犹"致"。

③ 衣毛当起：汗毛会竖起。

④ 心一反：行般若波罗蜜之心动摇一次。

⑤ 若：犹"或"。

⑥ 住：丽藏、宫本、石经如此。碛砂藏，普宁藏，南藏、径山藏、龙藏作"往"，作"往"是。

⑦ 若有，无有耶：是有，还是没有？若，选择连词，如果二选一，"若"用于第一项之前。

⑧ 得便：得坏乱其行之便。

⑨ 喜：丽藏、宫本、石经如此。他本皆作"善"，作"善"是。

⑩ 便复得菩萨：丽藏、石经、金刚寺钞本如此作。他本皆作"得菩萨便"。当从他本。

⑪ 用是为学：以是为学，即学是，学此般若波罗蜜。

⑫ 用是为写：以是为写，即写是，写此般若波罗蜜。

菩薩轉相①輕易，言：‘我所行是也，汝所行非也。’爾時諸弊魔歡欣踊躍②。是時弊魔便作异被服③像來，歡菩薩言：‘汝於某國生某種姓家。’是菩薩聞是語，便輕易餘成就④、不貢高菩薩。是貢高菩薩功德薄少，無阿惟越致相也。是菩薩於阿惟越致中功德少，自貢高，輕餘菩薩言：‘卿⑤不及我所行。’用是故，弊魔大歡欣言：‘今泥犁、禽獸、薜荔⑥墮者不少。’弊魔當復增其念⑦，所語所説，多有信用者，聞之者無不隨其言者。作是學者瞋恚益增，心所作爲顛倒。用是故，身、口、心所作爲輕［輙］⑧反。用是故，其人在泥犁、禽獸、薜荔中罪益增。用是故，弊魔大歡欣踊躍無有極。若求菩薩道家⑨，與求羅漢道人共諍，爾時弊魔自念：‘菩薩離薩芸若遠，離遠亦不大⑩遠。’菩薩又與菩薩共諍，爾時弊魔念言：‘兩離佛遠。’”

佛語阿難：“未得阿惟越致菩薩，與阿惟越致菩薩共諍，罵詈阿惟越致菩薩。是菩薩罵以，隨心所念，轉懷怨恨。心一轉念，聽［輙］⑪却一劫⑫。菩薩雖有是惡念，不捨薩芸若，却無數劫極⑬，甫當更復⑭從發意起。”⑮

_____

① 转相：互相。
② 踊跃：与“欢欣”同义连用，表示愉悦欢喜。
③ 异被服：另一种穿着打扮。
④ 余成就：其余有成就的。
⑤ 卿：对称代词你。
⑥ 薜荔：梵 preta，饿鬼。
⑦ 增其念：增强其邪念。
⑧ 轻：丽藏、宫本如是。他本皆作“輙”，当作“輙”。輙，副词，总是。
⑨ 道家：与下文“道人”相对，亦即道人。
⑩ 大：意与“太”同。
⑪ 听：宫本、圣本、石经、金刚寺本、径山藏、龙藏作“輙”，作“輙”是。輙，副词就。
⑫ 劫：大正藏误为“却”，今径改。
⑬ 却无数劫极：退却无数劫，到了那个不再退的终点。
⑭ 甫当更复：才再。
⑮ 本章至此，言菩萨自有弱点，恶魔乃得其便。

　　阿難白佛言：“心所念惡，寧可得中悔①不？當乃却就爾所劫乎②？”

　　佛語阿難：“於我法中，廣大極，可得悔。”

　　佛語阿難：“若有菩薩念惡，有恨，自歡欣，復語他人，是人不可復使悔也。若有菩薩若罵詈瞋恨，自念：‘咄③！我所作無拔［狀］④。’後終不敢復作是。復自考［尅］責⑤：‘人道難得，用是故，悉當忍於人，何況乃當與人共諍言乎？我當爲十方人作橋，令悉蹈我上度去。我有是意，寧當復與人共諍耶？住立當如聾羊，諸惡悉當忍，諸惡心不當犯。我作佛時悉當安十方人，得般泥洹，我不復與人共諍，瞋恚於人，爲用羅漢道故。’”

　　阿難白佛言：“菩薩、菩薩自相與⑥共止⑦，法當云何？”

　　佛語阿難：“菩薩、菩薩轉相視⑧，當如視佛，心念言：‘共一師、共一船、共一道，是所學，我亦當學。’如是，若有餘菩薩欲喜學羅漢、辟支佛道，若與從事，設有是人者，我不與從事；其有世世欲求佛道者，當與相隨，如是學，爲共一法學。”⑨

---

　　①　中悔：中途后悔。

　　②　当乃却就尔所劫乎：竟然要退回到这么多的劫数吗？当乃，当为乃当。尔所，这么多，这样多。

　　③　咄：嗟叹悔恨之声。

　　④　拔：圣本、碛砂藏、普宁藏、南藏、径山藏、龙藏作“狀”，作“狀”是。无状，过恶多，不可言状。

　　⑤　考责：考，石经、圣本、金刚寺钞本作“尅”，作“尅”是。尅责，严格责备。

　　⑥　相与：相交往。

　　⑦　共止：共居，共处。

　　⑧　视：看待。

　　⑨　至此，言菩萨间相处之道。

摩訶般若波羅蜜道行經　學①品第二十二

須菩提白佛言："菩薩學無常爲學薩芸若？學無所生爲學薩芸若？學去離婬爲學薩芸若？學滅爲學薩芸若？"

佛語須菩提："汝所問：'學無常爲學薩芸若'者，於須菩提意云何，是怛薩阿竭本無，隨因緣得怛薩阿竭，本無字寧有盡時不？"

須菩提白佛言："不，佛言不②。"

佛語須菩提："爲學薩芸若③，如是學爲學般若波羅蜜，如是學爲學怛薩阿竭陀④，爲學力，爲學無所畏，爲學諸佛法。菩薩學如是者，悉行諸學法。菩薩摩訶薩作是學，魔及魔官屬不能中道壞；菩薩如是學，爲疾得阿惟越致；菩薩如是學者，爲疾近佛樹下坐；菩薩如是學，爲悉學佛道；菩薩如是學，爲習法也；菩薩如是學，爲極大慈哀。如是爲學等心⑤。菩薩學如是，三合十二法輪爲轉⑥；菩薩學如是，爲學度滅十方天下人；菩薩學如是，爲學甘露⑦法門⑧。"

佛語須菩提："不懈怠人乃能學是，作是學爲學十方天下人道。菩薩學如是者，不入泥犁、禽獸、薜荔中；菩薩學如是，終

---

① 学：修学，修炼，修养。

② 佛言不：唯丽藏有此三字，各本皆无，当是衍文。

③ 为学萨芸若：其前当有主语"如是学"，蒙后省。克孜尔赫色勒古洞出土断简、石经、圣本和宫本正有此三字。

④ 怛萨阿竭陀：梵 tathāgata，如来的音译。但在本经中，如来都音译为"怛萨阿竭"，这里独加上末一音节，音译得更完整而已，无别义。有欲将"陀"改为"地"的，但所学为学如来，不是学如来地，亦有所窒碍。

⑤ 等心：于一切众生怨亲平等之心。

⑥ 三合十二法轮为转：为转三合十二法轮，就是转三合十二法轮，意思是讲说全部经法。"三合十二法轮"，见第五品"具足三合十二转法轮"注。

⑦ 甘露：天上的灵酒，不死的神药。

⑧ 法门：教人进入佛门之法。

不生邊地；如是學，不復生愚痴貧窮中；如是學，不復盲、聾、瘖①、痾②、歐③；如是學，爲不毀十戒；如是學，爲不隨解除④、卜問⑤；如是學，遠離不持戒人。菩薩如是學，不願生尼惟先天⑥上。何以故？菩薩有漚惒拘舍羅故。般若波羅蜜⑦何等漚惒拘舍羅？從般若波羅蜜中出漚惒拘舍羅，持漚惒拘舍羅滅［威］⑧ 神入禪，不隨禪法⑨。菩薩學如是，爲得净力，爲得無所畏力，爲得佛法净力。"

須菩提白佛言："佛所有諸法本皆净，何等爲菩薩得法净？"

佛語須菩提："菩薩學如是：爲學無所得净法，諸法净。如是，須菩提！菩薩行般若波羅蜜時，不悔不厭，是爲行般若波羅蜜。未得道者愚痴，不曉是法，不見是事。菩薩用人故，常精進，人見我亦當劾我精進，用是故，菩薩得力、精進、無所畏。菩薩作是學，悉知十方天下人心意所念，無能過者。⑩

"譬如地出金銀。少所⑪處出耳。如是，須菩提！少所人隨般若波羅蜜法教、學。譬若，須菩提！少所人索遮迦越羅⑫處，索小國王多。如是，須菩提！少所人隨般若波羅蜜法教、學，從是中多索阿羅漢、辟支佛者；有初發意菩薩，少有隨般若波羅蜜教者；

---

① 瘖（yīn）：失音，啞巴。

② 痾（ē）：畸形，奇形怪狀。

③ 歐：通"傴"（yǔ），傴僂，駝背。

④ 解除：作法以驅除凶惡。后汉王充《论衡·解除》："世信祭祀，謂祭祀必有福；又然解除，謂解除必去凶。"

⑤ 卜问：求神问卜，以趋吉避凶。

⑥ 尼惟先天：梵 Naivasaṃjñā，吴译作"不想天"（T08p0500c22），罗什作"長壽天"（T08p0574a29），唐一作"耽樂少慧長壽天"（T07p0847a08）。此当是非想非非想天（Naivasaṃjñānāsaṃjñāyantana），此天为无色界第四天，寿量八万四千劫。

⑦ 般若波罗蜜：按般若波罗蜜法，按般若学说。

⑧ 灭：丽本如此作，他本皆作"威"，当作"威"。

⑨ 不随禅法：已入诸禅，而不随禅生，已到了那个阶位，而不享受该阶位功德之福。这就是所谓的沤和拘舍罗。

⑩ 本章至此，论如何修学一切智。

⑪ 少所：少许，实在就是少，只不过，"少许"是双音形式。

⑫ 遮迦越罗：转轮圣王音译，前文已有注。

既有學般若波羅蜜，少有得阿惟越致者。菩薩當作是念：'我當力學，慕及①阿惟越致。'

"復次，須菩提！行般若波羅蜜，不持瞋恚意向人，不求他人短，心無慳貪，心不毀誡②，心不懷恨，心不懈，心不迷亂，心不③愚癡時。④

菩薩學般若波羅蜜時，諸波羅蜜皆悉屬。學般若波羅蜜爲照諸波羅蜜，爲悉入諸波羅蜜，學般若波羅蜜，爲具足餘波羅蜜。譬如人言：'是我所，便外著十二品。⑤'如是，須菩提！菩薩學般若波羅蜜皆悉屬。譬如，須菩提！人死時命盡，身諸根悉滅。如是，須菩提！菩薩學般若波羅蜜，爲學諸波羅蜜，皆悉屬⑥。菩薩欲學度諸波羅蜜，當學般若波羅蜜。菩薩欲學般若波羅蜜，爲學無極。於須菩提意云何，一佛界中所有人寧多不？"

須菩提報佛言："甚多。"

佛言："若有菩薩供養一佛界中乃爾所⑦人，供養自盡壽命⑧，其福寧多不？"

須菩提白佛言："甚多。"

佛語須菩提："不如菩薩守般若波羅蜜如兩指相彈頃⑨。"

佛語須菩提："般若波羅蜜極尊，用是故疾得佛。如是，須菩提！菩薩欲得阿耨多羅三耶三菩，爲十方人中獨尊，給施十方貧窮孤獨者，欲求佛境界者，欲得佛智慧所樂⑩者，欲得如師子⑪獨

---

① 慕及：向往。

② 誡：他本作"戒"，"誡"、"戒"通用。

③ 不：支公把"不"當"无"字用。不愚痴時，无愚痴時。

④ 至此，言修学得最好的各种表现。

⑤ 是我所，便著十二品：外道邪见，只我所一项，便可统摄其外的十二种邪见。

⑥ 皆悉属：诸波罗蜜皆属般若波罗蜜所领。承前省主语"诸波罗蜜"。石经、圣本，普宁藏不省，而无"悉"字，作"諸波羅蜜皆屬"。

⑦ 乃尔所：这样多。乃、尔，指示代词连用。"所"，构词成分，无实义。

⑧ 自尽寿命：终生。

⑨ 顷：片刻，很短时间。

⑩ 所乐：名词，即乐。"得佛智慧所乐"，得佛智慧之乐。

⑪ 师子：狮子。

鳴者，欲得佛處①者，悉欲得是者，當學般若波羅蜜。菩薩學般若波羅蜜者，爲②悉學餘法。"③

須菩提白佛言："菩薩爲復學阿羅漢法耶？"

佛語須菩提："雖知阿羅漢法，不樂行、不學阿羅漢所作功德，云何當得也？阿羅漢所行，菩薩悉知，不學、不行、不於中住。菩薩作是學，天上天下無有能過者，悉過阿羅漢、辟支佛上，如是爲近薩芸若。菩薩作是學，不離般若波羅蜜遠也，爲行般若波羅蜜。菩薩作是學，於薩芸若法中不增不減，離阿羅漢、辟支佛道。菩薩若復作是念：'持是般若波羅蜜，當得薩芸若。'有小想爲不行般若波羅蜜，亦不④有般若波羅蜜之相。當持得薩芸若，亦無念，亦無見，亦無所想，是爲行般若波羅蜜。"⑤

摩訶般若波羅蜜道行經　守行⑥品第二十三

是時釋提桓因在大會中坐，作是念："菩薩行，十方天下人無有能過者，何況自到至佛乎？十方人道難得，既得壽⑦，爲安隱⑧，有一發意行佛道者難得，何況至心⑨行佛道者乎？欲爲十方天下人作導首⑩，是人難得。"

是時釋提桓因化作文陀羅華，取持散佛上，散已，作是説：

---

① 佛处：佛位。
② 为：准判断词，把叙述句变成判断句。这类用法甚多。
③ 至此，言修学般若波罗蜜，包括了所有的波罗蜜，包括了所有佛法。
④ 不：无。
⑤ 至此，修学菩萨法与修学声闻法的关系。
⑥ 守行：坚持不动摇并彻底实行般若波罗蜜。
⑦ 寿：生命。丽藏、石经如此，他本皆作"壽命"。
⑧ 安隐：平安，一种福分。
⑨ 至心：诚心，专心。
⑩ 导首：导师之首，导师。

"行菩薩道者乃向佛道乎？所願悉成①，爲近②，爲悉護③。作是行者爲悉成佛。④ 諸經法，薩芸若經法、怛薩阿竭經法，悉具足，阿惟越致經法亦爾⑤。"

釋提桓因言："人有至心索佛，於是法中一反念，終不遠。"

釋提桓因言："我欲使人於法中益念⑥：不厭生死之苦，一切天上天下爲苦，用人⑦故，悉當忍勤苦之行。心作是念：'諸未度者悉當度之，諸未脱者悉當脱之，諸恐怖者悉當安之，諸未般泥洹者悉皆當令般泥洹。'"⑧

釋提桓因問佛言："新發意菩薩勸⑨人、助其歡欣⑩，得何等福？隨次第上⑪菩薩勸人、助其歡欣，得何等福？乃至阿惟越致，上至阿惟顔⑫勸人、助其歡欣，得何等福？"

佛語釋提桓因："須彌山稱之尚可知斤兩，從勸助代初發意菩薩歡欣⑬，其福不可量。"

佛語釋提桓因："一佛境界尚可稱知斤兩，阿闍浮⑭菩薩行勸

---

① 所願悉成：此釋提醒因祝愿語，不是叙述语。
② 为近：为之拉近与佛的距离。
③ 为悉护：都替他们做保护工作。
④ 这一句是预言。
⑤ 亦尔：也是这样，也具足。
⑥ 益念：增强意念。
⑦ 人：度人，救度他人。
⑧ 本章至此，言天帝释赞佛。
⑨ 劝：鼓励。
⑩ 欣：丽藏如此作，他本皆作"喜"，以下各"欣"同。欢欣、欢喜同义。
⑪ 上：上等级的。
⑫ 阿惟颜：梵 ekajātipratibaddha，意为最后之轮回者，译为"一生补处"。经过此生，来生定可在世间成佛。
⑬ 从劝助代初发意菩萨欢欣：从劝助新发意菩萨到为新发意菩萨随喜。
⑭ 阿闍浮：梵 ādikarmika，支公音译阿闍浮，可能所译音为此词的早期形式。菩萨修行之过程分为五十二阶位，其中第十一至第二十阶位，属于'住位'，称为十住，即：(1)初发心住。(2)治地住，即阿闍浮菩萨法住……。由此知其阶位较低，故"阿闍浮菩萨"有译作"新发意菩萨"的。

人、助其歡欣，其福無有科限①。"

佛語釋提桓因："一佛境界中諸海所有水，取一髮破爲百分從中取一分，以一分之髮取海水盡，尚可數知幾渧②，阿惟越致菩薩行勸人、助其歡欣，其福不可數。"

佛語釋提桓因："阿僧祇佛剎所有境界虛空，持一斛③半斛，一斗半斗，一升半升，尚可量空知幾所，阿惟顏菩薩行勸人、助其歡欣，其福不可極。"

釋提桓因白佛言："爲魔所亂，聞是不助歡欣；魔官屬④人，聞是不助歡欣者；從魔天上來下，聞是不助歡欣者。何以故？若有意索佛者，爲壞⑤魔境界也；有發意索佛者，當助其歡欣，是爲壞魔境界。心不離佛，不離經，不離比丘僧，如是當助其歡欣。"

佛語釋提桓因："如釋提桓因所言，助其歡欣者爲近佛，用是助歡欣之功德，世世所生處，爲人共欲得供養，未嘗有聞惡聲時，不恐當歸三惡道⑥，常生天上，在十方常尊。何以故？如是人助菩薩歡欣者，爲悉施護十方人。何以故？初發意菩薩稍增⑦，自致至佛，成就作佛已，當度脫十方天下人。"⑧

須菩提白佛言："心譬如幻⑨，何因當得佛？"

佛語須菩提："於須菩提意云何，汝寧見幻不？"

須菩提言："不化幻⑩，亦不見幻心⑪。離化幻，離幻心，雖離是，見異法，當得佛道不？"

---

① 科限，原指具有限制性的法律条文，这里的意思只是限制。
② 渧：即滴。
③ 斛：量器，大于斗。
④ 魔官属：魔的下属。
⑤ 坏：大正藏误为"怀"，今径改。下"坏"字同。
⑥ 三恶道：地狱、饿鬼、畜生。
⑦ 稍增：功德日进。
⑧ 至此，言鼓励人学佛，为其有成而欢欣，功德无量。
⑨ 幻：假象，虚无。
⑩ 不化幻：探下省动词"见"，不见化幻。化幻，即幻化，虚假的多种多样的变化。
⑪ 幻心：无自性的虚假的心。

　　須菩提白佛言：“不見亦不離化幻離幻心①，亦不見當得佛，亦無法，亦無見，當説何等法耶、得不得乎②？是法本無，遠離亦本無，若得若不得，本無所生，亦無有作佛者，設無有法，亦不得作佛。”

　　須菩提白佛言：“設爾，般若波羅蜜離本③無對④，法離本，亦無對，亦無證⑤，亦無守⑥，亦無行，亦無有法當有所得。何以故？離般若波羅蜜本無形故，本無遠離，何因當於般若波羅蜜中得佛？佛者，離本無所有，何所本無所有當得佛者？”

　　佛語須菩提：“如須菩提所言離，今般若波羅蜜無所有，離本薩芸若無所有。”

　　佛語須菩提：“雖離般若波羅蜜本，本亦無所從生。須菩提！當作是思惟，深入守，是故，離本無所有，得作佛。”

　　佛語須菩提：“雖知離本般若波羅蜜無所有，是爲不守般若波羅蜜，不具足行般若波羅蜜者，不得作佛也。”

　　佛言：“如須菩提所言，不用得般若波羅蜜故得佛也，亦不用離、無離得作佛，亦不可離般若波羅蜜得作佛，不得般若波羅蜜者，不得作佛。”

　　須菩提白佛言：“菩薩行般若波羅蜜，甚深難及。”

　　佛語須菩提：“汝所言：‘菩薩行般若波羅蜜，甚深難及。’菩薩所言勤苦行、深奧之法，不在取泥洹。”

　　須菩提白佛言：“如是所説事，菩薩不爲勤苦行。何以故？亦無有作證者，亦無般若波羅蜜中得證者，亦無有經法得作證者。

---

　　① 不见亦不离化幻离幻心：此句有一些共用成分，就是：不见化幻、幻心，亦不离化幻，不离幻心。“不见”与“不离”共用宾语“化幻”与“幻心”。两个“离”，共用否定副词“不”。

　　② 当说何等法耶、得不得乎：共用“当说何等”。把此句展开来，就是：当说何等法耶？当说何等得不得乎？

　　③ 离本：离其本性，即无自性。

　　④ 无对：是独一无二的，绝对的。

　　⑤ 证：证其契合于佛理，即开悟、得道。

　　⑥ 无守：无所坚持。

菩薩聞是，不恐、不怠、不難，是爲行般若波羅蜜。雖作是行，亦不見行，是爲行般若波羅蜜。雖近佛，亦不見，是爲行般若波羅蜜。遠離羅漢、辟支佛，亦不見，亦不念，是爲行般若波羅蜜。譬如空中，無念：若①有近，若有遠。何以故？空本無有形故。行般若波羅蜜，無有離佛遠、離佛近。何以故？般若波羅蜜無有形故。譬如幻師作化人，化人不作是念：'師②離我近，觀人③離我遠。'何以故？化人無有形故。般若波羅蜜亦如是，不作是念：'羅漢、辟支佛道離我遠，佛道離我近也。'何以故？般若波羅蜜無有形故。譬如影現於水中，不作是念：'何因影現於水中？'若所有近者④，不念言近，若遠者，亦不念言遠。何以故？影無有形故。般若波羅蜜如是，亦無是念：'羅漢、辟支佛道爲遠耶？佛道爲近乎？'何以故？般若波羅蜜無有形故。般若波羅蜜，敵⑤無所愛，敵無所憎。怛阿竭所有⑥無所著、無所生，般若波羅蜜亦如是，亦無所生、亦無所著。譬如怛薩阿竭化作人⑦，不作是念：'羅漢、辟支佛道離我遠。'亦不言：'佛道離我近。'何以故？化人無有形故。般若波羅蜜亦不作是念：'羅漢、辟支佛道離我遠。'亦不念：'佛道離我近。'何以故？般若波羅蜜無有形故。譬如工

---

① 若：或。選擇連詞，所選兩項，兩項前各有連詞"若"。
② 師：幻師。
③ 觀人：觀衆。
④ 所有近者：有所近者。
⑤ 敵：音 dí。麗藏、石經作"敵"，他本皆作"適"，意爲專主。《詩·伯兮》："自伯之東，首如飛蓬。豈無膏沐，誰適爲容？"毛傳："適，主也。"《音義》："適，都歷反。"由專主義引申爲全然。本經即有例："是時薩陀波倫菩薩聞是教法，倍踊躍歡欣。隨是教即東行，心適無所著。"（T08p0471b12）"適無所著"，就是全然無所著。這里"敵無所愛"，即"適無所愛"，全然無所愛。
⑥ 怛薩阿竭所有：所有怛薩阿竭。
⑦ 化作人：作化人。

匠黠師①剋②作機關木人，若作雜畜③，木人不能自起居，因對而搖④。木人不作是念言：'我當動搖屈伸低仰，令觀者歡欣。'何以故？木人本無念故。般若波羅蜜亦如是，隨人所行，悉各自得之。雖爾，般若波羅蜜亦無形，亦無念。譬如造作海中大船，所以者何？作欲度賈客。船亦不作是念言：'我當度人。'何以故？船本無念故。般若波羅蜜亦如是，隨人所行，悉各自得之。般若波羅蜜亦無形、亦無念，亦如是。譬如曠野之地，萬物百穀草木皆生其中，地亦不作是念言：'我當生也、不生也。'般若波羅蜜生諸經法，亦不念言：'從中生與不生。'何以故？般若波羅蜜本無形故。譬如摩尼珠悉出其寶，般若波羅蜜悉出其經法分別教授。雖爾，般若波羅蜜亦無念。譬如日照於四天下，其明亦不念言：'我當悉照。'般若波羅蜜悉照諸經法，雖爾，般若波羅蜜亦無念。譬如水無所不至，水亦不作是念言：'我當有所至。'般若波羅蜜悉至諸經法，雖爾，般若波羅蜜亦無念。譬如風無所不至，風亦不作是念言：'我當有所至。'般若波羅蜜成就諸經法亦如是，雖爾，般若波羅蜜亦無念。譬如須彌山⑤巔，以忉利天⑥爲莊飾⑦，須彌山亦不作是念言：'我當上治忉利天莊嚴⑧。'般若波羅蜜成就薩芸若，雖爾，般若波羅蜜亦無念。譬如大海悉出諸珍琦寶物，海水不作是念言：'我當從中出珍寶。'般若波羅蜜悉出生諸經法，

---

① 工匠黠师：巧木匠。

② 剋：通作"刻"，资福藏、普宁藏等正作"刻"，雕刻、刻镂。

③ 杂畜：如象、马之类。

④ 因对而摇：由于回应作之者的指令而做出各种动作。

⑤ 须弥山：梵 Sumeru，意译妙高山。其山耸立于一小世界中央。以此山为中心，周围有八山、八海环绕，而形成一世界（须弥世界）。山高四万由旬，周围三十二万由旬。

⑥ 忉利天：梵 Trāyastriṁśa，即三十三天，为帝释天所居之天界，位于须弥山顶。

⑦ 须弥山颠以忉利天为庄饰：由于须弥山高而广，处于其顶的忉利天似乎是其装饰物。

⑧ 上治忉利天庄严：修治忉利天这一装饰之物。由于在山顶，所以说"上"。庄严，犹如说装饰。

亦如是，雖爾，般若波羅蜜亦無念。譬如佛出生諸功德，悉覆輩①、等心加於十方人，般若波羅蜜成就於諸經法亦如是。"②

摩訶般若波羅蜜道行經　强弱品第二十四

舍利弗問須菩提言："菩薩摩訶薩行般若波羅蜜，爲高③行耶？"

須菩提報言："我從佛所聞事，菩薩摩訶薩行般若波羅蜜，爲無高行也。"

若干百千愛欲諸天，作是念："當爲十方人發意爲菩薩道者作禮。何以故？行般若波羅蜜不中般泥洹故。如是菩薩爲勤苦行，不於是法中④墮落取證。"

須菩提語諸天言："雖不中道墮落取證，是不爲勤苦。勤爲十方不可計阿僧祇人被法鎧⑤，度令得泥洹，是乃爲勤苦之難。是人本無，本無，索不可得也。如是菩薩作是念：'爲欲度人，度十方人，爲欲度空。'何以故？空亦無有遠，亦無有近，亦無所有，用是⑥，以菩薩勤苦行，索人本無有，欲度人爲度虛空。被德鎧，用人故被德鎧，欲過度⑦人，是故菩薩爲被德鎧。如佛所説，人無有本。曉知人本無所有，是爲度人。菩薩聞是不恐不怖，是爲行般

---

①　覆輩：读为"覆被"，犹如说普施。《诗·既醉》："其胤維何？天被爾禄。"笺云："天予女福祚，至于子孫，云何乎天覆被女以禄位，使禄福天下？"

②　至此，言坚持并实施般若波罗蜜，其哲学解释有似于幻。

③　高：高尚、高明、高等。

④　中：中道，半路上。

⑤　被（pī）法铠：亦即下文被德铠，亦即已经注过的"摩訶僧那僧涅"，英译为"armed with great amour"，用大乘思想武装起来，向着目标阿耨多罗三耶三菩行进。知者，"摩訶僧那僧涅"，罗什译用"發大莊嚴"来对应，（T08p0538c27，T08p0540a29），"被法鎧"，罗什同样以"發大莊嚴"（T08p0576a27）对应。"被德鎧"，罗什也是用"發大莊嚴"（T08p0576b03）来对应。说"法"，是依大乘之法，说"德"，言其能收功德之效。

⑥　用是：因此。

⑦　过度：超度。

若波羅蜜。離人，本無本無［人］①；離色，本無色；離痛痒、思想、生死、識，本無識；離諸經法，本無諸經法。菩薩聞是不恐不懈，是爲行般若波羅蜜。"

佛語須菩提："何因菩薩不恐不懈②？"

須菩提白佛言："本無，故不恐，本净，故不懈。何以故？索懈怠本③，本無有。所因懈④，亦復無有。菩薩聞説是不懈，不恐不怖，是則爲行般若波羅蜜。⑤

菩薩行是時，諸天皆爲作禮，諸梵天皆爲作禮。"

佛語須菩提："不但諸天、諸梵天爲菩薩作禮，上至阿會亘彼［修］立［天］⑥、阿波摩那⑦、阿會波羅⑧，及上至阿迦膩吒⑨諸天，皆爲行般若波羅蜜菩薩作禮，十方不可復計阿僧祇現在諸佛，悉念行般若波羅蜜菩薩，悉共擁護，知是行般若波羅蜜菩薩阿惟越致。恒邊沙佛刹其中所有人，悉使爲魔，一魔者化如恒邊沙人，悉使爲官屬，設使爾所魔，各各乃爾所官屬，欲共害行般若波羅

---

① 本无：这里连用两个"本无"，后一个"本无"为"人"字之误。言"离人，本无人"，与下文"離色，本無色"等相称。丽藏、石经、圣本和金刚寺钞本作"本無本無"，余本皆作"本無人"。

② 不懈：罗什译作"不没不退"（T08p0576b06），唐一译作"不沈不没"（T07p0852a18），知"懈"与沉没、后退义相近。

③ 本：本源，本身。圣本无此"本"字。

④ 所因懈：懈之所因，懈产生的原因。

⑤ 本章至此，言菩萨行般若波罗蜜无所畏惧。

⑥ 阿会亘修天：阿会亘彼立，梵 Ābhāsvaraśubha，阿会亘修天，光音天。色界二禅的最高天，此天绝音声，天众讲话，自口中发出净光，以此交流，故名光音。修，丽藏、石经等作"彼"，宫本、碛砂藏等作"修"，作"修"是。立，当是"天"之误。辛校（428 页）如是说。

⑦ 阿波摩那：天名，梵 Apramāṇābha，无量光天，色界十八天之一，第二禅之第二天。此天众说话，口吐无量光明。

⑧ 阿会波罗：天名，梵 Bṛhatphala，中译广果天，色界十八天之一，位于第四禅天之第三。据梵文读音，"阿"为衍文。涉上文"阿会亘修"、"阿波摩那"，下文"阿迦膩吒"而衍。

⑨ 阿迦膩吒：梵 Akaniṣṭha，色究竟天，色界四禅天之最顶位。色界十八天之一，五净居天之一。

蜜菩薩，不能中道壞，不能中道得便。菩薩有二事法行般若波羅蜜，魔不能中道使得便①。何謂二事？一者，諸經法視皆空；二者，不捨十方人悉護。是爲二事。菩薩有二事諸魔不能動。何謂二事？一者，不失本願；二者，十方諸佛悉護視。是爲二事。菩薩行般若波羅蜜時，諸天往至菩薩所，問訊深經之事，諸天讚歎善之：‘今作佛不久②。’當隨是法教立③，既隨是法教立者，諸有困苦者皆得護，諸未得歸者爲得自歸，爲人故作法舍，無目者使得點目。隨是般若波羅蜜法教立者，十方不可復計阿僧祇現在諸佛，悉共擁護行般若波羅蜜者，諸佛各各於其刹四部弟子中，説是菩薩功德，各各讚歎善之。”④

佛語須菩提：“譬若我今讚歎説羅麟那杖那佛⑤。”

佛復言：“今我刹界中菩薩行般若波羅蜜，十方諸佛今亦讚嘆説行般若波羅蜜菩薩，亦復如是。”

須菩提白佛言：“諸佛悉讚歎諸菩薩如是耶？”

佛言：“不賜讚歎⑥。”

佛語須菩提：“有行菩薩道未得阿惟越致者，諸佛亦復讚歎。”

須菩提復問佛：“何等爲行菩薩道爲佛所讚歎？”

佛語須菩提：“有菩薩隨阿閦佛⑦前世爲菩薩時所行，及羅麟那杖那佛前世爲菩薩時所行，有菩薩隨是教，用是故，十方諸佛讚是菩薩。

---

① 魔不能中道使得便：使魔不能中道得便。

② 今作佛不久：不久当作佛。

③ 立：立身处事修行。

④ 至此，言行般若波罗蜜菩萨受诸天保护，并具备反魔之力。

⑤ 罗麟那杖那佛：梵 Ratna-ketu，汉译作“宝幢如来”，或“宝幢佛”。此尊主菩提心之德；以宝幢表菩提心之义，以一切智愿为幢旗，于菩提树下降伏魔众，故得宝幢之名。宝幢如来与金刚界东方阿閦如来、《阿弥陀经》之西方宝相佛、《称赞净土佛摄受经》之西方大宝幢如来同尊。罗麟那杖那，吴译作“羅蘭那枝頭”（T08p0576c11），以对音而论，吴译为较近似。

⑥ 不賜赞叹：不尽赞叹，不是全都赞扬。

⑦ 阿閦（chù）：佛名，梵 Aksobhya，成佛于东方，其刹土名善快。阿閦，义为无动。

"復次，須菩提！菩薩摩訶薩行般若波羅蜜，諸經法信①本無所從生，是菩薩尚未得無所從生法樂②，於中立，信諸法本空，是菩薩尚未得阿惟越致。信諸經法本無如泥洹，是菩薩尚未得入阿惟越致地。隨是法教立③，疾得阿惟越致。有應是法行④者，是故十方諸佛共讚歎是菩薩。菩薩爲度⑤阿羅漢道地、辟支佛道地，向佛道地。若有菩薩應般若波羅蜜行者，爲諸佛所讚歎，知是菩薩不久在阿惟越致道地立。

"復次，須菩提！菩薩聞深般若波羅蜜，信不狐疑。菩薩作是念：'如佛所說，諦⑥無异。'是菩薩却後當復於阿閦佛所，聞是般若波羅蜜，及餘菩薩所聞，亦復爾。作是信般若波羅蜜者，以⑦爲在阿惟越致地立。若有聞般若波羅蜜信者，其德甚大不小，何況菩薩隨般若波羅蜜法教立者？隨是法教立者，爲疾入薩芸若。"⑧

須菩提白佛言："設離本本無⑨，法不得，何所法有作佛者？何所法說有說經者？"

佛言："如須菩提所言：'設離本本無，法不得，何所法有作佛者？亦無有法說經者。'是本無，無本。何所有於本無⑩中立無

---

① 诸经法信：信诸经法。
② 无所从生法乐：对无所生法能接受，且感到快乐。后世此意被译作"无生法忍"。
③ 随是法教立：信诸法无从生，信诸法本空，信诸法本无，还不能说已得阿惟越致，必得按此法所教立身处事修行，继续深入，方能迅速得阿惟越致。
④ 应是法行：对应着是法而行，即行是法。
⑤ 度：超过。
⑥ 谛：真实，正确。
⑦ 以：同"已"。
⑧ 至此，言行菩萨道者，深为佛所赞叹。
⑨ 本本无：本与本无同位，意思是，这里说的本，就是本无；本无，就是本。
⑩ 本无：本就没有，根本没有，常义。同时，本无又是一个名词，它与虚空同义。经中常常杂用。这里指虚空。

者①？有本無有當得佛者②？亦無有本法有作佛者。本無無有，説經者亦不可得。”

釋提桓因白佛言：“般若波羅蜜甚深，菩薩勤苦行乃自致成佛。何以故？無有字法無所得在本無中立者，亦無有法當作佛者，亦無有説經者。菩薩聞是，不恐不怖，不疑不厭。”

須菩提語釋提桓因言：“如釋提桓因所言，菩薩勤苦聞深般若波羅蜜，信不狐疑，不厭。”

須菩提報釋提桓因言：“拘翼！諸經法皆空，何所有狐疑、厭者？”

釋提桓因語須菩提言：“如須菩提所説，一切爲説空事，爲悉無所著。譬如射虛空了無所著，須菩提所説經亦如是，了無所著。”

釋提桓因白佛言：“如我所説，爲隨佛法教耶？爲有增減乎？”

佛語釋提桓因：“拘翼！如佛所説法教，等無异，如須菩提所説，但説空事。須菩提亦不見般若波羅蜜者，亦不見行般若波羅蜜者，亦不見得佛者；亦不見薩芸若，亦不見得薩芸若者；亦不見怛薩阿竭，亦無有得怛薩阿竭者；亦不見無所從生，亦不見無所從生證得之者；亦不見十種力③，亦無有索十種力者；亦不見四無所畏④，亦不見索四無所畏者。經法本净，亦無所得。須菩提隨無所得教立。如是須菩提隨無所得教立者，是菩薩爲行般若波羅

---

① 何所有于本无中立无者：哪里有在虚空中立有无之说的？

② 有本无有当得佛者：哪里有于虚空中当得佛地的？承前省“何所”，或者说后句与前句共用“何所”二字。这里“何所”，意思是哪里。

③ 十种力，亦称十力，谓如来十种智力：（1）知物之道理非道理之智力。(2)知一切众生三世业报智力。(3)知诸禅解脱三昧智力。(4)知诸根优劣智力。(5)知众生种种理解智力。(6)知众生种种境界智力。(7)知一切所因所至智力。(8)以天眼见众生生死及善恶业缘之智力。(9)知众生宿命及无漏涅槃之智力。(10)知永断习气智力。参见《智度论》卷二十五，《俱舍论》卷二十九。

④ 四无所畏：佛四无畏(1)明言我为一切智人而无畏心。(2)明言我断尽一切烦恼而无畏心。(3)于大众中说惑业等诸障法而无畏心。(4)于大众中说戒、定、慧等诸尽苦之正道而无畏心。

蜜百倍千倍萬倍。須菩提！菩薩行般若波羅蜜者，捨置佛道地，衆羅漢、辟支佛道地，不及是菩薩道地①，欲爲十方天下人持[特]②尊，當隨佛法教立如是。"③

是時忉利天上數千萬天，持化作文陀羅華散佛上，散已，作是説，諸天言："我曹亦當隨法教立。"

時坐中百六十比丘，起，整衣服，爲佛作禮，作禮已，各各手中有化文陀羅華，持是華散佛上，散已，作是説："我曹亦當隨法教立。"

是時佛笑，口中出若干色，其明至十方，佛刹悉爲明，其明還④遶佛三匝，從頂上入。阿難從坐起，整衣服，爲佛作禮，長跪問佛："佛不妄笑，既笑，當有意。"

佛告阿難："是百六十比丘及諸天，當於是波羅劫⑤中作佛，皆同一字，字漚辰那拘尼摩⑥。作佛時，比丘僧數各各等，壽命亦各各等，其壽各十萬歲，隨次稍稍作佛，作佛時各各盡世⑦，雨五色華。"⑧

---

① 舍置佛道地……不及是菩萨道地：为什么舍弃佛、罗汉、辟支佛的道行境界？因为都不及此行般若波罗蜜的菩萨的道行境界。

② 持：丽藏、石经、金刚寺本如此作。宫本、圣本、资福藏、碛砂藏、普宁藏、南藏、径山藏、龙藏皆作"特"，作"特"是。特尊，特殊的尊者，最尊的尊者。

③ 至此，论真如与正觉。

④ 还：犹环。

⑤ 波罗劫：梵 bhadra-kalpa。三劫中的现在劫。意译贤劫。与过去庄严劫、未来星宿劫，合称三劫。

⑥ 漚辰那拘尼摩：梵 avakīrṇakusuma，意译散花。是说他们取同一个名号，叫散花佛。

⑦ 尽世：终生。

⑧ 此经结尾，言佛说经显效。

道行般若經卷第九

後漢月支國三藏支婁迦讖譯

摩訶般若波羅蜜道行經　累教①品第二十五

佛語阿難："作是立者，無有能過。菩薩作是立，爲如佛立；作是立，無有爲作師者：是爲薩芸若立。欲作是立者，當隨般若波羅蜜教。有應是般若波羅蜜行者，當知是人從人道②中來，或從兜術天③上來。是人或從人道中聞般若波羅蜜，或從兜術天上聞，或從人道中行，或從兜術陀天上行。何以故？佛般泥洹後，般若波羅蜜若於十方見，若於兜術天上見，有行是般若波羅蜜若書④者，諸佛悉視護之。是菩薩復轉教人，勸樂⑤合偶⑥。知是菩薩供養若干佛以來，不於羅漢、辟支佛品中作功德。知是菩薩供養若干佛以來，學是般若波羅蜜不恐不怖。若有受般若波羅蜜，若有學，若有持，若有解中事，若有隨⑦，知是菩薩如面見佛無異。是

---

① 累教：殷勤教导，殷勤嘱托。
② 人道：人类身心的禀赋、人的世界。
③ 兜术天：梵 Tusita，又作兜率天，意译喜足天、喜乐天。在此天之人，多于自己所受，生喜乐知足之心。欲界六天的第四天。
④ 若书：或书写般若波罗蜜。
⑤ 劝乐：鼓励，鼓励行般若波罗蜜。
⑥ 合偶：匹配，使与行般若波罗蜜者等齐。
⑦ 随：随其教。

菩薩不止①亦不誹謗般若波羅蜜，知是菩薩供養若干佛以來②。"

佛語阿難："雖有人於佛所作功德，持用求羅漢、辟支佛，會當得佛無異③。若有菩薩摩訶薩行般若波羅蜜，常當遠離羅漢、辟支佛道。"④

佛語阿難："持是般若波羅蜜囑累⑤汝。阿難！我爲汝所説經，捨置⑥般若波羅蜜摩訶漚恕拘舍羅及諸摩訶惟曰羅⑦，我每所説餘經汝所受，設⑧令悉散悉亡，雖有是，其過少耳。汝所從佛受般若波羅蜜，設散，設亡，其過甚大不小。"

佛語阿難："復囑累汝般若波羅蜜，受、學、持法，當諦學，悉具足受，悉念持書，字令正，無缺減，過去、當來、今現在佛經身⑨等無異。阿難！當作是念：'般若波羅蜜莫使缺減。'何以故？今佛現在，有慈心佛恩德⑩，欲報佛恩具足供養者。汝設有慈心於佛者，當受持般若波羅蜜，當恭敬作禮供養。設有是行，汝悉爲供養佛報恩以⑪，汝爲恭敬過去當來今現在佛已⑫。汝慈孝於佛，恭敬思念於佛，不如恭敬於般若波羅蜜，慎莫亡失一句。"

佛語阿難："囑累汝般若波羅蜜以爲信⑬，若有不欲離於佛、離於經、離於比丘僧，亦不欲離於過去、當來、今現在佛者，不

---

① 止：阻止，阻挡。

② 是菩萨……佛以来：本当说"知是菩萨供养若干佛以来，不止亦不诽谤般若波罗蜜"，把表示时间的短语挪到后面去了。

③ 会当得佛无异：这是"有人"的设想，以为通过求罗汉辟支佛，同样可以得佛。

④ 本章至此，言学、持般若波罗蜜者，皆有所自。

⑤ 嘱累：嘱托，劳烦。

⑥ 舍置：除……之外。

⑦ 摩诃惟曰罗：梵 Maha-vaipulya，重大的方广之教，不定指哪一部经。

⑧ 设：大正藏误作"说"，今径改。

⑨ 经身：经之体，经之完形。

⑩ 慈心佛恩德：于佛恩德，具备慈孝之心。

⑪ 以：用同"矣"。

⑫ 已：用同"矣"。上句用"以"，下句用"已"，其音义不异，其形不同，行文避复。

⑬ 般若波罗蜜以为信：以般若波罗蜜为信。

當遠離般若波羅蜜，是佛所教。”

佛語阿難：“若有受般若波羅蜜，持、護①，是爲持過去、當來、今現在佛教法。何以故？過去、當來、今現在佛，皆從般若波羅蜜出生。菩薩欲得佛道者，當學六波羅蜜。何以故？六波羅蜜是諸菩薩摩訶薩母②。”

佛語阿難：“囑累汝六波羅蜜，六波羅蜜者，佛不可盡經法之藏，過去、當來、今現在佛，皆從六波羅蜜出生。”③

佛語阿難：“汝日日教人，盡一佛境界中人，汝悉教令得阿羅漢道。雖有是教，尚未報佛恩，不如具足爲菩薩説般若波羅蜜。汝所教人悉使得阿羅漢，此所作功德，持戒、精進、守道，雖教乃爾所人，其福寧多不？”

阿難報佛言：“甚多，天中天！”

佛語阿難：“不如持般若波羅蜜具足爲菩薩説，雖不能多，一日可，雖不能一日，食時④可，雖不能食時，爲説須臾⑤間可，其福勝度爾所阿羅漢。菩薩摩訶薩自於般若波羅蜜，念思惟⑥其中事，菩薩雖思惟其中事，得其功德，出眾阿羅漢、辟支佛上去。雖思惟其中事，會當得阿惟越致。設不中道還，説般若波羅蜜時，四部弟子，及諸天、阿須倫及鬼神，一佛境界中⑦，持釋迦文佛威神，一切悉見阿閦佛；及見諸比丘不可計⑧，皆阿羅漢；諸菩薩亦無央數。以後⑨不復見。”

佛語阿難：“譬如見國中人，不復見阿閦佛及諸菩薩、阿羅

---

① 持、护：持般若波罗蜜，护般若波罗蜜。

② 母：她产生诸法，造就菩萨摩诃萨的道行。

③ 至此，述佛对阿难的嘱托。

④ 食时：吃一餐的时间。

⑤ 须臾：梵 muhūrta，极短时间。

⑥ 念思惟：三词同义连用。想念，思维。

⑦ 一佛境界中：此五字当在“四部弟子”之前。

⑧ 诸比丘不可计：不可计诸比丘，无数比丘。

⑨ 以后：除此以外。

漢，諸經法索①，眼不見亦如是。法不見法②，法不念法③。何以故？諸經法無念不見④，亦無所益。”

佛語阿難：“諸經法皆空，無所持，亦不可念。譬如幻師化作人，諸經法亦如是，無念亦無痛。何以故？無形故。菩薩作是行，爲行般若波羅蜜，作是學，爲學般若波羅蜜。悉欲得六波羅蜜者，當學般若波羅蜜。作是學，在諸學中最尊，無有及者，百倍千倍萬倍，是爲安十方天下。作是學者，困厄苦者悉護視，是爲隨佛法學，是爲隨佛教。有應是學⑤者，持手舉一佛境界，移著還復他方刹土以⑥，其處人無有覺知者。”⑦

佛語阿難：“佛從是般若波羅蜜中學成，過去、當來、今現在佛，無所罣礙諸智慧法，悉從般若波羅蜜具足成。欲得般若波羅蜜限者，爲欲得虛空限。何以故？般若波羅蜜不可盡，十方之事可計，般若波羅蜜事不可計。”

佛告阿難：“般若波羅蜜事不可計、不可盡，般若波羅蜜本净。何以故？過去不可復計佛悉從其中成就得佛，般若波羅蜜亦不增亦不減；甫當來不可復計佛悉從般若波羅蜜成就得佛，般若波羅蜜亦不增亦不減；十方今現在不可復計佛悉從般若波羅蜜成就得佛，般若波羅蜜亦不增亦不減。是故般若波羅蜜不可盡，虛空亦不可盡。”⑧

---

① 诸经法索：索诸经法，搜求诸经法。

② 法不见法：法本空，故不可见。

③ 法不念法：法本空，故无可念。

④ 无念不见：法本空，故不得见。倘信而思念之，方见法的存在。

⑤ 是学：丽藏误作“學是”，余本皆作“是學”，作“是學”是。“應是學”，对此学习，即学此。

⑥ 移著还复他方刹土以：“移著”的宾语“他方”，“还复”的宾语“刹土”，指原来的国土。意思是将这一佛世界移著他方，而后又还放原处。以，已，动词完成时态的标志。丽本、石经如此作，圣本略同。其余各本此数字作“復著”。上下文连起来读，成“持手举一佛境界，复著其处，人无有知者”。

⑦ 至此，言一佛世界之教延展于阿閦佛世界。

⑧ 至此，言般若波罗蜜不可尽，言下之意，故其宣讲传递亦不可尽。

摩訶般若波羅蜜道行經　不可盡品第二十六

是時須菩提作是念："佛所説般若波羅蜜事甚深，是①須菩提當作是問。"

須菩提白佛言："般若波羅蜜不可盡，譬如虛空亦不可盡。菩薩當何因思惟般若波羅蜜?"

佛語須菩提："色不可盡，當作是思惟般若波羅蜜，痛痒、思想、生死、識不可盡，當作是思惟般若波羅蜜，十二因緣②不可盡，當作是思惟般若波羅蜜。"

佛語須菩提："菩薩當作是思惟般若波羅蜜，菩薩當作是思惟十二因緣，適得其中。菩薩初坐樹下時，不共法③思惟十二因緣，是時薩芸若智慧悉具足。"

佛語須菩提："若有菩薩行般若波羅蜜時，思惟十二因緣不可盡，作是思惟者，出過羅漢、辟支佛道去，正住佛道。菩薩不作是思惟行般若波羅蜜，及思惟十二因緣不可盡④，設不作是思惟者，便中道得羅漢、辟支佛。菩薩不中道還者，用思惟般若波羅蜜，思惟行摩訶漚惒拘舍羅故。"

佛語須菩提："菩薩行般若波羅蜜時，思惟視十二因緣不可盡，作是視十二因緣，所視法生者滅者皆有因緣，法亦無有作者。作是思惟十二因緣行般若波羅蜜時，不見色，不見痛痒、思想、

---

①　是：犹如说"我"。支公所用近义词。

②　十二因缘：佛家说明有情生死流转的过程。十二因缘是：无明（贪、嗔、痴等烦恼为生死的根本）、行（造作诸业）、识（业识投胎）、名色（但有胎形六根未具）、六入（胎儿长成眼等六根的人形）、触（出胎与外境接触）、受（与外境接触生起苦乐的感受）、爱（对境生爱欲）、取（追求造作）、有（成业因能招感未来果报）、生（再受未来五蕴身）、老死（未来之身又由老而死）。

③　不共法：佛及菩萨所具足，而凡夫与二乘所无之特质。句中作状语，以此特质（思惟）。

④　思惟十二因缘不可尽：与上句共用"不"字，不思惟十二因缘不可尽。

生死、識，不見佛境界，無有所因法①見佛境界，是爲菩薩行般若波羅蜜。②

若有菩薩行般若波羅蜜，當爾時魔大愁毒，譬如父母新死，啼哭愁毒憂思。菩薩行般若波羅蜜時，魔愁毒如是。”

須菩提白佛言：“一魔愁毒耶？餘魔復愁毒乎？”

佛語須菩提：“一佛境界所有魔，各各於其所止處不安。菩薩隨般若波羅蜜教時，菩薩應行如是者，諸天、阿須倫、龍、鬼神、人若非人，不能害菩薩。③

若有菩薩欲得佛道者，當行般若波羅蜜。菩薩行般若波羅蜜，爲行檀波羅蜜具足，行尸波羅蜜亦爾，行羼提波羅蜜亦爾，行惟逮波羅蜜亦爾，行禪波羅蜜亦爾。菩薩摩訶薩行般若波羅蜜，具足行漚惒拘舍羅波羅蜜。菩薩摩訶薩行般若波羅蜜，若有魔事起，即覺，使不至。菩薩悉欲得諸漚惒拘舍羅波羅蜜者，當行般若波羅蜜，當守般若波羅蜜。若有菩薩行般若波羅蜜，守般若波羅蜜，爾時菩薩思惟十方不可計阿僧祇現在諸佛，諸佛本行菩薩道時，悉從般若波羅蜜出生。菩薩作是念：‘如諸佛悉得諸經法，我悉當得。’如是菩薩行般若波羅蜜時，作是思惟念，如兩指相彈頃，若有菩薩布施具足如恒邊沙劫，不如是菩薩行般若波羅蜜如彈兩指頃。菩薩如是行者，爲住阿惟越致地。是菩薩爲諸佛所念，菩薩終不還餘道，會當得佛，終不歸三惡道。是菩薩未曾離諸佛時，行般若波羅蜜菩薩，如兩指相彈頃間，功德如是，何况一日守般若波羅蜜者？行當如是捷陀訶盡④菩薩。捷陀訶盡菩薩，在阿閦佛剎最尊第一。”⑤

---

① 所因法：原因。

② 本品至此，主要说十二因缘不可尽.。

③ 至此，言行般若波罗蜜能抗魔免害。

④ 捷陀诃尽：梵 Gandha-hastin，菩萨名，即香象菩萨。贤劫十六尊之一，列位于密教金刚界曼荼罗之外院方坛，南方四尊中的第一位菩萨，密号大力金刚。

⑤ 至此，言行般若波罗蜜诸多功德。

摩訶般若波羅蜜道行經　隨①品第二十七

須菩提白佛言：“菩薩何因隨般若波羅蜜教？”

佛語須菩提：“諸經法無有能壞者，菩薩隨般若波羅蜜教，當如是。虛空不可盡，菩薩隨般若波羅蜜教，當如是。五陰本無形，菩薩隨般若波羅蜜教，當如是。四大②本無形，菩薩隨般若波羅蜜教，當如是。沙羅伊檀③六事，大［本］④ 虛空無形，菩薩隨般若波羅蜜教，當如是。發心行佛道，無有與等者，菩薩隨般若波羅蜜教，當如是。發心行願甚廣大，菩薩等心於十方人無有極。佛有四事不護⑤，各各异端無有極，菩薩隨道⑥般若波羅蜜教，當如是。菩薩爲諸天、阿須倫⑦、龍、鬼神、甄陀羅⑧、摩睺勒⑨、人及非人⑩，作不可計之覆護⑪，菩薩隨般若波羅蜜教，當如是。十方天下人呼爲⑫“是我所⑬”、“非我所”，悉斷之。菩薩隨般若波

---

① 隨：跟隨，依从。

② 四大：构成物质的四大元素——地、水、风、火。

③ 沙罗伊檀：梵 sad-āyatanāni，六入，指眼、耳、鼻、舌、身、意及其所感，色、声、香、味、触、法。

④ 大：仅大正藏及其所本丽藏作“大”，其余各本皆作“本”，作“本”是。

⑤ 四事不护：佛之身、语、意、寿等四者不须防护，本自清净无过、永不退失。《词典》（464 页）释为“the four methods which a buddha or a bodhisattva employs in order to attract and save people”，恐有所未明。

⑥ 道：宣说。此对异端而言，随般若波罗蜜而宣说般若波罗蜜教。大正藏及其所本有此“道”字，其他各本所无。以有“道”字为长。

⑦ 阿须伦：梵 Asura，又译阿修罗，印度最古诸神之一，属于战斗一类。佛以为八部众之一。

⑧ 甄陀罗：梵 kimnara，又译紧那罗，印度神话中歌神，佛以为八部众之一，似人，而有一角。

⑨ 摩睺勒：梵 mahoraga，又译摩呼罗伽，大蟒神，八部众之一，人身而蛇首。

⑩ 非人，通常指鬼神，或指非人类之部众、夜叉、恶鬼等。

⑪ 覆护：保护，庇佑。

⑫ 呼为：称之为。

⑬ 我所：梵 mama-kāra，我之所有、我之所属。自身为我，自身以外之物皆为我所有。于佛教中为断除之对象。

羅蜜教，當如是。虛空之中音響無形，菩薩隨般若波羅蜜教，當如是。譬如大海水不可斗量，菩薩隨般若波羅蜜教，當如是。譬如須彌山巔珍寶各各別异①，菩薩隨般若波羅蜜教，當如是。釋②、梵③各自有教，菩薩隨般若波羅蜜教，當如是。譬如月盛滿姝好④，菩薩隨般若波羅蜜教，當如是。譬如日明所照悉至，菩薩隨般若波羅蜜教，當如是。諸經法但有字⑤耳，無有處所，菩薩隨般若波羅蜜教，當如是。般若波羅蜜本無形，但有字耳，菩薩隨般若波羅蜜教，當如是。般若波羅蜜本無所從生，菩薩隨般若波羅蜜教，當如是。般若波羅蜜等無有异⑥，菩薩隨般若波羅蜜教，當如是。幻化及野馬⑦但有名無形，菩薩隨般若波羅蜜教，當如是。地、水、火、風，是四事無有極，菩薩隨般若波羅蜜教，當如是。佛身相本無色，菩薩隨般若波羅蜜教，當如是。諸佛境界各各虛空，菩薩隨般若波羅蜜教，當如是。佛諸經本無說無教，菩薩隨般若波羅蜜教，當如是。譬如眾鳥飛行空中而無足跡，菩薩隨般若波羅蜜教，當如是。生死根⑧，波羅蜜力⑨，諸覺禪⑩，

---

① 別异：不同。

② 释：梵 Sākya，释迦简称。佛祖族姓，因以代佛教和僧人。

③ 梵：梵 Brahman，婆罗门教的最高原理，因以代婆罗门教。

④ 姝好：美好。

⑤ 但有字：只有名，而无实。

⑥ 等无有异：与他法等同，没有不同。

⑦ 野马：野外蒸腾的水气。《庄子·逍遥游》："野马也，塵埃也。生物之以息相吹也。"郭象注："野馬者，游氣也。"

⑧ 生死根：生命的根本机能。

⑨ 波罗蜜力：度到彼岸去的力量。

⑩ 诸觉禅：吴译作"七覺意"（T08p0503b28），七种觉悟。所谓七觉支，即念觉支、择法觉支、精进觉支、喜觉支、轻安觉支、定觉支、舍觉支。推测用"觉禅"的原由，盖以禅定为其中心和主导。

弃脱①，三昧定②，入禅具足③，悉脱愛欲，臨佛時，乃得行是④。菩薩隨般若波羅蜜教，當如是。諸經法無有極不可盡，菩薩隨般若波羅蜜教，當如是。諸經法無所從生，無所因出，菩薩隨般若波羅蜜教，當如是。臨作佛時諸經法悉具足成，菩薩隨般若波羅蜜教，當如是。泥洹虛空無所有，菩薩隨般若波羅蜜教，當如是。諸經法本無净，適⑤無所因，菩薩隨般若波羅蜜教，當如是。佛所作爲變化無有極，菩薩隨般若波羅蜜教，當如是。一切無有索菩薩過者，亦無有得佛過者，脱無央數人，菩薩隨般若波羅蜜教，當如是。諸佛説經法行道如是，菩薩隨般若波羅蜜教，當如是。佛所教化等無有异，菩薩隨般若波羅蜜教，當如是。"⑥

佛語須菩提："若有菩薩行般若波羅蜜時，當作是隨、當作是念、當作是入、當作是視，去離諛諂、去離貢高、去離强梁、去離非法、去離自用、去離財富、去離憢倖、去離世事，弃身不惜壽命，適無所慕，但念佛所行事安隱⑦。菩薩行能如是者，得佛不久，悉得薩芸若功德不久。如是輩菩薩，不當字菩薩，當字爲佛。何以故？今得佛不久⑧故。若有菩薩隨般若波羅蜜教，甫當來世爲得佛字。佛在者亦當隨般若波羅蜜教，佛般泥洹後亦當隨般若波羅蜜教，當如是。"⑨

---

① 弃脱：解脱。从烦恼束缚中解放出来。
② 三昧定：三昧与定，同义连用。三昧，正定。
③ 入禅具足：充分进入禅定。
④ 临作佛时，乃得行是：以上各项，生死根、波罗蜜力、诸觉禅、弃脱、三昧定、入禅具足，悉脱爱欲，到作佛时才得以实现，方能见到显效。
⑤ 适（dí）：通"的"，的的确确，清清楚楚，完完全全，全然。
⑥ 这里列出般若波罗蜜的主要观点。
⑦ 安隐：稳当可靠。
⑧ 得佛不久：短时间内会得佛。
⑨ 此段言对行般若波罗蜜者的若干要求。

摩訶般若波羅蜜道行經　薩陀波倫[①]菩薩品第二十八

佛語須菩提："疾欲得佛者，索般若波羅蜜，當如薩陀波倫菩薩。於今在上方，過六百三十億佛國，佛名揵陀羅耶[②]，其國名尼遮揵陀波勿[③]，薩陀波倫菩薩於彼間止。"

須菩提白佛言："薩陀波倫菩薩本何因緣索般若波羅蜜？"

佛語須菩提："乃往久遠世有菩薩，名薩陀波倫，爲前世施行功德所追逮[④]，本願所成，世世作功德所致，前世以供養數千萬億佛。時菩薩臥出[⑤]，天人於夢中語言：'汝當求索大法。'覺起即行，求索了不得，其意惆悵不樂；欲得見佛，欲得聞經，索之了不能得，亦無有菩薩所行法則。用是故，甚大愁憂，啼哭而行。譬如人有過於大王所，其財產悉沒入縣官[⑥]，父母及身皆閉在牢獄，其人啼哭，愁憂不可言。薩陀波倫菩薩愁憂啼哭如是。[⑦] "時忉利天人來下在虛空中，觀見菩薩日日啼哭，天人見菩薩至心啼哭，天人即於菩薩父母、兄弟、親屬、交友中，字菩薩爲[⑧]薩陀波倫。

"是時世有佛，名曇無竭？阿祝竭羅佛[⑨]，般泥洹以來甚久，

---

① 薩陀波伦：梵 Sadā-prarudita，菩萨名，意译常啼菩萨、普慈菩萨。一位勤求般若波罗蜜多的在家菩萨。《佛母出生三法藏般若波罗蜜多经》卷二三《常啼菩萨品》云："常啼菩萨摩訶萨往昔求般若波罗蜜多时，不怖时长，不念世事，不惜身命，不乐世间名闻利养，於诸世间不生依著，但一心念求般若波罗蜜多。"（T08p0668a27）

② 揵陀罗耶：香积佛，为住于上方众香世界之佛名。玄应《一切经音义》卷四解释香积之梵语为"gandhālaya"，音译乾陀罗耶。

③ 尼遮揵陀波勿：意译众香。梵文不详。

④ 追逮：催逼。

⑤ 臥出：酣睡。

⑥ 县官：官府。

⑦ 本品至此，言薩陀波伦有求索大法之宏愿。

⑧ 字菩萨为：知菩萨名为。

⑨ 昙无竭·阿祝竭罗：佛名，昙无竭，Darmodgata，汉译法勇、法盛或法上。阿祝竭罗，未详，或为其姓，或为其名的早期形式。

亦不聞經，亦不見比丘僧。時薩陀波倫菩薩於夢中，忉利天人語言：'前世有佛，名曇無竭阿祝竭羅。'

"是時菩薩於夢中聞佛名即覺，覺已即大歡喜踊躍，即弃捐家，入深山中無人之處，弃身，無所貪慕，而大啼哭，自念言：'我惡所致，不見佛、不聞經、不得菩薩所行法。'

"是時薩陀波倫菩薩啼哭時，便聞虛空中有聲言：'善男子！可止，莫復啼哭。有大法名般若波羅蜜，若有行者，若有守者，得佛疾。汝當求索是大法，汝聞是法，若行若守，佛所有功德汝悉當得之；得佛三十二相①，八十種好②，汝悉當得之；汝悉當持經法教十方天下人。'

"薩陀波倫菩薩問虛空中聲：'當何因緣得般若波羅蜜？當到何方求索？當何等方便得之？'

"虛空中聲報菩薩言：'從是東行莫得休息，汝行時莫念左、莫念右，莫念前、莫念後，莫念上、莫念下，莫念行，行時莫念恐怖、莫念喜，莫念食、莫念飲，莫念坐、莫念行道、莫念中止，莫念婬、莫念怒、莫念痴，莫念守、莫念有所得，莫念内、莫念外，莫念色、莫念痛痒、思想、生死、識，莫念眼、莫念耳、莫念鼻、莫念口、莫念身、莫念心意，莫念地、水、火、風、莫念空，莫念人、莫念我、莫念命，莫念有空、莫念無空，莫念行菩薩道，莫念有經、莫念無經，莫念生天上、莫念生世間，莫念菩薩善、莫念菩薩惡，一切所向念悉斷，遍［適］③無所著。從是

---

① 三十二相：又名三十二大人相，一足安平、二足千辐轮、三手指纤长、四手足柔软、五手足缦网、六足跟圆满、七足趺高好、八腨去（腿肚）如鹿王、九手长过膝、十马阴藏（男根缩入肚中）、十一身纵广、十二毛孔青色、十三身毛上靡、十四身金光、十五常光一丈、十六皮肤细滑、十七七处平满、十八两腋满、十九身如师子、二十身端正、二十一肩圆满、二十二口四十齿、二十三齿白齐密、二十四四牙白净、二十五颊车如师子、二十六咽中津液得上味、二十七广长舌、二十八梵音清远、二十九眼色绀青、三十睫如牛王、三十一眉间白毫、三十二顶成肉髻。

② 八十种好：佛菩萨之身所具足之八十种好相。

③ 遍：宫本、丽藏、资福藏等如是作。碛砂藏、金藏、石经、圣本、普宁藏、南藏、径山藏、龙藏皆作"適"（适），宜作"適"（适）。

東行悉斷念已，作是行不缺者，令①得聞般若波羅蜜不久②。過去諸佛行菩薩道時，索般若波羅蜜如是，得般若波羅蜜。隨其教者得佛疾，作是精進行者，當疾得佛。'

"薩陀波倫菩薩聞虛空中教聲，大歡欣，'當隨天人之教。'虛空中聲復報言：'莫失是教。'作是語已，便不復聞聲。

"是時薩陀波倫菩薩聞是教法，倍踊躍歡欣，隨是教即東行，心適無所著。行中道，作是念：'去是幾所③乃當得般若波羅蜜?'作是念已，住④，復大啼哭。

"薩陀波倫菩薩作是啼哭時，上方虛空中化作佛⑤，在空中立言：'善哉，善哉! 如若所索者甚難，如汝作是精進者，今得般若波羅蜜不久。'

"薩陀波倫菩薩叉手仰向視化佛，身有金色，身放十億光炎，身有三十二相，見已大歡欣，叉手白化佛言：'願佛爲我説經法，我從佛聞經，聞經已，諸佛所有經法我皆欲悉得之。'

"是時化佛語薩陀波倫菩薩：'受我所教法，悉當念持之。諸經法本無恐懼，本浄，無端緒。住⑥諸經法，一切無所罣礙，本端無所因。住諸經法，本無所因、端緒，無所説。住諸經法無所説教，如虛空無形，本無端緒，如泥洹無有異。諸經法如泥洹，無有異，無所從生，無形。住諸經法，無所從生，無形。計如幻，無形，如水中見影。諸經法如水中影現，如夢中所見，等無有異。諸經法如夢中所見，等無有異⑦。佛聲音都盧見如是。⑧ 當隨是經法教。善男子! 當作是守念。從是東行索般若波羅蜜，去是間二

---

① 令：猶"致"。

② 不久：表時间的修饰语，通常在动词谓语前。本文在句后。

③ 几所：问多少，这里问多少里。

④ 住：停住。

⑤ 化作佛：化佛，佛的化身。

⑥ 住：坚持，实行。

⑦ 与上句完全重复，经中常有重复，再三叮咛，一种修辞手法。

⑧ 佛声音都卢见如是：听见佛的声音全都如是。

萬里，國名揵陀越①，王治處，其國豐熟，熾盛②富樂，人民眾
多。其城縱廣四百八十里，皆以七寶③作城，其城七重，其間皆有
七寶琦樹④，城上皆有七寶，羅縠緹縵⑤，以覆城上，其間皆有七
寶交露⑥間垂鈴，四城門外皆有戲盧⑦，遶城有七重池水，水中有
雜種優鉢⑧蓮花、拘文羅華⑨、不那利華⑩、須揵提華⑪、末願
[須]⑫揵提華⑬，皆在池水中生間。陸地有占蔔華⑭，如是眾華
數千百種。其池中有眾雜琦鳥，鳧、鴈、鴛鴦，異類琦鳥，數千
百種。池中有七寶之船，其人乘船娛樂，戲池中。城中皆行列五
色幢幡，復懸五色幢幡⑮，復有羅列雜色華蓋⑯，城中街巷各各周
遍。譬若忉利天上帝釋宮殿，懸幢幡。音樂之聲，數千百種，日
日不絕。譬如忉利天上難檀桓⑰戲盧，其中有音樂之聲，快樂不

---

① 揵陀越：梵 Gandhavatī，吴译"香净"（T08p0504b08），罗什译"衆香"
（T08p0580c22），宋译"衆香"（T08p0669a11）。前文讲佛名"揵陀罗耶"（香积），国
名尼遮揵陀波勿（众香）这里讲国名"揵陀越"，实是讲都城（治处）。如果国名都名
一致，则"揵陀越"应译为"众香城"，如果不一致，则应译为"香净城"。我们注意
到，这里提到的三个梵文词，都是以"揵陀"为其词根的。

② 炽盛：昌盛。

③ 七宝：金、银、琉璃（青玉）、颇梨（水晶）、车渠（大蛤、白珊瑚之类）、赤
珠、玛瑙（深绿色的玉）。

④ 琦树：奇树。

⑤ 罗縠（hú）缇缦：各种丝织品。罗，稀疏而轻软的丝织品。縠，绉纱一类的丝
织品。缇，赤色缯。缦，无文饰的生丝织品。

⑥ 交露：交错的珠串组成的帷帐。

⑦ 戏卢：娱乐观赏的处所。卢，通作"庐"。

⑧ 优钵：梵 utpla，青莲，蓝色的莲花。

⑨ 拘文罗华：梵 kumuda，白睡莲。

⑩ 不那利华：梵 pundarīke，一译芬陀利，白莲。

⑪ 须揵提华：梵 saugandhika，白莲或青莲。

⑫ 愿：碛砂藏、普宁藏、面藏、径山藏、龙藏作"须"。作"须"较合于对音。

⑬ 末须揵提华：梵 madhugandhika，香花，疑指荷花的一种。

⑭ 占蔔华：梵 campaka，一种长满馥郁黄花的树。

⑮ 幢（chuáng）幡：旗帜总称。幢，一种呈圆筒形的旗，饰有羽毛、锦绣。幡，
旗，以其飘翻得名。

⑯ 华盖：华丽的伞盖。在中国，是帝王或高官出行时的一种仪仗。

⑰ 难檀桓：梵 Nandanavana，天帝的花园。

絕，其城快樂亦復如是。其城中無有异人，皆是菩薩，中有成就者，中有發意者，皆共居其中，快樂不可言。其中所有服飾，玄黃①琦珍，不可復計。其國中有菩薩，名曇無竭，在眾菩薩中最高尊，有六百八十萬夫人采女共相娛樂。揵陀越國中諸菩薩，常共恭敬曇無竭，爲於國中央施高座，隨次轉下施座，中有黃金座、白銀座、琉璃座、水精座，座皆有雜色文繡②綩綖③，座間皆散雜種香華，座上皆施雜寶交露之蓋，中外周匝皆燒名香。曇無竭菩薩常於高座上，爲諸菩薩說般若波羅蜜。中有聽者，中有書者，中有學者，中有諷者，中有守者。汝從是去到揵陀越國曇無竭菩薩所，自當爲汝說般若波羅蜜，當爲汝作師教汝。何以故？前數千億世常爲汝作師，是汝本發意時師。汝往至師所時，若見若聞，莫得說其短，亦莫念其短。汝設見，慎莫疑，慎莫怠。何以故？汝未曉漚惒拘舍羅，當諦覺魔事。善男子！慎莫隨，魔教莫用。師在深宮尊貴教，敬當如敬佛無有异。當用經法故，莫念財利貪意心念，所有者當施與師，當樂好恭敬於師。作是行不缺者，今得聞般若波羅蜜不久。'

"爾時，薩陀波倫菩薩從化佛聞是教，即踊躍歡欣，用歡欣踊躍故，即得見十方諸佛三昧。爾時十方諸佛皆讚歎言：'善哉，善哉！善男子！我曹本爲菩薩時，用精進故，得聞般若波羅蜜，便成就得薩芸若，亦復當得三十二相、八十種好、十種力、四無所畏、四事不護、十八事不共。我曹爾時亦復得是三昧，爾時諸佛亦復讚歎我曹如是，汝行亦當復如我曹。作是行者菩薩所有功德，汝悉當具足得之。'④

"薩陀波倫菩薩從三昧覺，作是念：'諸佛本從何所來？去至何所？'作是思惟已，便復舉聲大哭，復作是念：'諸佛教我至曇無竭菩薩所。'薩陀波倫菩薩便從是去。中道得一國，國名魔所樂

---

① 玄黃：通"炫熀"，光彩映射的样子。

② 文绣：刺绣华美的。

③ 綩綖（wǎn yán）：坐垫。

④ 至此，叙天人之教，描述昙无竭菩萨及其所在国。

國，薩陀波倫菩薩便於城外園中止宿，自念：‘佛經實難得，何況乃聞耶？我當供養盡力於師。今我一身加復貧窮，亦無有珍琦好物及華香持用供養於師，如我無所有者，請①且自賣身，持用供養於師。’作是念已即入城街里，街里街②言：‘誰欲買我者？’

“時魔在城外戲，與五萬婇女共遊戲，遥見菩薩，聞自街賣聲，魔即自念言：‘是薩陀波倫菩薩自賣身，欲供養曇無竭菩薩，持用索佛。是人當出我境界，脱③人眾多。今我且壞乎？令一國中男女，當不見其形、不聞其聲。’

“是時薩陀波倫菩薩賣身不售，便自宛轉④臥地啼哭，大呼：‘欲自賣身持用供養於師，了無有買者。’

“是時釋提桓因遥於天上見薩陀波倫菩薩精進乃爾，自念言：‘我當下試之，知爲至誠索佛，不但諛諂。’是時釋提桓因來下化作婆羅門，問薩陀波倫言：‘善男子！何其勤苦乃爾乎？用何等故宛轉啼哭？’

“薩陀波倫菩薩報言：‘不須問。’

“道人婆羅門如是問至三：‘所欲勑使⑤願相語，我欲相佐助。’

“薩陀波倫菩薩報言：‘道人欲知者，我自賣身，欲供養於師故。’

“婆羅門語薩陀波倫菩薩：‘卿欲供養於師故？’

“婆羅門語薩陀波倫菩薩：‘善男子！今我欲大祠，欲得人血，欲得人肉，欲得人髓，欲得人心。卿設能與我者，我益與卿財。’

“薩陀波倫菩薩大歡欣報言：‘願相與。’

“薩陀波倫菩薩即取刀自刺兩臂，血大出，持與之；復割兩

---

① 请：请让我。
② 街（xuàn）：沿街叫卖。
③ 脱：解脱，救度。
④ 宛转：身体翻来覆去。
⑤ 所欲敕使：想要什么。

髀①裏肉，持與之；復自破骨，持髓與之。適復欲自刺胸時，樓觀上有長者女，遙見之，傷愍哀之。時長者女與諸伎人②媒女③五百人，相隨來至薩陀波倫菩薩所，問言：'善男子！年尚幼少，端正如是，何以故自割截其身體？'

"薩陀波倫菩薩報女言：'我欲供養於師故，用是故，出血，出肉、髓，欲賣，持欲供養於師。'

"是時長者女問薩陀波倫菩薩言：'設供養於師者，能得何等福？師名爲誰？在何方止？'

"薩陀波倫菩薩報女言：'師在東方，師名曇無竭，當爲我説般若波羅蜜。我聞者當行守之，當用疾得佛，我身當得三十二相、八十種好、十種力、四事不護、四事無所畏、十八事不共，當得法輪轉，當度脫十方天下人。'

"是時長者女語薩陀波倫菩薩：'如善男子所言，天上天下無有比。汝莫自困苦乃爾，我自與汝金銀珍寶琦物。我自與五百媒女相隨行，我亦欲自供養曇無竭菩薩，復欲聞經。'

"是時婆羅門語薩陀波倫菩薩言：'善哉，善哉！善男子！如是精進難及。欲知我不？善男子！我是天王釋提桓因，故相試耳。欲求索何等願，我悉與卿。'

"薩陀波倫菩薩報④天王釋言：'欲哀我者，使我身體平復如故。'菩薩身體即平復如故。釋提桓因即自去。⑤

"是時長者女語薩陀波倫菩薩言：'共歸至我父母所，索金銀珍寶琦物，并報父母去。'薩陀波倫菩薩即隨至父母舍。

"女歸以具爲父母説是事，父母即報女言：'汝所説甚快⑥，難得聞。我亦復欲與汝共行，自惟年老不能自行，汝所欲得便自説。'

---

① 髀（bì）：大腿。

② 伎人：舞女。

③ 媒女：本謂宮女，这里只是美女、侍女的意思。

④ 报：大正藏脱此字。今径补。

⑤ 至此，言萨陀波伦自卖身持欲供养于师。

⑥ 快：快意。

“女言：‘我欲得金銀珍寶琦物。’

“父母言：‘女①自恣②取之。’

“女便自取金、銀、雜寶，珍琦好物，盛③搗④栴檀⑤名香，及餘雜碎諸寶、蜜香⑥甚多，以五百乘車載自重⑦，五百侍女自副⑧。是時五百侍女皆行，報長者女父母：‘欲侍貴女隨菩薩行。’報已，即相隨俱行。⑨

“是時薩陀波倫菩薩與五百女人輩，稍引導而去⑩。遥見犍陀越國有幢幡，譬如忉利天上懸幢幡，遥聞犍陀越國音樂之聲，復遥見揵陀越國，城上皆有七寶緹縵七重，其下有七寶交露七重，一重間者皆懸鈴，城外周匝遶有七寶樹七重，城外皆有戲盧，男子女人遊戲娛樂其中：中有乘車伎⑪自樂者，中有步行伎自樂者。香風四散，分布四出，無不聞者，譬如天香，用是故名爲揵陀越國。

“是時薩陀波倫菩薩及五百女人，皆遥見如是。見已，皆大歡欣踊躍，自念言：‘我曹義⑫不可於車上載，當下步入國耳。’

“薩陀波倫菩薩及五百女人，共從西城門入。薩陀波倫菩薩入城門裏，遥見高臺，雕文刻鏤，金銀塗錯⑬，五色玄黃，光耀炳然。臺四面四角，皆反羽⑭向陽，懸鈴旗幡，音樂相和。遥見已，

---

① 女：汝，你。
② 自恣：随意，随己意。
③ 盛：装载。
④ 搗：粉碎。
⑤ 栴檀：香木名。可制成名贵香料。搗栴檀，栴檀香粉。
⑥ 蜜香：沉香，名贵香料。
⑦ 自重：彰显自己身份贵重，有足够的财物可供使用。
⑧ 自副：辅佐自己，供其使役。
⑨ 至此，言萨陀波伦感化商人女，并得其助。
⑩ 引导而去：有序地依次而行。
⑪ 伎：舞蹈。
⑫ 义：依据道义，按理。名词作状语。
⑬ 涂错：装饰。
⑭ 反羽：反宇，谓飞檐，屋檐上翘，若飞举之势，言其华丽宏伟。

問城中出人：'是何等臺，交露七寶服飾①姝好乃爾?'

"其人報薩陀波倫菩薩言：'賢者不知耶? 是中有菩薩，名曇無竭，諸人中最高尊，無不供養作禮者。是菩薩用般若波羅蜜故，作是臺，其中有七寶之函②，以紫磨黃金③爲素④，書般若波羅蜜在其中，匣中有若干百種雜名香。曇無竭菩薩日日供養，持雜華名香，然⑤燈，懸幢幡，華蓋雜寶，若干百種音樂，持用供養般若波羅蜜。餘菩薩供養般若波羅蜜，亦復如是。忉利天人晝夜各各三，持文陀羅華⑥、摩訶⑦文陀羅華，供養般若波羅蜜如是。'

"薩陀波倫菩薩及五百女人，聞是大歡欣，踊躍無極，俱往至般若波羅蜜臺所，持雜華雜香散般若波羅蜜上，持金縷⑧織成雜衣⑨，中有持衣散上⑩者，中有持衣作織⑪者，中有持衣榻⑫壁者，中有持衣布施［地］⑬者。是時薩陀波倫菩薩及五百女人，供養般若波羅蜜已，便行至曇無竭菩薩高座大會所相去不遠，遙見曇無竭菩薩在高座上坐，爲人幼少，顏貌姝好，光耀明照，爲數千巨億人中説般若波羅蜜。

"薩陀波倫菩薩及五百女人，見曇無竭菩薩已，皆大歡欣踊躍，持雜種華香散曇無竭菩薩上，復持若干種寶散其上，復持數百種雜色珍寶衣以上菩薩，爲曇無竭菩薩作禮，遶八百匝已，作

---

① 服飾：裝飾。支公所用近义词。

② 函：装书的匣子。

③ 紫磨黃金：带有紫色的黄金，金中最贵重。

④ 素：生丝绢。这里是说用紫金当做纸，在其上书经。

⑤ 然：古"燃"字。

⑥ 文陀罗华：梵 māndārava，天上的一种花。

⑦ 摩诃：大。

⑧ 縷：大正藏误为"鏤"，今径改。

⑨ 衣：覆盖物。

⑩ 上：般若波罗蜜经卷之上。

⑪ 织：通"帜"，谓旗帜。《汉书·食货志》"旗織加其上"，颜注："織，讀曰幟。"宫本此字正作"幟"。

⑫ 榻：借为"搨"（dá），贴。金藏、石经、圣本作"擒"。擒，即搨字。

⑬ 施：为"地"之误。碛砂藏、径山藏、龙藏，此字正作"地"。

是言：'我曹亦當復逮得尊經，亦當復如是。'

"爾時曇無竭菩薩持深經好語，語薩陀波倫菩薩及五百女人言：'多賀①來到，得無疲倦？他②所勅使③、所欲得者，莫自疑難④。我是度人之師，適無所愛惜。'

"薩陀波倫菩薩白曇無竭菩薩言：'我本索般若波羅蜜時，於空閑山中大啼哭，於上虛空中有化佛，身有三十二相，紫磨金色，身有千億光耀炎出，是時化佛嗟嘆我言："善哉，善哉！人索般若波羅蜜，當如是也。"便語我言："去是東出二萬餘里，其國名揵陀越，廣縱四百八十里，珍寶、交露、服飾，譬如忉利天上殿舍，有菩薩名曇無竭，於人中最尊，常反覆教人。汝往至彼間，當得聞般若波羅蜜，前世數千巨億萬世常爲汝作師，是汝本發意時師。"是時聞師名聲，大歡欣踊躍，不能自勝，用歡欣踊躍故，即得悉見十方諸佛三昧。是時諸佛悉讚歎我言："善哉，善哉！索般若波羅蜜當如是。我曹本索佛時，索般若波羅蜜如是，得般若波羅蜜者自致得成佛如是。"佛爲我說經已，便不復見。我自念言："佛從何所來？去至何所？"持是事，師願⑤爲我解之，佛爲從何所來？去至何所？'

"爾時曇無竭菩薩報言：'賢者善聽⑥。'

"薩陀波倫菩薩報言：'諾！當善聽。'

"曇無竭菩薩報言：'空本無所從來，去亦無所至，佛亦如是。無想本無所從來，去亦無所至，佛亦如是。無處所本無所從來，去亦無所至，佛亦如是。無所從生本無所從來，去亦無所至，佛亦如是。無形本無所從來，去亦無所至，佛亦如是。幻本無所從

---

① 多賀，犹如说恭喜。

② 他，意思是"人"，泛称代词。

③ 勅使：使令。

④ 莫自疑难：言人使令于你，你办不到，或者你想要得到什么，不要犹豫，不要为难，尽管对我说，我会帮助你。

⑤ 师愿：愿师。

⑥ 善听：好好地听着。

來，去亦無所至，佛亦如是。野馬本無所從來，去亦無所至，佛
亦如是。夢中人本無所從來，去亦無所至，佛亦如是。泥洹本無
所從來，去亦無所至，佛亦如是。想像本無所從來，去亦無所至，
佛亦如是。無有生、無有長本無所從來，去亦無所至，欲知佛亦
如是。無所適①本無所從來，去亦無所至，欲知佛亦如是。虛空本
無所從來，去亦無所至，欲知佛亦如是。經果本無所從來，去亦
無所至，欲知佛亦如是。本端本無所從來，去亦無所至，欲知佛
亦如是。'

　　"爾時薩陀波倫菩薩聞佛深事法②，如是比，不可計，不可
念，不可量，此大法如是。爾時即於坐上得六萬三昧③門④。何等
爲三昧門？無處所三昧，無恐懼衣毛不起三昧，脫諸魔中不恐懼
三昧，脫於愛欲之本三昧，脫出格戰⑤、離患三昧，不可計向
[句]⑥入⑦三昧，譬如大海水不可量多慧所入⑧三昧，在須彌山
功德莊飾⑨三昧，五陰⑩六衰⑪無形觀⑫三昧，入諸佛界三昧，悉
見諸佛三昧，菩薩守道三昧，諸經法本無形見說⑬三昧，珍寶莊飾
三昧，悉學⑭珍寶入⑮三昧，悉念諸佛三昧，菩薩上高⑯三昧，真

---

① 适：往。

② 佛深事法：佛事深法，关于佛事的深密大法。

③ 三昧：梵 samādhi，意译为正定。正定为入佛法门之精要，世间遂以"三昧"
表示妙处、极致、诀窍的意思。这里的"三昧"，同时就有"精要"的含义。

④ 门：法门，法，法之可数者。

⑤ 格战：格斗，搏斗。

⑥ 向：金藏、石经作"句"，作"句"是。

⑦ 句入：法句入心。

⑧ 多慧所入：许多智慧进入其中。

⑨ 功德庄饰：以功德为装饰，以功德为成美因素。庄饰，就是装饰。

⑩ 五阴：五蕴，本经的色、痛痒、思想、生死、识，后来译为色、受、想、行、识。

⑪ 六衰：色、声、香、味、触、法等六尘，能衰耗人们的真性，所以又叫六衰。

⑫ 无形观：视五阴六衰为无形的看法。

⑬ 无形见说：无形之见，无形之说。

⑭ 学：觉，知。

⑮ 珍宝入：珍宝所入，珍宝的效用。

⑯ 菩萨上高：菩萨为上，菩萨至高。

阿惟越致及法輪爲轉①三昧，莊②佛功德三昧，無瑕穢悉及净三昧，所聞衆事如大海三昧，無所護③、無有過三昧，樂經④音聲遍⑤三昧，經法章顯其［旗］⑥幡⑦三昧，怛薩阿竭身無形入三昧，諸經法無形遍視⑧三昧，菩薩印⑨三昧，怛薩阿竭目見⑩三昧，照明諸境界佛界⑪，所願具足三昧，解十方人難三昧，臨成佛莊嚴⑫三昧，種種雜華异色三昧，多珍寶三昧，法輪常轉三昧，諸音聲遠聞⑬入要⑭三昧，入十方人本三昧，諸三界⑮悉遍至三昧，成諸功德三昧，無有能過六波羅蜜三昧，菩薩坐樹下時壞餘外道羅網三昧，怛薩阿竭現飛⑯三昧，不可復計功德度⑰莊嚴⑱三昧，諸珍寶智慧功德三昧，薩芸若地三昧，悉净因⑲三昧，悉遍照三昧，悉入十方人生死之根、智慧出中三昧，過去當來今現在悉等三昧，如是比等。薩陀波倫菩薩得六萬三昧門如是。爾時曇無竭菩薩起入宫。⑳

———————————

① 法轮为转：法轮为阿惟越致而转。
② 庄：庄严的，圣洁的。
③ 无所护：无所防护。参见"四事不护"。
④ 乐经：喜爱经法的。
⑤ 遍：遍至，传遍各处。碛砂藏、金藏、石经、圣本等正作"遍至"。
⑥ 其：碛砂藏、石经、圣本、金刚寺本作"旗"，作"旗"是。
⑦ 经法章显旗幡：经法如旗帜一般显眼耀目。
⑧ 诸经法无形遍视：遍视诸经法无形。
⑨ 印：印证认可。
⑩ 目见：亲眼所见。
⑪ 诸境界佛界：诸佛境界。
⑫ 庄严：修身。参见李维琦《佛经释词汇编》第 400 页。
⑬ 远闻：传播到远处。
⑭ 入要：进入精要部分，核心部分。
⑮ 诸三界：三界各界。
⑯ 现飞：现时凌空飞行，空无所有。
⑰ 不可复计功德：到彼岸不可再计量的功德。
⑱ 庄严：修行，修炼。宾语为"不可复计功德度"。
⑲ 悉净因：一切皆净的原因。
⑳ 至此，言萨陀波伦得见昙无竭菩萨，听其说法，受其教益。

道行般若經卷第十

後漢月支國三藏支婁迦讖譯

摩訶般若波羅蜜道行經　曇無竭菩薩品第二十九

是時，薩陀波倫菩薩安隱①從三昧覺起②，并與五百女人，共至曇無竭宮門外，門外立，自念言："今我用經法起來③，師入在內，我義不可臥、不可坐，須我師來出④上高座説般若波羅蜜，爾乃坐耳。"及五百女人亦皆効薩陀波倫菩薩立。

是時，曇無竭菩薩適教殿中諸女，説經道已，沐浴澡洗⑤已，更著新衣，上般若波羅蜜之臺坐，思惟，種種三昧悉入，如是七歲不動不搖。

是時薩陀波倫菩薩及五百女人，亦復常經行⑥七歲不坐不臥。七歲已後，天人於上虛空中語之言："却後七日，曇無竭菩薩當從三昧起。"

是時薩陀波倫菩薩聞天人語聲，自念言："今我當爲師施座，掃灑令净。"薩陀波倫菩薩及五百女人，共到説經處，至已，特爲

---

① 安隐：稳当，从容。
② 觉（jiào）起：醒来，见《萨陀波伦品》，这里是说从专注于一的正定状态，回复到正常状态。
③ 起来：来。
④ 来出：出来。
⑤ 澡洗：盥洗，洗涤。
⑥ 经行：行走。

曇無竭菩薩施高座。時五百女人各各自取著身衣①布著座上。

是②時弊魔自念言："未嘗有是，未嘗見是。是薩陀波倫菩薩爲曇無竭菩薩施高座，持用恭敬索佛道，精進勇健，無有休懈，得道者出我界，度脱人不可計。今我且中道壞之。"

是時弊魔悉壞諸菩薩所坐座，皆令曲戾③，雨④沙礫、石、荊蕀⑤、枯骨。

是時薩陀波倫菩薩及五百女人，見座曲戾，污泥不净，自念言："今曇無竭菩薩當坐説經，及諸弟子皆當來聽，今我曹當更掃除整頓坐席。"即共掃除整頓諸座已。自念言："今地大有土塵，恐來坌⑥師及諸菩薩，當共灑之。"周行索水，不能得。何以故？弊魔所作。自念言："今我曹索水了不能得，當自取身血灑之耳。"

是時薩陀波倫菩薩及五百女人，各自取刀處處刺身⑦出血，持用灑地，用慈孝於經法故。

是時釋提桓因自念言："世間乃有是人耶，精進恭敬慈孝經師故？"是時釋提桓因到薩陀波倫菩薩所，嗟歎言："善哉，善哉！賢者精進誠難及，用精進慈孝於師故，今聞般若波羅蜜不復久。賢者！他所勅使，願相語，有是曹人者，我曹悉當護之，所欲得者，悉當與之。"

是時薩陀波倫菩薩言："我欲所得者，釋提桓因自當知之。"

是時釋提桓因，即化地悉使作琉璃，其上有金沙。釋提桓因使薩陀波倫菩薩及五百女人身體完健，平復如故。於坐四面化作

---

① 著身衣：身所着衣。
② 是：大正藏误为"當"，今径改。
③ 曲戾：弯曲，扭转。
④ 雨：落下。
⑤ 荊蕀：荆棘。
⑥ 坌（bèn）：（灰尘等粉状物）粘着于。
⑦ 处处刺身：刺身处处。

琉璃池水，周匝池邊皆有珍寶欄楯①，及七寶池陛②，俠③陛兩邊皆珍寶之樹，若干百種，羅列姝好。

是時薩陀波倫菩薩及五百女人，爲諸菩薩儲水。天文陀羅華、曼殊顏華④、摩訶曼殊顏華，都雨種種華⑤，凡⑥四千石⑦。釋提桓因持用與薩陀波倫菩薩，語之言："持是華供養般若波羅蜜，及散曇無竭菩薩及諸菩薩上，及天衣五百領，曇無竭在座上坐，持是上之。"薩陀波倫菩薩即悉受之，便爲祝願。⑧

是時曇無竭菩薩七歲以後，從三昧覺起，到高座上，并與四萬億菩薩共坐，有於前坐者甚眾多。是時薩陀波倫菩薩及五百女人，俱皆散華，并持栴檀搗香⑨、蜜搗香⑩，雜碎珍寶，都持散曇無竭菩薩及諸菩薩上，前持⑪，頭面著足⑫已，遶三匝，却住⑬，以微意視⑭曇無竭菩薩。

是時曇無竭菩薩，都大會⑮壁⑯方四十里⑰，滿其中人。是時曇無竭菩薩四向視諸來會者，薩陀波倫菩薩及五百女人，用欲得經法故，即爲薩陀波倫菩薩説般若波羅蜜言："善男子！且聽。諸

---

① 栏楯（shǔn）：栏杆。
② 陛：台阶。
③ 俠：用同"夹"。
④ 曼珠颜华：梵 mañjūsaka，天上花名。
⑤ 都雨种种华：（文陀罗花，曼殊颜花，大曼殊颜花）等种种花全都落下。
⑥ 凡：共。
⑦ 石：今音 dàn，重量单位，一百二十斤为一石。
⑧ 本品至此，言萨陀波伦及其女伴，悉心供奉昙无竭菩萨说法。
⑨ 栴檀搗香：栴檀香粉。
⑩ 蜜搗香：蜜香粉。
⑪ 前持：手持花、香、珍宝向前。
⑫ 头面著足：头脸轻触佛足示敬。
⑬ 却住：退立。
⑭ 以微意视：犹如行注目礼。
⑮ 都大会：全体大会。
⑯ 壁：四面，或四周。如屋之墙壁。
⑰ 方四十里：长宽各四十里。辛校（514 页）改"壁"为"辟"，"辟方"连读为一词，可商。

經法悉等，般若波羅蜜亦悉等如是。諸經法本端①不可計如是。怛
薩阿竭智慧無所罣礙②，般若波羅蜜亦無所罣礙如是。譬如幻人無
形，般若波羅蜜亦無形如是。譬如風無所罣礙，般若波羅蜜亦無
罣礙，所有如是。本端不可計，般若波羅蜜③亦不可計如是。

一切我所悉斷，本净，般若波羅蜜亦本無如是。譬如夢中與
女人通，視之本無，般若波羅蜜亦本無如是。所名本無，般若波
羅蜜亦本無如是。阿羅漢、泥洹，空無所生，般若波羅蜜亦空無
所生如是。怛薩阿竭，般泥洹本等無有異，般若波羅蜜亦本等無
有異如是。譬如然火，火即時滅之，本無所從來，去亦無所至，
般若波羅蜜本無從來，去亦無所至如是。譬如夢中見須彌山本無，
般若波羅蜜亦本無如是。譬如佛現飛，般若波羅蜜現無所有如是。
前④於愛欲中相娛樂，計之無所有，般若波羅蜜計之亦無所有如
是。人名及聲無所有，怛薩阿竭亦無所有，於前見者，念所作，
因見，般若波羅蜜念所作，本無所有如是。譬如幻師化作象⑤本無
所有，般若波羅蜜亦本無所有如是。

譬如虛空適⑥無所住，般若波羅蜜亦適無所住如是。譬如幻師
學無所不至，般若波羅蜜亦無所不至如是。過去、當來、今現在
亦不可合爲一，般若波羅蜜無過、現⑦，當作是知。名本無形，
字⑧無有形，般若波羅蜜亦無所不至，亦無所不入，亦無所至，亦
無所入。何以故？般若波羅蜜空無所有故。譬如虛空，無所不至，
無所不入，亦無所至，亦無所入。何以故？空本無色，般若波羅
蜜如是。

般若波羅蜜如是：般若波羅蜜者，亦入於地、亦入於水、亦

---

① 本端：头绪，渊源。这里疑当释为本质，本性。
② 罣礙：阻碍，障碍。俗念凡习等，妨碍成佛。
③ 般若波罗蜜：般若波罗蜜本端。
④ 前：以前，说过去的事。
⑤ 象：形像。宫本、资福藏、碛砂藏、石经等作"像"。
⑥ 适（dí）：全然。
⑦ 过、现：过去、现在。"现"字，各本皆作"去"。
⑧ 字：单用，字即是名。与"名"对用，"名"指物名，"字"指人名。

入於火、亦入於風、亦入於空，亦入於彼、亦入於此，亦入於色、亦入於痛痒、亦入於思想、亦入於生死、亦入於識，亦入於人，亦入於壽命，亦入於生，亦入於有德、亦入於無德，亦入於欲、亦入於不欲，亦入於有、亦入於無，亦入於想、亦入於無想，亦入於願中、亦入於無願中，亦入於無生中、亦入於不生中，亦入於日月、亦入於星宿，亦入於阿須倫、亦入於龍、亦入於鬼神、亦入於揵陀羅、亦入於迦留勒①、亦入於甄陀羅、亦入於摩睺勒、亦入於羅刹②、亦入於鳩垣③，亦入於薜荔、亦入於禽獸、亦入於泥犁，亦入於蜎飛、亦入於蠕動、亦入於蚑行④、亦入於喘息⑤，亦入於貧賤、亦入於富貴，亦入於賢者、亦入於仙人，亦入於須陀洹、亦入於斯陀含、亦入於阿那含、亦入於阿羅漢、亦入於辟支佛、亦入於菩薩，亦入於佛，亦入於泥洹、亦入於四意止⑥、亦入於四意斷⑦、亦入於五根⑧、亦入於五力⑨、亦入於七覺意⑩、亦入於八道⑪，亦入於有智、亦入於無智，亦入於十種力、亦入於四無所畏，亦入於佛經、亦入於世間經，亦入於巫祝、亦入於不巫祝，亦入於宿命，亦入於所行，亦入於展轉生死中，亦入於勤

---

① 迦留勒：梵 garuda，金翅鸟，以龙为食，八部众之一。

② 罗刹：梵 rākṣasa，恶鬼名。偶有转为佛教的守护神的。

③ 鸠垣：梵 Kumbhānda，又译鸠槃荼，鬼名，吃人精气。

④ 蚑（qí）行：虫类。蚑，爬行的样子。

⑤ 喘息：有呼吸的动物。

⑥ 四意止：四种意念令其不起，亦即观身不净、观受是苦、观心无常、观法无我，对治常、乐、我、净等四谬见不得人。后译四念处。

⑦ 四意断：后谓四正勤，一名四正断。(1)断断，努力使已生之恶永断，断之又断。(2)律仪断，努力使未生之恶不生，即坚持戒律，慎守威仪，不令恶起。(3)随护断（防护断），努力使未生之善能生。(4)修断，努力使已生之善增长，断除诸恶。

⑧ 五根：眼、耳、鼻、舌、身。

⑨ 五力：信力、精进力、念力、定力、慧力。

⑩ 七觉意，即七觉支：(1)念觉支；(2)择法觉支；(3)精进觉支；（4）喜觉支，得正法而喜悦；（5）轻安觉支；(6)定觉支；(7)舍觉支。

⑪ 八道：通向涅槃解脱的途径。一作"八正道"：(1)正见，又作谛见；(2)正思惟，又作正觉或谛念；(3)正语，又作正言；(4)正业，又作正行；(5)正命，又作谛受；(6)正精进，又作正方便；(7)正念，又作谛意；(8)正定，即离欲恶不善之法。

苦、亦入於不勤苦，亦入於自在、亦入於不自在，亦入於度脫、亦入於不度脫，亦入於好中、亦入於不好中，亦入於善中、亦入於不善中，亦入於黠中、亦入於不黠中，亦入於明中、亦入於不明中，亦入於過去、亦入於當來、亦入於今現在，亦入於可見、亦入於不可見，亦入於教、亦入於法，亦入於有、亦入於無所有，亦入於一切有形、亦入於一切無形。"①

　　佛語須菩提：如是比，曇無竭菩薩爲薩陀波倫菩薩説般若波羅蜜所入處，如是説晝夜七日。是時人聽經，呼②如飯時頃。何以故？曇無竭菩薩力、恩。是時薩陀波倫菩薩聞説般若波羅蜜，大歡欣踊躍，及五百女人共持天衣，及八百石雜寶，供養上③曇無竭菩薩。釋提桓因持天摩訶文陀羅華，散曇無竭菩薩上，及散諸菩薩上，持用增益功德。是時一佛境界中一切樹木，藥樹果樹，諸雜寶樹，悉傾曲躬④，爲曇無竭菩薩作禮。天雨蜜香之華，其華之香聞一佛界中，一切人聞此華之香，各各遥見曇無竭菩薩在高座説經，并復見薩陀波倫菩薩及五百女人，一切人心皆柔弱歡欣，皆遥爲曇無竭菩薩作禮，其國中悉震動。是時數千巨億萬人，悉得無央數經法，不可復計菩薩皆得阿惟越致。⑤

　　長者女及五百女人，白薩陀波倫菩薩言："我曹輩願爲師作婢，願持身命自歸，願爲師給使，共持五百乘車珍寶所有以上師。何以故？今師爲我故甚勤苦，我曹持師以當佛，無有異。我曹蒙大恩，乃得聞尊經好語。既聞經已，無有狐疑大如毛髮。今我曹持身爲師給使，如是數千億萬劫，尚未能報須臾之恩，用得聞尊經故。"

　　是時薩陀波倫菩薩悉受五百女人，及五百乘車珍寶既受，用道德⑥故，既受已，薩陀波倫菩薩欲持上師，白曇無竭菩薩言：

————————

① 至此，言昙无竭说法，说无所罣碍法，一切本无法，无所不至法，无所不入法。
② 呼：认为是。
③ 上：奉上。
④ 倾曲躬：鞠躬。
⑤ 至此，言昙无竭菩萨说法显效。
⑥ 道德：修道者的厚德。

"願持身自上，及五百女人、五百乘車珍寶以上大師，哀我曹輩，願當受之，當使我曹得功德。"

是時曇無竭菩薩欲使薩陀波倫菩薩成其功德故，悉受五百女人及五百乘車珍寶。既受已，復持反遺①薩陀波倫菩薩，即自言："持五百女人爲汝給使，及五百乘車珍寶。"

是時，忉利天上諸天人，各各而②嗟嘆言："善哉，善哉！薩陀波倫菩薩所有者悉施與師，是意難得。"是時數千巨億天人，共來到曇無竭菩薩所聽經。

是時薩陀波倫菩薩大歡欣踊躍，即於坐上得六萬三昧門。何等爲三昧門？願樂三昧，威儀三昧，勸德③三昧，月盛滿三昧，日光焰三昧，怛薩阿竭行三昧，悉念佛三昧，菩薩所生三昧，樂智慧三昧，度脫堅住④三昧，諸境界中無所住三昧，國土種種嚴入⑤三昧，怛薩阿竭相無相入三昧，十方人無形印封⑥三昧，怛薩阿竭出坐三昧，無所畏樂三昧，弃捐珍寶三昧，怛薩阿竭力莊嚴⑦三昧，諸經法悉明樂三昧，説無所從來解事⑧三昧，净如梵人⑨三昧，過去、當來、今現在悉等入三昧，本端、當來端無所住⑩三昧，莊嚴⑪佛藏⑫三昧，佛音聲響悉成三昧。如是三昧得六萬門。⑬

薩陀波倫菩薩從三昧覺，得智慧力，悉入諸菩薩經法中。薩

---

① 反遗：返还给。

② 而：此"而"赘余。

③ 劝德：鼓励德行，鼓励修德。

④ 坚住：坚持。

⑤ 国土种种严入：进入种种庄严国土。严，庄严，圣洁的。参见李维琦《佛经词语汇释》第 400 页。

⑥ 印封：盖印加封，存真之法，保证所传经之真实性。单独说"印"，那是验明真假之器，也是验明真假之法。

⑦ 庄严：宏伟。

⑧ 解事：明白事理。

⑨ 梵人：梵天上的人。梵天，泛指色界诸天。

⑩ 所住：住处，栖止之所。

⑪ 庄严：圣洁的。

⑫ 佛藏：藏经书库。

⑬ 至此，特言萨陀波伦及其女伴所受教益。

陀波倫菩薩白曇無竭菩薩言：“師願①説佛音聲，當何以知之？”

　　曇無竭菩薩語薩陀波倫菩薩言：“賢者明聽！譬如箜篌不以一事成，有木、有柱、有絃、有人搖手②鼓③之，其音調好④自在，欲作⑤何等曲。賢者欲知佛音聲亦如是。菩薩有本初發意，世世行作功德，世世教授，世世問⑥佛事，合會是事，乃成佛身，佛音聲亦如是。其法皆從因緣起，亦不可從菩薩行得，亦不可離菩薩行得，亦不可從佛身得，亦不可離佛身得。賢者欲知佛身音聲，共合會是事，乃得佛耳。復次，賢者！譬如工⑦吹長簫師，其音調好，與歌相入⑧，簫者以竹爲本，有人工吹，合會是事，其聲乃悲⑨。成怛薩阿竭、阿羅訶、三耶三佛身，不以一事，不以二事成，以若干百千事，若世世作功德，本願所致。亦復世世教人，用是故成佛身相，及諸好，悉見如是。譬如佛般泥洹後，有人作佛形像，人見佛形像，無不跪拜供養者。其像端正⑩姝好，如佛無有异，人見莫不稱歎⑪，莫不持華香繒綵供養者。賢者呼佛，神在像中耶？”

　　薩陀波倫菩薩報言：“不在中。所以作佛像者，但欲使人得其福耳。不用一事成佛像，亦不用二事成，有金，有黠人，若有見佛時人，佛般泥洹後，念佛，故作像，欲使世間人供養得其福。”

　　薩陀波倫菩薩報師言：“用佛般泥洹後故作像耳。”

　　曇無竭菩薩報言：“如賢者所言，成佛身亦如是，不用一事，

----

① 師願：願師。
② 搖手：动手。
③ 鼓：弹。
④ 调好：和谐好听。
⑤ 欲作：实际意思是任作。
⑥ 问：请教。
⑦ 工：善于。
⑧ 相入：相协无间。
⑨ 悲：悦耳动听。
⑩ 端正：端庄。
⑪ 称叹：称颂赞扬。

亦不用二事，用數千萬事。有菩薩之行，有本索佛時人，若有①常見佛作功德，用是故成佛身，智慧、變化、飛行，及成諸相好。成佛如是。

"賢者，復聽！譬如鼓，不用一事、不用二事成，有師、有革②、有桴③、有人擊之，其聲乃出。賢者欲知佛，不用一事二事，用若干千眾事乃成之。有初發意，有六波羅蜜行，曉知本無、本無無所從生之事，坐於樹下降伏於魔，諸經法悉曉知，如幻無有異，用是故成佛身。

"賢者，復聽！譬如畫師，有壁、有彩、有工師④、有筆，合會是事乃成畫人。欲知佛身，不用一事成，用數百千事。菩薩有本行布施，有持戒，不犯十事，常隨善師，常等心念十方人，無有能壞者，世世見佛，聞菩薩行事，堅持不忘，世世不諛諂，常行至誠，賢者欲知成佛身如是。

"賢者，復聽！譬如阿迦膩吒天上天人所止觀殿，光耀悉照天上，端正姝好，如天上殿舍，亦不自作，亦無有持來者，亦無有作者，本無所從來，去亦無所至，因緣所生。其天人本作功德所致，用於此間布施故，得生其上，在殿舍中解止⑤，用是故，其人得宮觀。賢者欲知佛身，因緣所生，用世間人欲得見佛故，其人前世有功德，其人遠離八惡⑥處生，其人黠慧，信於佛。賢者欲知成佛身，本無所從來，去亦無所至，無有作者，亦無有持來者，本無有形，亦無所著，如阿迦膩吒天上宮殿。佛所以現身者，欲度脫世間人故。

"賢者，復聽！譬如山中響聲，不用一事，亦不用二事所能

---

① 若有：或有。

② 革：蒙在鼓上的皮。

③ 桴（fú）：鼓槌。

④ 工师：画工。

⑤ 解（xiè）止：休息。

⑥ 八恶处：八处难闻佛法的地方，即八难：(1)在地狱难；(2)在饿鬼难；(3)在畜生难；(4)在长寿天难，此天以五百劫为寿，而障于见佛闻法；(5)在边地之郁单越难，郁单越，其人寿千岁，贪着享乐而不受教化；(6)盲聋暗哑难；(7)世智辩聪难，虽聪利，却不信出世正法；(8)生在佛前佛后难，不得见佛闻法。

成，有山、有人、有呼、有耳聽，合會是事乃成響聲。賢者，欲知成佛身，如是無有形，亦無有著，因緣所生，世世解空，習行空，一切生死，無死生爲因緣，佛智悉曉本無死生，本亦無般泥洹者。佛作是現世間，作是説，賢者欲知佛身如是。

"賢者，復聽！譬如幻師化作一人，端正姝好，譬如遮迦越羅無有異。所語，衆人聞之無不歡欣。人有從索金銀珍寶者，皆悉與之。有所愛重被服，人索者，悉與之。王在衆人中坐起行步皆安詳①，人有見者，莫不恭敬作禮者。幻人不用一事二事成，有幻祝②，有聚會人，隨人所喜各化現，中有黠者，同知是爲化人作，是現化，無所從來，去亦無所至，知之本空，化所作，黠者恭敬作禮，不著。

"賢者欲知成佛身如是。因緣所作，用數百千事乃共合成。有菩薩之行，有功德、有勸助德，令十方人使安隱，具足菩薩願者，欲知成佛身者如是。

"賢者，欲知佛爲人故，分布經無數授與人，各各使行禪、三昧，思惟，分別③，爲人説經，各各使學④。如是諸天人民聞之，莫不歡欣。中有自貢高者，中有不知慚者，中有婬亂者，中有慳貪⑤者，中有強梁者，中有自用者，中有喜鬥者，中有不用諫者，中有爲婬、怒、痴所覆⑥者，中有行惡不可計者，佛在衆人中央端正姝好，坐、起、行、步安隱，佛衆惡已盡，但有諸德，佛皆使人得安隱。佛亦自行佛事，佛本自空，無所著，如幻人所作。菩薩現身，如是端正姝好，雖見之不著，亦無諸想之意，雖知之，無所有，恭敬作禮，供養無極。賢者，欲知過去、當來、今現在諸佛，皆從數千萬事各各有因緣而生。菩薩當作是念，當作是習，

---

① 安詳：從容，穩重。
② 祝：同"咒"。
③ 分別：分析，推度。
④ 各各使學：使各自學習。
⑤ 慳（qiān）貪：吝嗇而貪婪。
⑥ 覆：覆蓋，遮蔽，掩其善性。

當作是守，菩薩作是行，得佛疾。"①

是時曇無竭菩薩説佛身時，四萬八千菩薩即解得盡信②之行，百億菩薩悉得諸陀隣尼③法；二百億菩薩得無所罣礙，問皆能報④；四百億菩薩皆得阿惟越致菩薩；八萬億菩薩皆得阿闍浮⑤行、住法。

是時，天文陀羅華、摩訶文陀羅華雨，散曇無竭菩薩及諸菩薩上。曇無竭菩薩持威神，都盧一佛之界，諸有⑥音樂皆自作聲，數千萬天人從空中散天衣，雨曇無竭菩薩及諸菩薩上，諸天於空中作音樂，共樂曇無竭菩薩。諸天衣皆行列⑦，覆一佛界中。天燒蜜香遍至⑧，其分散亦悉遍至。一佛界中地悉動。諸菩薩悉見十方無央數佛。是時，諸佛悉遙讚歎曇無竭菩薩言："善哉，善哉！"

是時，諸佛授薩陀波倫菩薩訣："當作佛時，汝却後當來世，作佛名迦摩迦提陀頗羅耶⑨怛薩阿竭、阿羅訶、三耶三佛。汝作佛時，正當號如是。時五百女人，却後稍稍皆當作佛。"

如是曇無竭菩薩世時，五百女人即化作男子，後世世生者常不離諸佛國。薩陀波倫菩薩及五百人，世世常高才，常當教天下人。

佛語須菩提："若有菩薩在事⑩欲得佛者，若見現在佛，若佛般泥洹後，欲索般若波羅蜜者，常精進，常當恭敬於般若波羅蜜，

---

① 至此，言曇无竭菩萨继续说法，一切皆由数千万事合成，各有因缘而生，包括佛身，佛音，佛理等。
② 尽信：完全信佛，信般若波罗蜜。
③ 陀邻尼：梵 dhāranī，通译陀罗尼。意译总持、能持。即能总摄无量佛法而不忘失。
④ 报：回答。
⑤ 阿闍浮：梵 Ādikarmika，新学，新发意。
⑥ 诸有：所有。
⑦ 行列：犹如说成列。
⑧ 遍至：无所不至，处处皆是。
⑨ 迦摩迦提陀颇罗耶：佛名，无可考。
⑩ 在事：勤谨任事。

當如是薩陀波倫菩薩。"①

摩訶般若波羅蜜道行經　囑累②品第三十

佛以手撫阿難肩三反。佛語阿難："我囑累汝是般若波羅蜜，諦③持諦念。阿難！是般若波羅蜜以相累，常持諦了了④，取字⑤諦了了，念、書、作字，莫使缺減。諦視，書莫左右望，一切恐是有難⑥。諦⑦是經中，莫令字少。⑧

"我累汝阿難是般若波羅蜜。何以故？是經，阿難！怛薩阿竭、阿羅訶、三耶三佛，過去、當來、今現在無有盡經藏⑨，是經鎮⑩諸法，悉從是經中出諸所有。阿難！怛薩阿竭、阿羅訶、三耶三佛，過去、當來、今現在所爲人民説經，所出不可計經卷；種種異慧，若干種經卷；所見人民，若干種所喜；各各隨所行，人民道經所入慧所説⑪；過去、當來、今現在所説：是一切，皆從是般若波羅蜜藏中，出諸所有經法。阿難！若干種所見相，種種所行，若干種根，若干種黠，若干種痴，若干種慧，人民輩所求⑫、盡所求慧⑬，怛薩阿竭悉都盧，阿難！悉從般若波羅蜜中出，悉知

---

① 至此，言昙无竭菩萨继续说法之显效，萨陀波伦及其女伴得以受记。

② 囑累：嘱托，烦劳。佛在说完一经后，往往有嘱托的话语，要弟子妥善保存，认真执持，大力宣扬等，倘这些话语自成一章，就叫嘱累品。

③ 谛：仔细，认真。

④ 谛了了：仔细而明确无误。

⑤ 取字：引用其中文句。

⑥ 难：失错。

⑦ 谛：仔细审察。

⑧ 此总言嘱托。

⑨ 无有尽经藏：经藏无尽，甚多甚多。

⑩ 镇：统辖，管领。

⑪ 各各……所说：人民各随其所行经法而入其慧（其慧）之所说。道经，犹如说经法。所入慧，意思是所得之智慧。

⑫ 所求：所求慧。

⑬ 尽所求慧：全部所求之慧。尽，表全体的范围副词。

曉如是。阿難！般若波羅蜜是怛薩阿竭、阿①羅訶、三耶三佛母，是諸慧明，是我身，皆從是中出，從是中生。"②

佛語阿難："汝敬我所語、敬我法，若敬愛承事我，汝自敬身於佛，汝有慈於佛，汝有孝於佛，一切恭敬於佛所，汝持是慈孝恭敬於般若波羅蜜中。如是，阿難！汝恭敬於是中，悉爲供養諸佛已，持是累汝。阿難！汝所當作者，悉爲已。汝身亦有慈，口亦有慈，心亦有慈，汝有孝於佛，不言無有孝；汝常得佛③時，不言不得時；汝常如法，不言不如法；汝心常淨潔，無瑕穢。汝見佛，不言不見佛。汝如是，悉爲報佛恩已。我語汝，阿難！是般若波羅蜜從中亡④一字，汝捨，汝擬〔縱〕⑤ 不書，汝虛〔都盧〕⑥ 以⑦無有慈孝於佛所，汝以不復見我。阿難！汝以不復恭敬於佛。阿難！汝以不復隨佛教。阿難！汝以不復承事用⑧。"

佛言："阿難！汝所恭敬於佛以來，爲了無復有供養佛。設⑨從是般若波羅蜜中，亡一句一言，若⑩擬置⑪，以爲背佛恩。"

佛語阿難："是般若波羅蜜，汝諦受念，用慈孝於佛故，承用教⑫故，都盧是過去、當來、今現在佛，天中天，所施教。用是供養，若⑬於薩和薩爲極大慈，具〔見〕⑭ 諸菩薩當視如見佛，當恭敬諸佛法。汝以親近持佛藏，作是諦念："於是般若波羅蜜，當諦

---

① 阿：大正藏誤为 "呵"，今径改。
② 此言般若波罗蜜为诸经法之母，为佛母，它是总法，大法。
③ 佛：佛在世。
④ 亡：通 "无"。
⑤ 拟：丽藏、金藏如此作，他本皆作 "縱"，作 "縱" 是，放过。
⑥ 虚：丽藏如此作，他本皆作 "都盧"，作 "都盧" 是，全部。
⑦ 以：通 "已"。本段以下几个带 "以" 字的句子中，"以"，都通作 "已"。这几句都是虚拟，其所说事实并不存在。
⑧ 承事用：承担应尽职责。事用，事务，职责。
⑨ 设：表示本句为虚拟。
⑩ 若：对称代词，你。
⑪ 拟置：丽藏、金藏如是作。他本皆作 "縱置"，作 "縱置" 是，放过、舍弃。
⑫ 承用教：受教。
⑬ 若：你。
⑭ 具：普宁藏、南藏、径山藏、龙藏皆作 "見"，作 "見" 是。

取，莫得失一字。"佛般泥洹後，汝當護是經，莫令減少，當持授與菩薩摩訶薩是諸佛經藏。①

"阿難！我手付汝，汝當持授與菩薩摩訶薩。持是，阿難！菩薩所作功德，勤苦、死生、牢獄，悉破壞，諸無知者爲繫著，悉得救解。諸魔官屬，無不降伏，諸所欲法悉除去，正②上佛坐，作阿耨多羅三耶三菩，以成佛道。諸人民無目者，愚痴者悉當開解。"

佛語阿難："正第一大道，無有兩正③，是阿耨多羅三耶三菩阿惟三佛慧，是爲般若波羅蜜決④。"

佛語阿難："我般泥洹後，都盧三千大千國界其中人民，汝悉教入經法中，悉令成就得阿羅漢道，日日教乃爾所人，如是一劫，若百劫，悉爲説經，令般泥洹。雖爾，汝常⑤不具足承事我，汝不如持是般若波羅蜜中一句教菩薩學，如是爲具足承事佛已，爲具足供養。"

佛言："我今於是稱譽汝，囑累般若波羅蜜，至一劫百劫，不能竟，我今麁⑥演説耳。"⑦

佛語阿難："我今問汝，汝當説。佛從袈裟中出金色臂，舉右手著阿難頭上，摩阿難頭，持手著阿難肩上，語阿難言：'云何，阿難！汝慈於佛不？'"

阿難言："佛，天中天，自當知。"如是至三。

佛復問阿難："云何，阿難！汝孝於佛不？"如是復三。

阿難言："佛，天中天，自當知。"⑧

佛言："如是，阿難！汝有慈於佛，所以爲報佛恩。阿難！汝

---

① 至此，动之以情，以慈孝相感。
② 正：真正地，正大地。
③ 无有两正，言其为唯一。
④ 决：通"诀"，秘诀，要义。
⑤ 常：读为"当"。
⑥ 麁：同"粗"，粗略。
⑦ 至此，言般若波罗蜜是法宝，是利器，晓之以理。
⑧ 至此，亲口问答，相嘱相受。

極尊般若波羅蜜，致重敬慈於是句①，心所念句，當令了了分明心所念②，餘悉弃之，一切心於是中。書具經③，正字頭角所④，持時，學時，當諦授與菩薩摩訶薩，與⑤好長素卷，善書，令經上下句相得⑥。書時，當得好筆，書好素上。當自歸⑦，承事，作禮，供養好香、成搗雜香⑧、澤香⑨、繒綵、華蓋、旗幡，悉如天上所有香，著油麻⑩中，所净潔油麻，好燈炷，自歸，頭面著地，却，然燈炷，加敬作禮、承事。"⑪

佛説是般若波羅蜜時，在羅閱祇⑫耆闍崛山⑬中，在眾弟子央⑭坐。

佛年三十得佛，十二月十五日過食後説經。佛説經已，諸弟子、諸菩薩，諸天、諸阿須倫、諸龍、鬼神、諸人民，皆大歡欣，爲佛作禮而去。⑮

---

① 是句：般若波罗蜜之语句。

② 当令了了分明心所念：当令心所念了了分明。了了，分明的样子。

③ 书具经：书写足本佛经。

④ 正字头角所：使字形端正美观。头角，形体，雄健美观之形体。

⑤ 与：以。

⑥ 相得：相连，相称，相协。

⑦ 自归：奉献诚心，归依于佛。

⑧ 成搗杂香：搗碎成粉末的杂香。

⑨ 泽香：香膏。

⑩ 油麻：麻油，芝麻油。

⑪ 以上叮嘱一些注意事项。

⑫ 罗阅祇：梵 Rājagrha，多意译为王舍城。中印度摩羯陀国之都城，旧址位于恒河中游。

⑬ 耆闍崛山：梵 Grdhrakūta，汉译灵鹫山、鹫峰，位于中印度摩揭陀国王舍城东北。

⑭ 央：中央。

⑮ 此再坐实说经时间地点，以见所说为真。